泰山金融学者文丛

山东省对外直接投资实证分析与战略选择

宿玉海　聂左玲　著

中国金融出版社

责任编辑：任　娟
责任校对：李俊英
责任印制：尹小平

图书在版编目（CIP）数据

山东省对外直接投资实证分析与战略选择（Shandongsheng Duiwai Zhijie Touzi Shizheng Fenxi yu Zhanlüe Xuanze）/宿玉海，聂左玲著. —北京：中国金融出版社，2010.10
泰山金融学者文丛
ISBN 978 - 7 - 5049 - 5672 - 9

Ⅰ. ①山…　Ⅱ. ①宿…②聂…　Ⅲ. ①对外投资：直接投资—研究—山东省　Ⅳ. ①F832.752

中国版本图书馆 CIP 数据核字（2010）第 190716 号

出版发行　中国金融出版社
社址　北京市丰台区益泽路 2 号
市场开发部　(010)63272190，66070804（传真）
网 上 书 店　http://www.chinafph.com
　(010)63286832，63365686（传真）
读者服务部　(010)66070833，62568380
邮编　100071
经销　新华书店
印刷　保利达印务有限公司
尺寸　169 毫米×239 毫米
印张　13.5
字数　216 千
版次　2010 年 10 月第 1 版
印次　2010 年 10 月第 1 次印刷
定价　24.00 元
ISBN 978 - 7 - 5049 - 5672 - 9/F.5232

本套丛书获下列基金资助：

山东省政府金融学“泰山学者”专项基金
山东省金融学重点学科建设基金
山东财政学院学位点建设专项基金
山财金融学院学术著作出版基金

“泰山金融学者文丛”专家委员会

总　序

“泰山金融学者文丛”是山东财政学院金融学院为集中展示一批学术研究成果而编辑出版的系列丛书。该套丛书的作者是一批来自泰山脚下、黄河之滨，有志于金融学科研究的年轻学者。他们的著作代表了山东省政府确立的金融学“泰山学者”特聘教授设岗单位的最新学术研究成果。该套丛书的出版，对于落实我校“学科立校”、“人才强校”的发展战略，繁荣学术研究，加快学术队伍建设，加强同学术界的交流，以及扩大我校的学术影响都有着重要的意义。

始建于1986年、由邓小平同志题写校名的山东财政学院，是在改革开放的春风里，由财政部和山东省人民政府共同创办、实行以地方管理为主的普通高等财经院校。2009年，被教育部确定为新增博士学位立项建设单位。金融学院作为一个重要的二级学院，已走过了23年的光辉历程，现设有金融学、保险学、金融工程、信用管理四个本科专业。此外，还设有一个金融学专业硕士学位点、一个资本运作研究中心和一个金融研究所。2001年，金融学专业正式获得硕士学位授予权。2005年，金融学进一步被确定为山东省重点建设学科。2007年，我校与济南市政府合作建立了金融外包服务培训基地及金融外包服务实验室。2008年，建成了中央与地方共建金融学特色优势学科实验室；同年，金融学专业又被评为山东省省级特色专业。现拥有《证券投资学》、《国际金融学》、《金融学》、《公司金融学》和《保险学》等多门省级和校级精品课程。2009年，被山东省政府确立为省内唯一的金融学“泰山学者”特聘教授设岗单位。

金融学院始终坚持以学科建设为中心，坚持教学改革，大力培养、引进人才，努力提高教学、科研水平和人才培养质量，积极发挥专业、学科优势，努力向社会提供专业服务，并形成了自身的学科优势和特色。现已为社会培养和输送了5 000多名优秀毕业生。其中，每年都有相当数量的毕业生或被国家政府机关和大型金融机构录用，或考取名牌大学研究生继续深造。经过多年的努力和建设，金融学院已成为山东省最大的金融类本科人才培养基地和重要的研究生培养基地。

为使该套丛书反映、代表我校金融学科建设和学术研究的最高水平，我们在书稿的遴选过程中，严格学术标准，规范评审程序，并建立了科学的评审机制，最终确定入选该套丛书的书稿。丛书中的每部著作都凝聚了作者多年来潜心研究的心血和汗水，也展现了我们金融学院学人勇攀学术高峰的精神风采。

“泰山金融学者文丛”的顺利出版，得到了中国金融出版社的大力支持，在此表示衷心的感谢！在该套丛书的出版过程中，山东财政学院领导及相关部门领导高度重视，金融学院领导精心组织，各位作者积极配合，谨在此表示诚挚的谢意！

“泰山金融学者文丛”由于内容浩繁且涉及诸多金融前沿问题，缺点和错误在所难免，敬请读者批评指正。

“泰山金融学者文丛”专家委员会

二〇一〇年六月二十六日

内容摘要

随着我国经济的持续高速增长，国际与国内环境发生了深刻变化，我国企业对外直接投资进入了新的阶段。山东省对外直接投资无论从存量还是从流量增速上，都体现出其在国内所占据的重要地位。

在全面介绍当前国际直接投资概况的基础上，本书首先从发展阶段、投资规模、区位分布、行业分布、投资主体进入方式等方面阐述了当前山东省对外直接投资的概况、特征以及存在的突出问题，并结合山东省经济的具体特点和当前国际与国内的经济形势，从对外直接投资与出口的关系、企业进入国外市场方式的比较与选择、对外直接投资区位行业战略选择、对外直接投资技术提升战略选择、对外直接投资政府战略选择、对外直接投资风险管理战略选择等几个方面展开了详尽的分析论证，较为详细、全面、深入地论证了山东省如何在保持原有对外直接投资规模和速度的基础上提升对外直接投资质量和效益，并为山东省如何继续保持目前快速增长的对外直接投资势头以及如何有效地提高对外直接投资质量提出了切实可行、科学合理的政策建议。

本书首次采用投资头寸指数（IPI）和计量模型探讨了山东省对外直接投资所处的阶段。根据回归结果以及 IPI 分析，山东省正处在投资发展周期（IDP）理论第二阶段的后期，并正在向着 IDP 理论第三阶段迈进，这标志着山东省国际直接投资正发生质的变化，即专业化国际直接投资过程的开始。随着山东省内企业竞争力的增强，山东省政府应鼓励本省企业到国外的一些比较所有权优势最强的部门进行投资，更多地发挥自身的内部化优势，这样才能得到更大的发展。

本书运用协整检验方法和误差修正模型，首次对金融危机背景下山东省对外直接投资与出口关系进行了计量分析，发现无论从长期还是从短期来看，山东省对外直接投资与出口间均存在协整关系，对外直接投资对出口有着显著的互补效应而不是替代效应。为此建议山东省政府采取更有力的措施鼓励、推动企业积极开展对外投资，“以贸易促进投资，以投资带动贸易”。

本书首次构建了一个国内企业进入国外市场方式选择的博弈模型。通过对该模型的均衡分析我们发现：（1）当跨国企业对目标市场的出口成本增加时，企业更倾向于绿地投资；（2）当目标市场的有效需求下降的时候，虽然跨国企业到目标国进行绿地投资并非是理想的，但是对于目标市场中的现存企业而言，绿地投资成为一个可信的威胁，出口成本的提高使这一威胁更加可信，从而为企业跨国收购目标市场企业提供了更大的谈判空间。在当前国际贸易保护主义抬头的情形下，山东省政府应该创造有利条件，鼓励省内企业通过并购方式"走出去"，实现企业的国际化经营并提高参与国际市场的能力。结合其他各种进入国外市场方式的优缺点，山东省对外投资主体可以根据具体情况选择新建企业、非股权方式、战略联盟、离岸商业运作、境外经济贸易合作区等方式进入国外市场。

山东省对外直接投资应坚持产业和区位选择相结合、产业结构调整和升级相结合的原则，从国民经济发展的宏观利益和产业结构升级的实际要求出发，结合山东省经济发展的各方面需求和实际条件，将资源开发作为山东省对外直接投资的战略重点；抓住时机，投资高新技术产业；加大山东省成熟产业的对外转移力度；加大山东省对非洲大陆的直接投资力度。

在提升国外投资方面，提出了山东省企业对外直接投资技术提升的战略选择，包括建立规范的生产管理流程，通过"走出去"获得技术，在海外设立或并购研究和开发机构，在发展中国家市场不断进行技术累积与改进、技术自主创新等。

山东省政府应通过增加政府资金支持、强化指导、推动企业多方式对外合作、改善强化信息服务、完善对外投资配套法律法规和政策体系等措施来服务于山东省对外直接投资的健康发展。

从某种意义上而言，对外投资活动是一个预测、识别、规避和控制风险的过程。中国企业对外直接投资主要集中在亚洲和拉丁美洲地区，对非洲地区的投资近年来增长较快。国际金融市场动荡、国际能源价格大幅上涨、东道国对外国投资限制等不确定因素增加，从而加大了中国对外投资的风险。本书从寻找和建立与资源国利益共赢的长效机制、培养具备处理各种商业风险能力的人才以及解决各种文化冲突等方面提出了应对和管理对外直接投资风险的建议。

目　录

第一章 导 言

第一节 研究背景及意义

对外直接投资是企业国际化的高级阶段，也是我国企业国际化的趋势。在经济全球化的宏观背景下，国际直接投资因为具有国际贸易所不可替代的优势，已经成为国际经济关系的主要形式，经济全球化发展已经由“国际贸易主导型国际分工阶段”转变为“国际直接投资主导型分工阶段”，国际竞争的加剧最终导致了对外直接投资的增长。同时，各国也纷纷调整自己的国际化发展战略，积极利用国内和国际两个市场、两种资源以寻求发展，从而使得对外直接投资在广度和深度上迅速发展。

自2000年以来，全球直接投资的发展态势就像过山车一样，经历了历史上罕见的大起大落。2000年全球直接投资流入额达到14 919亿美元的历史新高，但伴随着2000年下半年美国经济的急剧减速、2001年信息技术泡沫破灭和世界经济增长减速，全球直接投资流入额急剧跌至2001年的7 351亿美元，这个跌势一直持续到2003年。随着美国金融和地产泡沫的出现，全球直接投资额从2004年开始回升，到2007年再次创出18 333亿美元的历史新高，其中跨国收购与兼并的比重高达89.3%。受次贷危机的影响，2008年和2009年全球直接投资总额又连续下降。联合国贸发会议（UNCTAD）的研究结果表明，2008年全球对外直接投资降至1 145万亿美元，降幅达21%。2009年全球对外直接投资比2008年同比下降39%，其中并购下降66%。毕马威的报告显示，2008年全球并购资产规模减少30%，1 309宗计划中的并购案被取消。私人股本公司并购交易额同比下降72%，降至五年来的最低。

我国从20世纪末开始采取的“引进来”和“走出去”战略，不仅使我国成为世界上吸引外资最多的国家，也鼓励和支持了大量有条件的国内企业充分利用国内外“两个市场、两种资源”进行对外投资，其投资规模和发展趋势引起了世界的普遍关注。近年来，我国作为对外投资流出国的地位日益增强，中国企业“走出去”也进入快速增长时期。2002—2007年，我国非金融类对外直接投资额的年均增速达到56%。而在美国次贷危机爆发后，我国对外直接投资逆势而上。2008年我国对外直接投资流量加速增长，非金融类对外直接投资406.5亿美元，较2007年的248.4亿美元增长63.66%；截至2008年末，我国对外直接投资存量超过1 568.6亿美元，其中，非金融类对外直接投资存量为1 418.4亿美元。这既显示了近年来我国经济积累的实力和抗风险能力，又表明我国不少企业正在抓住机遇，通过“走出去”进一步增强可持续发展能力。

2008年，山东省对外直接投资存量超过21亿美元。在2008年我国非金融类地方企业对外直接投资总额中，山东省以实际投资总额48 627万美元位于广东省和浙江省之后，排名第三；但投资流量增长迅速，对外投资额比2007年的18 928万美元增长156.91%，与广东省6.39%和浙江省25.31%的投资增幅相比，呈现出了超常的投资增长速度。山东省的对外直接投资，无论是从存量还是流量增速上看，都体现出山东省在我国对外直接投资中所占据的重要地位。另外，我们应该看到，国际金融危机一方面给山东省经济和企业带来了冲击和负面影响，同时也创造了难得的发展机遇。因此，对山东省对外直接投资战略的研究，有着重要的现实意义和理论价值。本书将结合山东省经济的具体特点和当前国际经济的形势，为山东省如何继续保持快速增长的对外直接投资势头以及如何有效提升对外直接投资质量提供一些切实可行的策略。

第二节　山东省企业对外直接投资的动机、战略定位与目标

一、山东省企业对外直接投资的动机

山东省企业对外直接投资不仅是响应政府号召，更主要是自身利益驱动和内在要求。因为，对外直接投资首先可以缓解省内资源短缺矛盾，带动产业结构调整，扩大出口，增加就业；其次也可以培养山东省的跨国公司和知名品牌。山东省企业到境外投资建厂还可以促进东道国经济发展和就业，实现山东省产品市场多元化和原产地多元化，解决贸易摩擦。山东省企业对外直接投资的动因归结起来主要有市场寻求、资源寻求和战略资产寻求三个方面。

（一）市场寻求

具体地可以归结为以下几个方面的因素：

1. 解决省内市场过度竞争的状况。山东省已建立完整的工业体系，生产制造能力获得长足发展，许多传统产品如家电、服装、纺织等在国内出现了过度竞争。这些行业的生产能力过剩、利润微薄，急需到国外寻求市场，解决山东省内供大于求的局面。虽然这些行业的生产技术在我国以及山东省内已逐渐失去优势，但是相对于拉丁美洲、非洲、中东欧和亚洲等广大发展中国家，这些技术还是比较先进的，而且因为它们和我国都是发展中国家，所以在某些小规模市场上具有一定的适用性。这些地区成为山东省企业对外直接投资的目标区域。

2. 绕过贸易壁垒，以对外直接投资替代出口贸易。我国在劳动密集型产品和中低档技术密集型产品生产上的显著优势已使得我国产品成为国际市场尤其是发达国家市场上反倾销的主要攻击对象。欧盟、北美自由贸易区等区域组织对内外部的贸易活动实行歧视政策，因此，通过加强对上述地区的投资、就地生产和销售是突破贸易壁垒、获得市场的有效途径。如果在区域经济集团的某一成员国内投资，就等于进入了整个大市场。也可以通过在第三国投资，利用其出口配额及许可证绕过进口国的壁垒，达到进入进口国市场的目的。

3. 规模经济的需求。高新技术产业和新兴产业普遍具有规模经济和学习曲线效应，产品的平均成本会随着累积产量的增加而快速下降。在此过程中，市场规模对企业来说至关重要。山东省内市场虽然容量大，但有效需求不足，因此需要到国外寻找市场。开拓境外市场有助于企业扩大营销网络，减少中间环节，接近销售终端，获取更多附加值。

（二）资源寻求

企业利润的一个来源是低成本的劳动力或土地等要素，因此，企业对外投资的一个动因就是寻找低成本的劳动力或土地等要素。中国是生产劳动密集型产品和加工产品的主要国家，工业发展迅速，对能源及工业原材料的需求量大，且增长迅速，但我国人均资源不足。因此，获得境外能源和原材料以支持中国经济的高速增长，成为我国以及山东省对外直接投资的主要战略思想。这主要包括生产活动中日渐短缺的铁矿、石油、木材等原材料。

山东省是我国重要的资源、能源基地。在我国已发现的150种矿产中，石油、煤炭、黄金、石膏、石墨、石灰岩等55种储量居全国前列。胜利油田是我国第二大油田，兖州煤矿是全国十大煤炭基地之一。目前的国际能源并购热主要是因为各国都意识到了矿产资源战略储备的重要性。我国石油巨头们正致力于确保油品供应，以满足经济快速发展需求。2009 年，我国石油企业不到半年并购成功的数量就多达六项。中国能源经济研究中心主任林伯强表示，我国企业频繁海外并购石油资产主要是“时机到了”。他总结称，当前国际石油价格较低，这是一个良好的时机。并且我国现在有着较为充足的资金储备，具备购买实力。频繁海外并购并不仅仅是本经济账，同时也是在保障国家能源安全。只有从上游掌握更多的能源，才能抵御国际能源价格的快速波动，从而稳定国内能源价格。依靠传统的贸易方式来获取战略性资源，风险会越来越大，因此，通过对外直接投资，直接参与当地的资源生产与开发，然后输回国内、省内，这是保障我国以及山东省资源长期、有效和稳定供给的有效途径。

（三）战略资产寻求

我国企业最大的劣势就是缺乏企业赖以生存和发展的核心技术，这也是绝大部分发展中国家企业的劣势。因此，山东省企业进行海外投资的另一个目的是获得先进技术、品牌、销售网络和管理经验。

山东省企业普遍存在资金不足、研发能力不够和企业技术设备老化等问题。虽然我国 2006 年的研发支出已占 GDP 的 1.4%，高于 5 年前约 1% 的水平，但与发达国家相比，这个比例还较低。研发投入总量居世界第一位的美国，2004 年研发支出占 GDP 的 2.68%，日本则达到了 3.13%，瑞典、芬兰等国研发支出占 GDP 也已超过 3%。我国要实现跨越式发展，除了自主研发外，引进国外的先进技术就成了一条捷径。但是多年来，山东省的技术进步主要依靠传统的技术贸易和外资的技术扩散，引进的一般是成熟期或者开始进入衰退期的技术，而且发达国家对先进技术的出口实行严格控制，我们很难引进真正的先进技术。有时引进的技术也不完全适合山东省内市场需要。采用对外直接投资的方式，在发达国家兼并先进企业或与先进企业合资设立研发机构，就可以利用发达国家的技术人员、先进理念和先进设备进行研发，从而缩短研发时间，快速获得国外先进技术。

格罗斯曼和赫尔普曼提出了创造比较优势理论，认为比较优势是可以通过创新创造的，一个国家在某些领域通过密集的研发活动就可以取得贸易比较优势，而不管原先的自然禀赋如何。因此，虽然山东省大部分企业目前尚不具备向发达国家进行大规模对外直接投资的实力，但有步骤、有重点地发展对发达国家的小规模投资，以便更直接、更快速地掌握发达国家拥有的先进技术和经验是可行的。

二、山东省对外直接投资的战略定位与战略目标

近年来，山东省对外直接投资规模不断上升。山东省对外直接投资流量（协议投资总额）从2003年的只有31 353万美元，在经过2004年和2005年的下降后，从2006年开始，连续四年以一个较高的增长速度奠定了山东省在全国对外直接投资中的地位，2009年对外直接投资额达到了112 552万美元。对外直接投资存量（协议投资总额）则从2003年的只有104 420万美元，经过几年的发展，到2009年末达到了约为458 956万美元，山东省已经跃升为中国对外直接投资的大省。基于山东省省内企业对“走出去”的努力和尝试，以及当前全球经济的大环境，在未来相当长的一段时间里，山东省的对外直接投资可能仍然会保持较快增长的趋势。

山东省企业“走出去”正面临最好的时机，这体现在三个方面：一是山东省省内家电、纺织品等产业发展水平较高，同时培养了一批具有品牌影响力和扩张能力的企业；二是人民币处于升值周期，对外投资汇率风险和综合成本较低；三是我国政府以及山东省政府对企业“走出去”持积极态度，已出台并将继续出台一系列鼓励企业对外直接投资的政策。

随着山东省对外直接投资规模不断扩大，山东省对外直接投资如何定位、政府和企业应当通过对外直接投资实现哪些战略目标便成了山东省对外直接投资中的关键问题。对外直接投资是我国在新时期对外开放战略的重点，也是一项长期的对外开放战略。我们必须顺应经济全球化的发展趋势，结合我国经济发展的总体要求和山东省在国内的经济地位，确立山东省对外直接投资的中长期发展战略。

（一）确定山东省战略定位与战略目标的依据

科学确定山东省对外直接投资战略定位与目标，必须在充分认清目前国内外环境特点及发展趋势基础上，认真研究山东省对外直接投资目标得以实现的基本依据。总体来说，有以下几点。

1. 我国经济发展战略

改革开放初期，党和政府按照改革开放的总体要求，确立了“三步走”的

伟大战略目标。目前，我国已经实现了现代化建设“三步走”战略的前两步战略目标，正在向第三步战略目标阔步前进。这个伟大战略目标是：到2020年建成惠及十几亿人口的更高水平的小康社会，到新中国成立100年时，基本实现现代化，建成富强民主文明和谐的社会主义现代化国家。为此，党的十六大提出国内生产总值到2020年力争比2000年翻两番的战略目标；党的十七大进一步提出实现人均国内生产总值到2020年比2000年翻两番的中长期战略目标。

2. 我国经济发展与山东省的综合实力

一个国家的对外直接投资是该国经济发展的必然结果。在经济发展的过程中，国家的经济制度、生产方式、生产力的总体水平、产业结构以至于整个社会结构和体制等都在不断发生变化，对外直接投资是这种变化的产物。根据本国经济发展的阶段需求以及当时所处的国际经济环境决定政策对于我们来说是最有借鉴意义的一点。

按照世界银行的划分标准，我国已经由低收入国家跃升至世界中等偏下收入国家行列，对于我国这样一个经济发展起点低、人口基数庞大的国家来说，能够取得这样的进步，确实是一个了不起的成绩。对外直接投资随一国经济增长而增长，它的发展反过来会促进一国经济增长。

2009年，山东省实现国内生产总值（GDP）3.38万亿元，居全国第三位。地方财政收入2 198.53亿元，全社会固定资产投资19 031亿元，进出口1 581.4亿美元，实际到账外资82亿美元。按照山东省对国内的经济贡献以及我国的经济所处的发展阶段来制定对外直接投资战略是根本的依据。

3. 企业国际化经营实力

山东省企业国际化经营总体上还处于起步阶段，存在一些矛盾和不足。从总量看，山东省企业国际化经营的规模仍然偏小；有些企业境外投资决策盲目性强、成功率低，难以适应激烈的国际竞争；经营秩序还有待规范；国际化经营的管理和服务体系需进一步健全；国际化经营所面临的外部风险需要加强防范。

但伴随着经济的快速发展和经济规模的不断扩大，大型企业由少到多、由弱变强，成为改革开放30多年经济发展成就的重要标志。大型跨国公司及国际化经营企业的不断涌现，表明了山东省企业国际竞争力的提高，为山东省企业对外直接投资提供了良好的主体优势。

4. 外汇储备

国际收支“双顺差”是我国外汇储备的重要来源。巨额的外汇储备有很多负面影响，从经济上来看，是极不合算的。按目前的趋势看，我国外汇储备将继续增加。尽管商务部将缩减顺差作为近年来的头等大事，但是看来这并非短时间可以做到的事。在此情形下，加大加快对外直接投资力度或许是一种使中短期经济保持平衡的有效策略。

适当加快对外投资对缓解贸易摩擦、减轻人民币升值压力、外汇储备消肿等有现实意义。以资本输出代替商品输出，把一部分加工生产能力转移到外国，在当地投资办企业，建立销售网络和售后服务网点，将产品打入国际市场，防止了出口竞争。到外国投资办企业，可能对当地同类企业造成竞争，但由于资本的投入和新的就业岗位的创造，可充分利用东道国的比较优势和当地资源重新发挥它对国内经济的积极作用，一般不会受到东道国的反对。《2006 年世界投资报告》称，由于拥有大量外汇储备，亚洲经济体近年不断增加对外直接投资，以期在全球获得更多资源和市场。报告预测，随着亚洲经济体的外汇储备日渐庞大，它们的对外直接投资额还将不断上升。报告认为，我国企业目前在海外的扩张与20 世纪80 年代的日本有相似之处。在不久的将来，中国将成为更加重要的资本来源国。

从国际经验来看，贸易顺差可以通过资本项目的逆差，使得国际收支达到总体上的平衡。如日本和德国，即是以扩大对外直接投资，或者是证券投资、对外贷款等方式抵消贸易上的顺差。日本和德国的贸易顺差与资本项目的逆差合并计算，整个国际收支实现平衡。

（二）山东省对外直接投资的战略定位与战略目标

1. 山东省对外直接投资战略定位

根据国内外以及山东省经济环境的新特点和发展的新趋势，结合国家“走出去”战略的基本思想，山东省对外直接投资的战略定位是：以科学发展观为指导思想，以全面提高对外开放水平和建设经济强省为根本目标，顺应经济全球化潮流，遵循我国工业化、城市化和现代化进程，以发挥山东省大省综合优势为基础，以推动生产要素跨境流动为手段，在全球范围内优化配置资本、技术、资源，实现“走出去”与“引进来”的协调发展，创造山东省进一步参与经济全球化的新途径，形成经济全球化条件下参与国际经济合作和竞争的新优势。

2. 山东省对外直接投资战略目标

以我国经济发展战略的阶段性目标为参照，结合山东省对外直接投资的现实状况和面临的国内外经济形势，山东省对外直接投资的总体战略目标应该是：围绕着我国到2020年实现人均GDP翻两番和全面建设小康社会的战略目标，到2020年实现山东省对外直接投资规模比2007年翻两番，形成一些世界级跨国公司和国际知名品牌；到21世纪中叶伴随着我国对外经济发展达到中等发达国家水平，基本实现现代化的战略目标，使山东省进入对外直接投资强省行列，对外直接投资与吸收外商直接投资基本平衡；在高新技术产业、高端服务业、先进制造业、传统优势产业和能源资源产业方面形成一批具有核心竞争优势和国际竞争力的世界级跨国公司和国际知名品牌，使其境外经营业务成为重要的利润来源；逐步形成主体多元化、产业多层次和高级化、区位多国化的对外直接投资新格局。

在借鉴发达国家和其他发展中国家经验基础上，根据经济全球化和国际直接投资发展趋势以及我国经济发展的新要求，山东省通过对外直接投资应实现如下战略目标：

第一，致力于提升山东省的国际实力，提升国际化经营水平，培育具有国际竞争力的世界级跨国公司和国际知名品牌。和重农或重商时代大不相同，今天的“财富”与“国力”两者之间的含义相去甚远，守财奴和企业家可能拥有同样的财富，却不能拥有相同的实力，更不可能获得对等的尊重。对于山东省而言，总体和人均生产总值的不断提高只是国际实力提高的基础之一，却远不是全部。国际实力需要依靠有自主创新能力的产业体系以及有国际竞争力的国际企业集团，尤其是制造业领域的巨型企业。对外直接投资可以为山东省内有条件的企业开拓更为广阔的市场，获得更为先进的技术，加之政策上的有力扶持，有望在未来10~20年为山东省培育一批有影响力的跨国集团，增加山东省的软实力。

第二，通过“学习型”和“优势型”投资，发挥大省优势，推动产业结构优化升级，建立有“宽度”和“深度”的产业体系。目前山东省已经逐步形成了全面覆盖的产业体系，山东省的产业体系的宽度已经有了明显的改进。所谓“宽度”，是指产业的种类、各行各业。但是，山东省产业体系的深度却远远不够。所谓“深度”，是指一个产业从研发、设计、生产、销售到服务的整个流程。从深度上看，山东省的许多产业仍然停留在生产和销售环节，最多延伸到设计和服务。发展对外直接投资，可以给山东省企业提供更多了解国外产业的机会，也给山东省企业向研发、设计和服务环节延伸提供了更为有利的条件。

第三，打通获得技术和信息的渠道。在我国对外开放之初，曾经试图通过“市场换技术”的策略，为国内产业发展获得相应的技术。事实证明，这一策略并未获得预期的效果，其中一个重要的原因就是跨国公司越来越把产品的生产环节进行细分、散布，把一些核心的、技术含量高的环节（如研发）放在本土，导致核心技术的溢出效应不是很明显。在理论上，把这种情况称为“隐性知识”，它导致发展中国家的企业没有足够的知识来获得技术，产生了“技术溢出的空间局限性”。在发展对外直接投资的过程中，山东省的企业可以直接到国外的产业集群地设立分支机构，相当于打通了省内企业获得技术、了解技术创新方向和产品市场信息的渠道，增加对核心技术、最新技术和信息等知识的获取，主动获得核心技术的溢出。

第四，在小技术和小市场上有所作为。这么说绝不是妄自菲薄，也不是对山东省企业能力的低估。山东省有许多具备一定规模的跨国公司（如海尔等）已经在全球市场上占据了较为重要的位置，一些能源、金融类企业经过这些年的积累，在境外的投资和经营也初具规模。但是，对于许多中小型企业以及许多成长中的大型企业而言，在刚刚走上国际化经营道路的时候，可以选择一些小市场、小技术领域作为起步，这样做既有利于减少出现严重损失的概率，又可以不断积累国际经营的经验，避免对公司的发展造成损害。

第五，多渠道获得境外能源和原材料以支持山东省经济的高速增长，成为山东省对外直接投资的主要战略思想。能源资源问题是关系经济和社会发展全局的重大战略问题。积极开展国际能源资源合作，加快在境外建立重要紧缺资源供应基地，是贯彻落实党的十七大提出的“内外联动、互利共赢”开放战略的一项重大举措，也是有效缓解山东省经济发展与资源短缺矛盾，推动经济可持续发展的重要途径。

第三节 本书写作思路、主要内容及创新点

一、写作思路及主要内容

随着我国经济的持续高速增长，国际与国内环境发生了深刻变化，我国企

业对外直接投资进入了新的阶段。山东省对外直接投资无论从存量还是从流量增速上，都呈现出了山东省对外直接投资在国内所占据的重要地位。本书结合山东省经济的具体特点和当前国际经济形势，从山东省对外投资主体进入方式的战略选择、对外直接投资技术提升的战略选择、对外直接投资的政府策略选择、行业和区位战略选择等方面为山东省如何继续保持目前快速增长的对外直接投资势头，以及如何有效扩大对外直接投资质量提供了一些切实可行的策略。本书共由十章内容构成。

第一章：导言。本部分首先全面分析了当前国际直接投资的概况、我国企业对外直接投资的动机、对外直接投资的战略定位与战略目标，在此基础上阐明了本书的研究意义。

第二章：对外直接投资的基本理论。本章系统梳理了自20世纪60年代以来国际直接投资理论的重大发展，包括对外直接投资微观理论、对外直接投资宏观理论和发展中国家对外直接投资理论三部分，以期为制定山东省对外直接投资战略提供理论指导。对外直接投资微观理论依据微观经济理论和产业组织理论，从微观角度解释跨国公司对外直接投资的动因、条件和行为，包括垄断优势理论、寡占反应理论、内部化理论、区位理论（宏观理论）、国际生产折中理论（微观和宏观相结合）。对外直接投资宏观理论则将跨国公司的对外投资行为置于一国经济的宏观大背景中进行分析，包括产品生命周期理论（微观）、比较优势理论和投资发展周期理论。我国是一个发展中大国，本章还同时介绍了以小规模技术理论、技术地方化理论和技术创新产业升级理论为代表的发展中国家对外直接投资理论，以更好地解释、指导山东省对外直接投资活动。

第三章：山东省对外直接投资的概况与特征。本书首次采用投资头寸指数（IPI）和计量模型探讨了山东省对外直接投资所处的阶段。根据回归结果以及IPI分析，山东省正处在投资发展周期（IDP）理论第二阶段的后期，并正在向着IDP理论第三阶段迈进。在对外投资规模方面，山东省对外直接投资绝对规模不断扩大，但相对规模尚小。在区位分布上，目前山东省对外直接投资区域已拓展到拉丁美洲、中亚、非洲及北美地区，亚太地区是山东省对外投资的重点区域，我国香港是山东省境外企业数和投资额最多的地区。在行业分布上，制造业是山东省境外投资的主要领域，境外资源开发项目获得新突破，服务业境外投资项目明显增多，高技术企业的比率很低，对外投资的低技术格局仍未改变。在投资主体方面，民营企业已成为山东省境外投资的主力军，国有企业和外商投资企业境外投资继续保持稳定增长。在进入方式上，跨国并购、新建投资、研发投资多种方式并用。由于对外直接投资尚处于探索阶段，山东省在对外直接投资战略、投资规模、产业结构、地理分布、跨国经营人才、企业核心技术等方面仍存在突出问题。

第四章：对外直接投资与出口的关系分析。国际直接投资与国际贸易之间存在着替代和互补双重效应，本章运用协整检验方法和误差修正模型，考察了山东省对外直接投资与出口的长短期关系，发现两者之间存在长期协整关系，山东省对外直接投资对出口有着显著的互补而不是替代效应，对外直接投资每增加1个百分点，会带动出口贸易增加1.3个百分点。为此，建议山东省政府应该采取更有力的措施鼓励、推动企业积极开展对外投资，“以贸易促进投资，以投资带动贸易”。

第五章：企业进入国外市场方式的比较与选择。绿地投资与跨国并购是对外直接投资的两种方式，制约企业对外直接投资方式选择的因素有国家、产业、企业三个层面。本章首先构建了一个博弈模型，从理论上分析了在当前形势下山东省企业进入国外市场的方式选择。在当前国际贸易保护主义抬头的情形下，山东省政府应该创造有利条件，鼓励省内企业通过并购方式“走出去”，实现企业的国际化经营并提高参与国际市场的能力。结合其他各种进入国外市场方式的优缺点，山东省对外投资主体可以根据具体情况选择新建企业、非股权方式、战略联盟、离岸商业运作、境外经济贸易合作区等方式进入国外市场。

第六章：对外直接投资与区位行业战略选择。当前，山东省对外直接投资的区位和产业分布不尽合理，区位分布过于集中，行业过分偏重初级产品产业和国内连锁效应弱的产业投资，忽视技术密集型行业和国内连锁效应强的产业投资，导致对外直接投资与国内产业优化升级不能有效、及时地结合。针对这些问题，本章指出，山东省对外直接投资应根据产业和区位选择相结合、产业结构调整和升级相结合的原则，从国民经济发展的宏观利益和产业结构升级的要求出发，结合山东省经济发展的各方面需求和现实条件，选择山东省对外直接投资的发展战略，即将资源开发业作为山东省对外直接投资的战略重点；抓住时机，投资高新技术产业；加大山东省成熟产业的对外转移力度；加大山东省对非洲大陆的直接投资力度。

第七章：对外直接投资与技术提升战略选择。缺乏核心技术优势是我国企业"走出去"的重要制约因素之一，同时也阻碍了我国企业在跨国经营中的成长壮大，我国企业的对外直接投资应是建立新的技术优势的手段。本章首先介绍了技术寻求型对外直接投资的理论基础，分析了我国企业实行对外直接投资技术提升战略的动因以及技术寻求型对外直接投资对母国经济的影响和前提条件，在此基础上，提出了山东省企业对外直接投资技术提升的战略选择，即建立规范的生产管理流程，通过"走出去"获得技术，在海外设立或并购研究和开发机构，在发展中国家市场不断进行技术累积与改进、技术自主创新等。

第八章：对外直接投资与政府战略选择。企业对外直接投资和海外经营离不开母国政府的强有力支持和全方位服务，在我国企业对外直接投资过程中，政府管理越位、政府监管不到位与政府支持与服务职能缺位日益成为阻碍企业对外直接投资的不利因素。借鉴美国、日本、新加坡等发达国家在引导和支持企业对外直接投资方面为我们提供的经验，我国应通过制定相关的经济扶持政策、提供信息服务，建立起有效运转的信息网络系统、减免税收、培养复合型的跨国经营人才等方面来支持鼓励企业的对外直接投资活动。在国家近年来采取的对外直接投资政策的基础上，本章提出，山东省可通过采取增加政府资金支持、强化指导，推动企业以多种方式开展对外合作、改善强化信息服务、充实完善对外投资配套法律法规和政策体系等措施来服务于山东省对外直接投资的健康发展。

第九章：对外直接投资与风险管理战略选择。由于各国经济制度、政治制度的不同，各国经济政策的不同，各国货币在投资和经营过程中出现的利率和汇率波动、投资项目的选择偏误，投资管理的复杂性等各种原因，国际直接投资风险远远大于国内投资。目前，国际不确定因素加大了中国对外直接投资难度。针对新形势下出现的各种风险，本章从寻找和建立与资源国利益共赢的长效机制、培养具备处理各种商业风险的经验和能力的人才以及解决文化冲突三个方面进行了详细的论证，为当前我国以及山东省企业如何应对及提升对外风险管理水平提供了很好的建议。

第十章：政策性建议。山东省应通过实施"走出去"战略，扩大对外直接投资，从而建立国内资产与国外资产、实体资产与虚拟资产、上游资产与下游资产等资产组合多样化的新结构，真正从战略上统筹协调扩大内需与稳定外需、多元化发展与对冲风险、“引进来”与“走出去”的平衡发展，这就是今后山东省发展对外直接投资的战略选择。后危机时代山东省企业对外直接投资的重点应集中在以下领域：一是投资开发能够弥补国内、省内资源不足的资源类项目；二是在境外建立研发或设计中心，以利用国际先进技术、管理经验和专业人才，加快提升企业自主创新能力；三是发展以开拓国际市场为目标的境外投资，带动国内及省内技术、产品、设备等出口和劳务输出，确保出口收益和市场多元化。

二、创新点

本书在全面介绍当前国际直接投资概况的基础上，从发展阶段、投资规模、区位分布、行业分布、投资主体进入方式等几方面阐述了当前山东省对外直接投资的概况特征与存在的突出问题。从对外直接投资与出口的关系、企业进入国外市场方式的比较与选择、对外直接投资区位行业战略选择、对外直接投资技术提升战略选择、对外直接投资政府战略选择、对外直接投资风险管理战略选择等几个方面展开了详尽的分析论证，并提出了许多建设性政策建议。本书的创新点主要体现在三个方面：

一是本书首次采用投资头寸指数（IPI）和计量模型探讨了山东省对外直接投资所处的阶段。根据回归结果以及 IPI 分析，山东省正处在 IDP 理论的第二阶段，并正在向着 IDP 理论第三阶段迈进。

二是本书运用协整检验方法和误差修正模型，首次对金融危机背景下山东省对外直接投资与出口关系进行了计量分析。实证结果表明，无论从长期还是从短期来看，山东省对外直接投资与出口间均存在协整关系，对外直接投资对出口有着显著的互补效应而不是替代效应。为此建议山东省政府采取更有力的措施鼓励、推动企业积极开展境外投资，“以贸易促进投资，以投资带动贸易”。

三是本书首次构建了一个国内企业进入国际市场方式选择的博弈模型。在此理论分析的基础上，本书结合各种进入国外市场方式的优缺点，提出了山东省对外直接投资主体可以选择新建企业、并购方式、非股权方式、战略联盟、离岸商业运作、境外经济贸易合作区等方式进入国外市场。

第二章　对外直接投资的基本理论

自20世纪60年代起，国际直接投资理论取得了许多重大发展。其中以欧美跨国公司先行者为研究对象，发展较早、相对较成熟的理论有垄断优势理论、内部化理论、区位理论、国际生产折中理论等，这些理论被视为国际直接投资的微观理论。把跨国公司置于母国和东道国的整体宏观经济背景中进行研究的理论主要有比较优势理论、投资发展周期理论、产品生命周期理论、后发优势理论等。随着发展中国家对外直接投资的迅速发展，以先行者为基础的对外直接投资理论无法准确解释发展中国家在新的背景下产生的对外直接投资现象，学者们对此展开了广泛的研究和探索，形成了对发展中国家和地区对外直接投资具有广泛解释力的理论。

第一节　对外直接投资的微观理论

对外直接投资的微观理论是依据微观经济理论和产业组织理论，从微观的角度（企业或行业）解释跨国公司对外直接投资的动因、条件和行为。它们是以欧美跨国公司先行者为研究对象，其中发展较早、相对较成熟的理论有垄断优势理论、内部化理论、区位理论、国际生产折中理论等。国际直接投资的微观理论，其核心成分是投资地区的区位优势与投资企业的所有权优势。这两种成分结合起来才能对企业的对外直接投资决策提供较为完整的说明。下面介绍这个领域中一些具有代表性的理论。

一、垄断优势理论

1960年，美国学者斯蒂芬·海默在其博士论文《国内企业的国际化经营：对外直接投资的研究》中，通过对美国企业对外直接投资现象的研究，以市场不完全性假设和产业组织理论为基础，创立了垄断优势理论。海默认为，美国企业对海外进行直接投资的主要动因是为了充分利用自己的垄断优势。为了同熟悉当地环境、市场和商业条件的公司竞争，外国进入者必须具有一种或若干种可转移的当地厂商所缺乏的优势，以抵消因对当地环境缺乏了解和远距离所引起的额外成本。美国跨国公司拥有四种优势：一是来自产品市场不完全的优势，如产品差异、销售技能、价格策略等；二是来自生产要素市场不完全的优势，如专利和专有技术、资金、管理技能等；三是基于规模经济和范围经济的优势；四是由政府税收、优惠或限制政策、关税等引起的市场不完全性。其中技术优势一般被认为是跨国企业所有可能优势来源中最重要的一项。拥有技术优势的企业可能发现在国外有盈利的机会，并通过对外直接投资利用其垄断优势实现其价值增值。

海默的理论强调寡头垄断行业企业的垄断优势对海外投资的决定作用，因而能较好地解释发达国家实力较强的跨国公司对外直接投资的条件与决定因素。

约翰逊（1970）注意到技术是一种公共产品，这种特性使得跨国公司的子公司可以非常廉价地使用母公司已经开发出来的技术。因此，跨国公司一项已经开发出来的、获得垄断地位的技术可以在更大的生产规模上获取回报。跨国公司享有的技术优势涉及的范围可以是相当广泛的。新产品、新生产工艺通常构成跨国公司技术优势中最重要的成分，同时跨国公司在销售技能、组织和创新技能方面享有的优势也常常发挥着十分重要的作用。凯夫斯（1971）进一步将技术优势分析从企业推广至行业。他认为，跨国公司的垄断优势在于这些公司可以开发、生产和销售差别产品，与此相关的国际直接投资将是从具有能够开发、生产差别产品的大企业的国家，流向缺乏开发和生产能力但能够消费差别产品的国家。

技术优势以外的另一重要优势来源是寡头市场的结构与行为，其中规模经济是一个关键的因素。首先，研究与开发具有规模经济。国内市场较大的企业倾向于在这方面享有优势，对外直接投资带来的生产规模的扩大又有助于进一步加强这一优势。其次，当外国市场存在贸易壁垒、本国市场已趋于饱和时，通过对外直接投资开发国外市场便有助于进一步利用规模经济（这里的规模经济主要指企业水平上的规模经济，而不是工厂水平上的规模经济）。

垄断优势理论突破了传统国际资本流动理论的束缚，指明了市场不完全或不完全竞争市场是垄断优势的根本原因，尤其强调了技术与知识资产在垄断优势中所起的关键作用（海默指出，技术与知识资产的最大特点是它的研发成本很高，但通过对外直接投资利用这些资产的边际成本却很低，并且可以在几个不同地点反复使用，因此，海外子公司只要付出很低的成本就可以利用母公司的技术与知识资产，取得东道国其他企业所缺乏的垄断竞争优势)。

垄断优势理论对推动发达国家的对外直接投资具有重要的理论指导意义，但仍然存在以下不足：（1）垄断优势理论以美国20世纪50年代资本技术密集行业对西欧直接投资的大量统计资料为研究基础，能较好地解释美国垄断企业的投资动因，但对于70年代兴起的日本和新兴工业化国家中小企业的投资模式，却难以自圆其说；（2）垄断优势理论忽视了时间因素和区位因素在跨国直接投资中的动态作用；（3）垄断优势理论没有完全解释企业在出口、许可贸易和对外直接投资三者之间的选择规律。

二、寡占反应理论

20世纪70年代初，美国学者尼克博克（1973）结合竞争环境对187家美国大公司的对外直接投资活动进行研究后，提出跨国公司的寡占反应理论。尼克博克指出，战后美国企业的对外直接投资主要是由寡占行业中少数几家垄断寡头进行的。他的基本理论假设是：作为一种预防策论，寡头企业将相互追随进入新的国际市场。一旦有一家企业到国外建立分支企业，其他企业就会效仿，以抵消抢先者可能得到的经济优势。这种追随“先导者”行为或相互效仿行为往往导致对外直接投资行为在同一时期成批地发生。

寡占反应现象的成因主要在于寡占行业中的企业尽量避免不确定性和减少风险的动机。寡占反应理论从企业间竞争行为的角度指出了维持寡占企业间的均衡是对外直接投资的动因。

1992年邓小平同志南方谈话后我国出现了连续多年的外商在华直接投资高潮，许多跨国公司在我国市场表现出了典型的成批性寡占反应行为，这的确表明了尼克博克理论具有一定的现实意义。

三、内部化理论

1976年，英国里丁大学经济学家巴克莱和卡森以及加拿大经济学家拉格曼，以科斯的交易费用理论为基础，以市场的不完全性为起点，提出了内部化理论，强调企业将垄断优势保留在企业内部，并通过内部使用而取得优势的过程，建立了跨国公司对外直接投资的内部化理论。

该理论认为，外部市场的不完全性，尤其是与知识有关的中间产品市场的不完全性，会促使以盈利为目的的公司组织中间产品在其体系内跨国界的转移以取代外部市场，企业在其组织内部创造市场以克服外部市场的缺陷，这样不仅使资源和产品在各子公司之间进行合理配置和充分利用，还可以有效地防止技术扩散，保护企业的知识产权。这里的中间产品是广义的，不仅包括通常意义上的中间产品（如原材料、零部件等），还包括技术、管理和组织技能、营销网络、商业信誉等广义上的生产要素。

促使企业选择内部化的一个重要因素是外部市场的不完全性。此外，关税与非关税壁垒、运输成本、文化差异等，也可以成为促使企业选择中间产品内部转移的重要因素。在促进企业内部化意愿的所有各类要素中，人们特别强调的是行业要素，在行业要素中特别强调的又是知识要素。这是因为：第一，知识提供垄断优势；第二，在一项新技术达到完全成熟前，要确定它的价值是很难的。内部转移定价便有助于最大限度地利用跨国企业拥有的垄断知识，并克服不易为其获得市场定价的困难。

内部化理论不是静态地强调企业已经拥有的优势，而是强调企业把既定优势跨国界内部转移实现增值的过程。

四、区位理论

东道国的区位因素不仅关系到跨国公司的相关成本，而且也在一定程度上反映了跨国公司的扩展动因。东道国区位因素对国际直接投资的解释体现在原材料的提供、劳动力成本、市场规模与结构特点、贸易壁垒与政府政策。为保证原材料的供应，跨国公司有可能向拥有该种原材料的东道国投资。国际劳动力市场的不完全性可以产生各国同类劳动力工资成本极大的差别。在技术已经标准化时，跨国公司把生产活动转移到劳动力相对便宜的国家可能会有利可图，从而导致其在该国的直接投资。

对外直接投资所在行业的东道国市场状况直接影响跨国公司的投资决策。有关因素包括市场规模、市场成长阶段与成长速度、当地市场的竞争强度等。当对东道国出口存在贸易壁垒时，对外直接投资便会替代出口。同样，东道国政府有关对外直接投资的政策、法规往往是影响外资进入的因素。

区位因素扩大了对外直接投资理论对外投资活动的解释能力，某些区位富有吸引力的有利条件往往会激发投资者的投资愿望和行为。但其缺陷在于它只涉及投资目标国环境因素的某些方面，而未对企业本身的因素、动机加以讨论。

五、国际生产折中理论

1977年，英国瑞丁大学教授邓宁在《贸易、经济活动的区位和跨国企业：折中理论方法探索》中，借鉴了垄断优势理论、内部化理论，并结合国际贸易理论中的资源禀赋学说，采用折中的方法提出了国际生产折中理论（The Eclectic Theory of International Production）。1981年，他在《国际生产和跨国企业》一书中对折中理论又进行进一步阐述。该理论认为，所有权优势和内部化优势是保证跨国公司国际直接投资的必要条件，区位优势是国际直接投资的充分条件，只有三种优势同时存在，国际直接投资才会成功，而这三个方面的优势决定了对外直接投资的动因、投资决策和投资方向。只有当企业同时具备这三种优势时，才完全具备了对外直接投资的条件。

国际生产折中理论的核心是所有权特定优势、内部化特定优势和区位特定优势。所有权特定优势包括两个方面：一是由于独占无形资产所产生的优势，二是企业规模经济所产生的优势。内部化特定优势是指跨国公司运用所有权特定优势，以节约或消除交易成本的能力。内部化的根源在于外部市场失效。邓宁把市场失效分为结构性市场失效和交易性市场失效两类。结构性市场失效是指由于东道国贸易壁垒所引起的市场失效；交易性市场失效是指由于交易渠道不畅或有关信息不易获得而导致的市场失效。区位特定优势是东道国拥有的优势，企业只能适应和利用这项优势。它包括两个方面：一是东道国不可移动的要素禀赋所产生的优势，如自然资源丰富、地理位置方便等；二是东道国的政治经济制度、灵活的政策法规等形成的有利条件和良好的基础设施等。

以上三种优势的不同组合决定了跨国公司在技术转让、出口和对外直接投资三种方式之间的选择。若公司拥有技术优势但无法内部化，也不能利用国外区位优势时，将选择技术转让方式；如公司拥有技术优势并具有内部化能力，可选择在国内生产后出口；如公司既具有技术优势与内部化能力，同时国外区位因素又很有吸引力，则可选择对外直接投资。

国际生产折中理论借鉴和综合了以往跨国公司理论的精华，最为完整地解释了对外直接投资的动因和决定因素，被誉为解释跨国公司行为的“通论”。它的形成，标志着跨国公司理论进入了一个相对成熟和稳定的阶段。但是国际生产折中理论所提出的对外直接投资条件过于绝对化，并将所有权优势、内部化优势以及区位优势三种因素等量齐观，缺乏主次之分且对它们之间的相互关系缺乏动态的分析。

国际生产折中理论充分认识和利用企业已具备的所有权优势，将其作为今后对外直接投资的重点，国家研究并制订促进这些优势发展的鼓励政策，企业建立产品创新和更新管理的机制，不断形成新的所有权优势。企业通过申请专利保护、严格限制技术的使用范围、期限和条件来确保技术等无形资产的内部化，并利用跨国公司内部的母公司与各子公司之间的转移价格确保外部贸易内部化。重视区位优势，不仅要重视风俗、消费习惯、市场距离等区位因素较优越的地区，还要对发达国家的技术领域进行有选择的直接投资来获得高新技术以及大容量市场等。

第二节　对外直接投资宏观理论

上一节主要从微观的角度（企业或行业）讨论跨国公司的投资行为，而未将跨国公司置于一国经济整体的宏观背景中进行考虑。本节要讨论的理论属于宏观理论，其中最具有影响力的是小岛清的比较优势理论、邓宁的投资发展周期理论和维农的产品生命周期理论。在这些理论中，企业的投资行为被认为是与母国和东道国的整体宏观经济相联系的。

一、产品生命周期理论

美国哈佛大学教授雷蒙德·维农于 1966 年 5 月在《经济学季刊》上发表《产品周期中的国际投资和国家贸易》一文，提出了“产品生命周期理论”。他将企业的垄断优势、产品生命周期以及区位因素结合起来，主张分三个阶段动态地调整跨国公司的对外投资行为。（1）产品的创新阶段：创新国企业率先进行新产品的开发与生产，由于新产品的特异性而具有较低的需求价格弹性和较高的收入弹性，企业能获得垄断优势，所以企业倾向于在国内生产产品。（2）产品成熟阶段：由于产品需求价格弹性的日益增大、技术的扩散以及贸易壁垒的影响，创新国企业开始到次发达国家进行对外直接投资，在当地进行生产与销售。（3）产品标准化阶段：当非技术型熟练劳动成为产品成本的主要部分，企业的竞争将主要表现为价格竞争，这时企业倾向通过国际直接投资将生产转移到劳动成本较低的发展中国家，产品出口将出现逆流现象。

产品生命周期理论动态解释了发达国家进行对外直接投资的动机、时机与区位选择之间的关系，在一定程度上体现出世界经济的一体化进程，也从一个侧面阐述了企业国际化经营的动机，并且从内外因两个方面论证了企业进行对外直接投资的必要性。但该理论主要针对最终产品市场，而对于资源、技术开发型的对外投资现象解释乏力。并且，该理论难以解释非代替出口投资的增加以及跨国公司海外生产非标准化产品的现象。

在进行对外直接投资决策之前，需要分析产品所处的生命周期阶段：首先，对产品的生产技术的性质、类型以及其扩散性和转移性进行分析；其次，对产品本身进行分析，确定产品的竞争优势、劣势、机会以及威胁；最后，对产品的国内销售、国外出口以及国内外市场情况进行分析。根据以上分析，最终确定产品所处的生命周期，以指导企业对外直接投资的市场进入决策。将进入成熟期的产品的生产地点转移到生产要素价格低且靠近市场的地区。

二、比较优势理论（边际产业转移理论）

20 世纪 70 年代末，日本学者小岛清运用赫克歇尔—俄林的资源禀赋差异导致比较优势原理，把贸易与对外直接投资结合起来，以 20 世纪 50 ~ 70 年代日本对外直接投资为考察对象，着重分析对外直接投资的贸易效果，提出了具有日本特色的“比较优势理论”。

他的主要观点有两个。（1）对外直接投资应该从投资国比较成本已经处于劣势或即将丧失比较优势的产业——“边际产业”开始，将其投向东道国具有潜在比较优势的同类产业。由于投资与贸易之间是互补关系而非彼此替代关系，这样能更好地促进双方贸易的发展。（2）中小企业应走在对外直接投资的前列，这一方面是因为同是劳动密集型产业的中小企业相对于大企业更容易成为“边际企业”；另一方面是因为具有边际效率的中小企业与东道国相应工业的技术差距更小，更适合于当地的生产条件。

比较优势理论从宏观角度分析对外直接投资的动机，具有开创性，并且对对外直接投资与对外贸易的关系作了有机结合的统一解释。但是它只是一个阶段性的理论，只能解释经济发达国家与发展中国家之间的以垂直分工为基础的投资。最后比较优势理论低估了发展中国家接受高新技术的能力，认为发展中国家只能接受发达国家的边际产业，具有一定的局限性。比较优势理论给予我们的启示在于：（1）从转移边际产业开始，逐步优化国内产业结构，将我国具有一定比较优势、生产能力过剩的轻纺、家电、电子等行业转移出去，在获得由于技术优势而产生的超额利润、保障国内经济发展的资源需求的同时，还能通过技术的传递和市场的拓展促进国内产业结构的调整和优化，并逐步实现产业递进，最终向高附加值产业延伸；（2）中小企业因为其小批量生产、经营灵活、适应性强等特点，更容易在海外市场找到立足点并迅速占领当地市场，所以我国应大力鼓励中小企业进行对外直接投资；（3）在对外投资的区位选择上，选择在经济发展程度、技术发展水平上和中国差距较小的国家和地区，积极关注和投资开拓这些地区相对落后的产业，发挥我国的比较优势。

三、投资发展周期理论

邓宁于20世纪80年代初，在国际生产折中理论的基础上，采取实证分析的方法，将67个国家1967—1978年的对外直接投资流量与经济发展的阶段联系起来进行考察，提出了投资发展周期理论，从动态角度描述了各国的经济发展水平与对外直接投资地位的辩证关系。

邓宁用人均GNP代表一个国家经济发展水平，用一国的对外直接投资流量与外国对本国的直接投资流量的差额代表该国的净对外直接投资，区分了对外直接投资的四个经济发展阶段：第一阶段，人均GNP在400美元以下；第二阶段，人均GNP为400～2 000美元；第三阶段，人均GNP为2 000～4 750美元；第四阶段，人均GNP在4 750美元以上。投资发展周期理论是国际生产折中理论的发展和完善，为发展中国家投资地位的变迁描述了一个大概轮廓。但该理论只强调了事物发展的普遍性而忽略了特殊性，没有认识到大多数国家的经济结构迥然不同，而且经济结构也存在不平衡性，仅用人均GNP单一指标来划分经济发展阶段和对外直接投资水平，难免带有片面性和局限性。

第三节　发展中国家对外直接投资理论

一、小规模技术理论

美国哈佛大学研究跨国公司的著名教授刘易斯·威尔斯在1977年发表的《发展中国家企业的国际化》一文中提出小规模技术理论，并在1983年出版的《第三世界跨国公司》专著中对该理论做了较系统的阐述。该理论认为：（1）发展中国家跨国公司的竞争优势主要表现在三个方面：发展中国家的小规模生产制造技术正好为低收入国家的小市场需要服务，发展中国家在服务于海外同一种产品需要而建立的海外生产中颇具优势，发展中国家跨国公司具有大型跨国公司所无法比拟的低价产品营销优势。（2）发展中国家跨国公司走出国门的动因主要有：保护出口市场，突破配额限制，寻求低成本，种族纽带，分散资产，本国、东道国政府或国际机构的倡议和帮助，企业主为亲朋好友寻找职业以及在海外培训人才。

小规模技术理论把发展中国家跨国公司竞争优势的产生与这些国家自身的市场特征结合起来，被学术界认为是研究发展中国家跨国公司的开创性成果，对发展中国家企业的对外直接投资具有十分积极的指导意义。但是，威尔斯将发展中国家跨国公司的竞争优势仅仅局限于小规模生产技术的继承和使用上，可能会导致这些国家在国际生产体系中的位置永远处于边缘地带和产品生命周期的末端，也很难解释一些发展中国家的高新技术企业的对外直接投资生产具有较高技术含量和竞争力产品的行为。

鼓励中小企业对外直接投资。虽然中小企业技术不够先进、经营范围和生产规模不够庞大，实力相对较弱，但是中小企业可以利用低成本、适当规模和适应技术优势开展对外直接投资。

二、技术地方化理论

英国学者拉奥在1983年出版了《新跨国公司：第三世界企业的发展》一书，对印度跨国公司的竞争优势和投资动机进行了深入研究后，提出了技术地方化理论。其主要观点是：（1）强调发展中国家对发达国家的技术引进不是被动的模仿和复制，而是对引进的技术加以消化、改进和创新的再生过程。（2）发展中国家形成自己的独特优势主要有四个因素。一是发展中国家技术知识的当地化往往与一国的要素价格及其质量相联系。二是发展中国家通过对进口的技术和产品进行某些改造，使其生产和产品与当地的供需紧密结合。三是创新活动中所产生的技术在小规模生产条件下具有更高的经济效益。四是发展中国家企业生产的产品能够适应相同收入水平国家的消费需求。

该理论带给我们的启示意义在于：（1）积极引进和吸收发达国家的先进技术，同时加强这些技术在国内的再生过程和自身技术的改造和创新能力，努力形成自己的差异优势；（2）对投资国市场进行深入的研究，了解当地的生产供需状况、市场特征和企业条件，开发不同的产品，培育我国企业持续的竞争优势；（3）以民族文化为纽带，加强民族产品优势，加强我国部分产品（如中药、丝绸）的民族特色和不可模仿性、不可替代性，以民族文化为纽带，拓展生存空间。

三、技术创新产业升级理论

坎特威尔和托兰提诺针对20世纪80年代中期以后新兴工业国家和地区对发达国家的对外直接投资活动，提出了技术创新产业升级理论。其主要观点是：（1）发展中国家企业技术能力的提高是一个不断积累的结果，并最终导致发展中国家产业结构的升级。（2）发展中国家现有的技术能力水平是对外直接投资活动的决定因素，影响着发展中国家跨国公司的对外直接投资的形式和增长速度。（3）发展中国家对外直接投资的产业分布和地理分布会随着时间的推移逐渐变化，即在产业分布上，从以自然资源开发为主的纵向一体化生产活动向以进口替代和出口导向为主的横向一体化生产活动转化；在地理分布上，遵循“周边国家—发展中国家—发达国家”的渐进发展轨迹。

该理论为发展中国家对外直接投资的区位选择提供了思路，并且为不具备绝对优势的发展中国家企业参与国际竞争提供了技术积累的路径。但该理论认为，发达国家企业的技术创新表现在大量的研发投入上，而发展中国家企业的技术创新则没有很强的研发能力，其主要是利用特有的学习经验与组织能力来掌握与开发现有的生产技术。

该理论的启示在于：（1）在区位选择上，遵循渐进发展轨迹，首先利用种族联系在周边国家进行直接投资，然后随着经验的积累再逐步向其他发展中国家扩展，最后为获得更为先进、高级的技术开始向发达国家投资；（2）以技术积累为内在动力，以投资区位拓展为基础，不断推动对外投资的发展和本国产业的调整和升级。

第三章 山东省对外直接投资的概况与特征

2009 年，山东省实现国内生产总值（GDP）为 3. 38 万亿元，居全国第二位。地方财政收入为 2 198. 53 亿元，全社会固定资产投资为 19 030. 97 亿元，进出口总额为 1 386. 04 亿美元，实际到账外资为 80. 10 亿美元。新签对外承包劳务合同金额为 87. 1 亿美元，新核准境外企业（机构）247 家。目前与山东省有经贸关系的国家和地区达 200 多个。

山东省工业门类齐全，基础雄厚，已形成钢铁、汽车、造船、石化、轻工、纺织、有色金属、装备制造、电子信息等优势产业。2008 年，全省实现工业增加值 16 718. 8 亿元。家用电冰箱、冷冻箱、农机、工程机械、重型车、轻骑摩托车、机制纸及纸板等 47 种工业产品产量居全国第一位。机械及设备、电器及电子类、纺织品、服装、钢材、集装箱是山东省主要大类出口产品。海尔、海信、青岛啤酒、张裕、浪潮、东岳汽车、中国重汽等一大批知名品牌驰名中外。壳牌石油、西门子、三星、惠普、麦德龙、标致、联合利华、三菱商事、阿尔卡特朗讯等 130 多家世界 500 强企业来山东省投资。

山东省现有对外承包工程经营资格的建筑企业 151 家。山东电建总公司、青岛建设集团、威海国际经济技术合作股份有限公司、山东电建三公司和山东宏昌路桥公司 5 家企业入选全球最大 225 家承包商行列。

山东省坚持“引进来”和“走出去”相结合，加快实施“走出去”战略，推动对外投资合作业务健康、稳步发展。目前，山东省对外直接投资呈现出了较新的特点：

第一，境外合作区建设稳步推进。省财政为境外合作区拨付大额扶持资金；国家开发银行山东省分行对境外合作区提供大规模贷款，如对中俄托木斯克木材工贸合作区的贷款规模已超过 1 亿元，此外还对委内瑞拉科技工贸区给予了贷款支持。

第二，在发达国家和地区设立研发机构。积极鼓励企业通过并购、合作等形式，在发达国家和地区建立高新技术产业或产品研发设计与销售网络，充分利用当地技术及人才优势，培育企业的核心技术与品牌，增强自主创新能力。截至2008年底，山东省累计在境外设立高新研发企业24家，分布在美国、日本、德国、韩国、我国香港等国家和地区，涉及汽车发动机、节能玻璃、环保水处理、电子产品、纺织服装面料、工程机械、家用电器、造纸工艺等多个领域。

第三，境外跨国并购成为一大亮点。淄博润兴集团全资收购美国品牌家具有限公司，取得美国5大品牌公司及其他中高档家具产品公司的销售权和供给渠道，深度开发欧美发达市场。山东天业黄金公司出资2 441万美元收购澳大利亚明加尔金源公司51%的股权，从事金矿勘探与开发，已探明金储量12.5吨。潍坊天翔航空投资1 000万美元收购美国卓越航空发动机公司，从事发动机整机和零部件的生产销售。

第四，大项目拉动对外承包工程发展的作用更加突出。2008年上半年，全省企业新签对外承包工程合同金额为53亿美元，完成营业额10.1亿美元，同比分别增长122.5%和35.6%。其中，新签过千万美元项目18个，合同金额为51.2亿美元，占全省工程合同金额总量的97.6%；新签过亿美元项目8个，比上年同期增加4个。主要有：山东电力三公司印度3×66万千瓦电站项目，合同金额为14.5亿美元；山东电力基本建设总公司与印度沃丹特集团在印度签订贾苏古达3×66万千瓦电站项目EPC总承包合同，合同金额为15亿美元；印度考巴3×66万千瓦电站项目，合同金额为13.76亿美元。

第五，高附加值和资源换工程项目实现新突破。全省新签EPC（设计、采购与建设）项目5个，将带动国产机电、原材料出口30.5亿美元。青岛建设集团首次在新加坡承揽9 960万美元DBSS（设计、建造和销售计划）5.5万平方米的房地产开发项目，成为我国首个在新加坡实施此类项目的建筑企业。威海国际承担的工程换资源框架下项目刚果（布）国际机场1.8亿美元项目已完成设计并开工建设。

第一节　山东省对外直接投资的阶段

一、投资发展阶段理论

20世纪80年代初，邓宁根据三优势（所有权优势、内部化优势和区位优势）理论，对国际投资在不同国家可能发生的情况进行了分析，提出了国际直接投资发展阶段理论，是国际生产折中理论在发展中国家的运用和延伸。邓宁认为：在以往理论中，经济学家们往往忽略了对一个国家国际投资状况与一国的经济发展阶段性质相互作用的研究；对有关国际直接投资动因的分析，主要侧重于一个国家的特定区位以及对外、对内直接投资的行业构成进行说明，并没有将投资流量与经济发展阶段联系起来进行研究。为此，邓宁主张把不同国家进行分类，再分别考察其投资流量。

邓宁采取实证分析的方法，对67个国家1967—1978年的直接投资流量与经济发展水平的资料进行相关分析。结果发现，一国的直接投资流出量或流入量与该国的经济发展水平呈现高度相关的关系。邓宁用人均国民生产总值（GNP）代表一个国家的经济发展水平，用一国的对外直接投资流量减去引进的外国直接投资流量的差额（即净流量）代表该国的国际直接投资地位。他把经济发展水平分成下述四个阶段，从动态角度解释一国的经济发展水平与国际直接投资地位的关系。

第一阶段，人均GNP为400美元以下。处于这一阶段的国家只有少量的外来直接投资，完全没有对外直接投资。在这一阶段，本国几乎没有所有权优势，也没有内部化优势，外国的区位优势也无力加以利用。因此，对外直接投资处于空白状态，国外直接投资的流入也因缺乏合适的投资条件，如东道国没有提供相应的条件以确保外国企业在东道国建立子公司、基础设施以及法律体系不具完备等，而处于很低的水平。这一时期，国家的净国际直接投资流量为负值。

第二阶段，人均GNP为400～2 000美元。随着国内市场的进一步扩大以及制度环境的改善，已经为国际直接投资的流入奠定了一定的基础。在这一时期，外国直接投资的主要形式是利用东道国的原材料以及劳动力成本低廉的优势，进行一些技术水平较低的生产性投资。母国对东道国的投资量有所增加，而东道国对外直接投资量仍然停留在很低的水平。这些国家对外国资本的吸引力增强，区位优势开始体现出来，外资开始流入。由于国内经济发展水平有限，所有权优势和内部化优势仍然十分有限，对外直接投资仍然处于较低水平，净国际直接投资流量为负值，且负数值有增加的趋势。

第三阶段，人均GNP为2 000～4 750美元。由于东道国企业所有权优势和内部化优势大大增强，人均净投资流入开始下降，对外直接投资流出增加。与此同时，随着国内企业竞争力的增强，外国投资者的所有权优势和区位优势地位下降，外国企业必须更多地发挥自身的内部化优势，才能得到更大的发展。这一切标志着一个国家的国际直接投资已经发生了质的变化，即专业化国际直接投资过程的开始。此时，该国会着手吸引外国直接投资流入到本国比较区位优势最强而比较所有权优势最弱的部门；同时，该国也鼓励本国企业到国外的一些比较所有权优势最强的部门进行投资。很显然，这是与国家的经济发展战略和直接投资特点相适应的。这一阶段国际直接投资的流入量和流出量都达到了较大的规模，但净流量仍为负值，不过流出量和流入量之间的差距在缩小。

第四阶段，人均 GNP 在 4 750 美元以上。处于第四阶段的国家对外直接投资流出量大于吸引外资数量，即直接投资净流量为正值。对外投资规模逐步扩大的原因在于，随着该国经济发展水平的提高，这些国家的企业开始具有较强的所有权优势和内部化优势，并具备发现和利用外国区位优势的能力。投资阶段的划分和投资发展周期理论模型分别如表 3 - 1 和图 3 - 1 所示。

表 3 - 1　　投资阶段的划分

投资阶段	人均收入水平	跨国投资特点
1	低于 400 美元	有少量外资流入，没有对外投资
2	400 ~ 2 000 美元	外资流入增加，少量对外投资
3	2 000 ~ 4 750 美元	对外投资增加，增速有可能超过外资流入增速，但对外投资仍为负
4	4 750 美元以上	对外投资超过外资流入

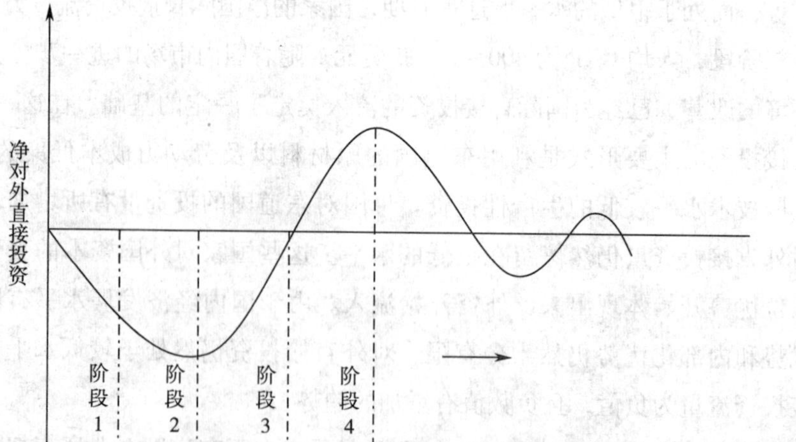

图 3 - 1　投资发展周期理论模型

按照上述理论，山东省2008年人均GDP为4 700美元，已经符合第三阶段的特征。但我们需要采用投资头寸指数和计量模型来验证山东省对外直接投资所处的阶段。

二、山东省投资发展阶段实证分析

本部分主要通过采用投资头寸指数（Investment Position Index，IPI）和计量模型来探讨山东省对外直接投资所处的阶段。我们以1995—2008年对外直接投资协议金额的年度数据代表山东省对外直接投资数据指标，数据来源于山东省商务厅和《山东省统计年鉴》各期；外商直接投资、人口和GDP数据来源于《山东省统计年鉴》各期；GDP数据统一以当年的平均汇率换算成美元，但未去除通货膨胀因素，美元兑人民币年均汇率数据来源于《中经网统计数据库》。在原始数据的基础上，计算出人均GDP（GDPpc），净人均对外直接投资头寸（NFDIpc）、IPI指数（见表3-2）。其中，因变量NFDI取流量数据。我们认为由于存量数据是对流量数据加总而得到，因此它的平稳性较流量数据差，即流量数据平稳性要优于存量数据。

表3-2　山东省对外投资数据、GDP、人口、对外直接投资净额与IPI（1995—2008年）

年份	对外直接投资（万美元）	外商直接投资（万美元）	GDP（亿元）	美元兑人民币年均汇率	人口（万）	GDPpc（美元）	NFDIpc（美元）	IPI指数
1995	1 065	462 521	4 953	8.351	8 701	681.6488	-53.0348	-0.99770
1996	459	539 797	5 883	8.3142	8 747	808.9455	-61.6598	-0.99915
1997	513	328 037	6 537	8.2898	8 810	895.0731	-37.1764	-0.99844
1998	567	221 866	7 021	8.2791	8 872	955.8601	-24.9435	-0.99744
1999	2 617	311 087	7 493	8.2783	8 922	1 014.5007	-34.5741	-0.99159
2000	4 666	507 435	8 337	8.2784	8 975	1 122.0932	-56.0188	-0.99080
2001	7 625	672 040	9 195	8.277	9 024	1 231.0613	-73.6275	-0.98865
2002	12 406	1 130 680	10 275	8.277	9 069	1 368.8299	-123.3073	-0.98903
2003	11 486	1 341 413	12 078	8.277	9 108	1 602.1348	-146.0175	-0.99144
2004	26 830	2 028 958	15 021	8.2768	9 163	1 980.6088	-218.5014	-0.98678
2005	13 124	2 749 510	18 516	8.1917	9 212	2 453.6872	-297.0458	-0.99523

续表

年份	对外直接投资（万美元）	外商直接投资（万美元）	GDP（亿元）	美元兑人民币年均汇率	人口（万）	GDPpc（美元）	NFDIpc（美元）	IPI 指数
2006	40 099	1 624 175	22 077	7.9718	9 282	2 983.6103	-170.6611	-0.97531
2007	40 104	1 173 880	25 965	7.604	9 346	3 653.5953	-121.3114	-0.96584
2008	67 161	1 014 959	31 072	6.9451	9 392	4 763.5708	-100.9155	-0.93383

数据来源：根据《山东省国民经济和社会发展的统计公报》、《中经网统计数据库》、《山东省统计年鉴》及《山东省对外贸易经济合作年鉴》相关数据计算得出。

（一）IPI 分析

IPI 可表示为（直接投资流出 - 直接投资流入）/直接投资流入，或表示为（对外直接投资 - 外商直接投资）/外商直接投资，其设置思路源自邓宁的投资发展阶段理论。具体来说，若邓宁的投资阶段论成立，则 IPI 的数值相应作出如下变动。在第一阶段，直接投资流入为零，IPI 不存在。一旦这个国家出现国际直接投资的流入（在没有变为净对外直接投资者之前），IPI 的值将在（-1，0）区间。如果 IPI = - 1，则该国只存在国家直接投资的流入，不存在对外直接投资的流出。只要 -1 < IPI < 0，我们就可以判断，该国处于邓宁投资阶段划分中的第二阶段——开始接受国际直接投资，存在一定的对外直接投资，但仍以接受投资为主。如果 IPI 的数值处于（0，1）区间，则说明该国已成为国际直接投资的净供给者，此时正是邓宁理论所说的第三阶段。在投资阶段论的第四阶段，IPI > 1，其值越高，意味着其净对外直接投资的数量也就越大。当一国进入第五阶段后，IPI 的值将开始下降，最终围绕零上下波动。需要说明的是，使用 IPI 指数并非是要替代衡量国际投资的绝对数指标。在某些情况下，只使用绝对数值会漏掉一些投资演进路径的重要变化。比如，当一国进入我们定义的经济发展的第五阶段时，国际投资趋向内外均衡，IPI 的数值会逐渐降低，并围绕零上下波动，但绝对数指标却可能依然持续上升，无法反映投资流动的均衡趋势。不过，绝对数指标也有其优势。比如，在人均 GDP 刚刚超过 400 美元的阶段，对外直接投资流入的绝对数指标变化幅度往往较大，而 IPI 指数则只能在一个较窄的区间内变动，不如绝对数指标给人的印象强烈。总之，绝对数指标可直观地显示外商直接投资和对外直接投资的规模与变化，而 IPI 指数可较好地反映直接投资在流入和流出上的关系及其变化，两类指标各有所长，可相互补充。

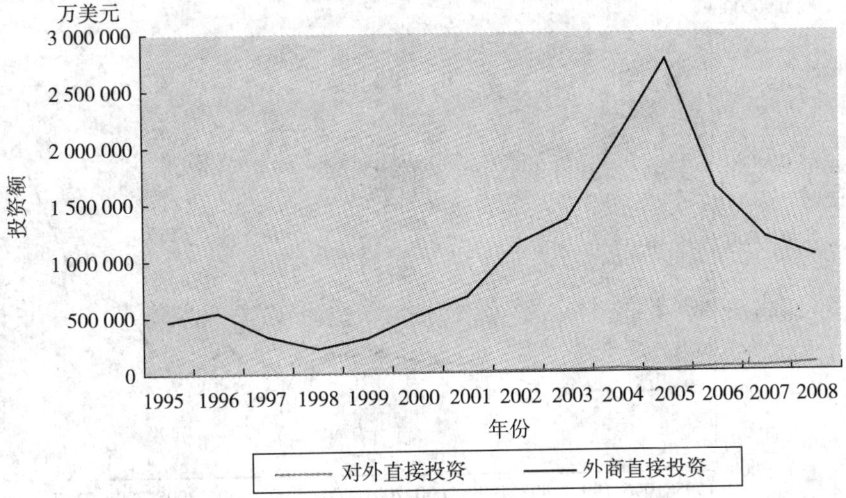

图 3－2　山东省对外直接投资和外商直接投资规模

由图 3－2 可以看出，山东省对外直接投资远远小于外商直接投资。外商直接投资在 2002 年突破百亿美元，到 2005 年达到高峰，2008 年基本恢复到百亿美元的水平。对外直接投资自 2002 年以前，规模都不大，自 2006 年开始，出现明显增加趋势，但规模依然不大，对外直接投资的增加值还不足以抵消流入直接投资的增加值。

由图 3－3 可以看出，1995—2005 年，山东省 IPI 均在－0.98～－1 的范围内波动，说明山东省对外直接投资额相对于实际利用外资额，差距还非常大。从 2006 年开始，IPI 迅速增加，表明山东省对外直接投资的规模相对于外商直接投资的规模而言增长较大。

从 1999 年开始，IPI 开始呈现出快速增长的势头，表明山东省对外直接投资增长率已经逐渐赶超外商直接投资增长率。山东省对外直接投资的快速增长主要同 1998 年我国“走出去”战略的实施有关。山东省财政厅、外经贸厅、商务厅设立专项资金，对重点“走出去”企业给予财政扶持，对山东省企业对外投资起到了不小的促进作用。例如，为切实帮助省内企业拓展融资渠道，充分利用中非发展基金股权投资政策，扩大对非投资合作，省商务厅、中非基金、国家开发银行山东省分行于 2010 年 4 月联合举办“山东省企业投资非洲研讨会暨中非基金宣介会”，为拟在非洲投资的山东省企业提供资金支持（见附件）。

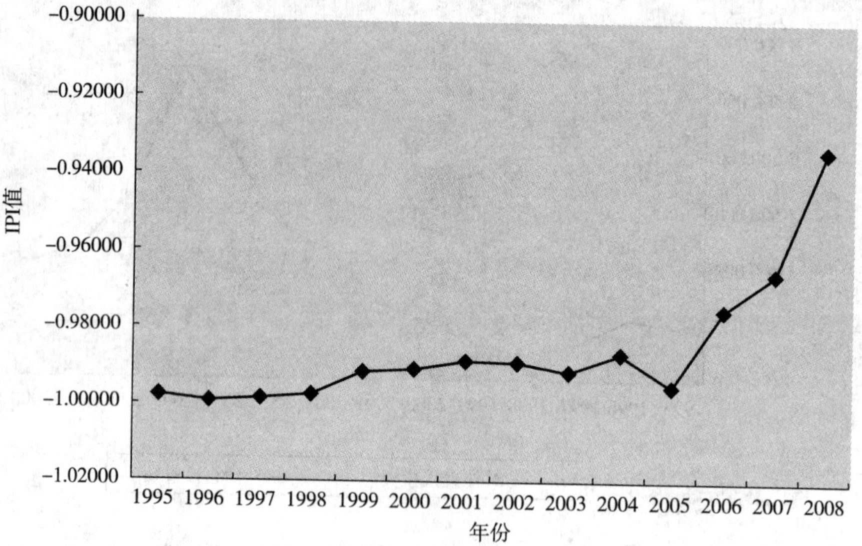

图3－3 山东省IPI走势

（二）计量模型分析

根据邓宁的投资发展阶段理论，随着经济的发展、比较优势的变化，对外直接投资呈现出先下降而后逐步上升的U形变动路径。在第三阶段以前，投资发展路径呈U形，而在第三阶段以后，投资发展路径则呈现出倒U形。虽然山东省2008年人均GDP为4 700美元，已经符合第三阶段的特征，但由IPI分析我们初步认定山东省处于投资发展路径理论的第二阶段。为了分析NFDI与人均GDP之间的关系，Dunning（1981）、Dunning和Narula（1996）、Dunning和Kim等人（2001）分别用了一个两次方程函数来描述投资发展路径曲线。Buckley和Castro则用了一个五次函数来验证和描述投资发展路径，他们认为，二次函数适合运用于那些已经具有完整的投资发展路径U形曲线的国家，即已经进入第三或者第四阶段的发达国家，而五次函数比二次函数更适合描述发展中国家的投资发展阶段。但他们同时指出，五次函数在预测拐点以后的投资发展路径时，由于放大效应，将会夸大投资发展路径的上升趋势。本书将分别运用二次函数与五次函数这两个模型来验证并且观察山东省的投资发展路径。

1．序列平稳性检验

在对经济变量的时间序列进行最小二乘回归分析之前，首先要进行单位根检验，以判别序列的平稳性。在此对序列采用ADF检验。

表 3-3　对 GDP_{PC} 和 $NFDI_{PC}$ 进行平稳性检验的结果

变量		ADF 统计量	ADF 统计量临界值		
			1% 的水平	5%的水平	10%的水平
	NFDIpc	-1.2804	-4.0579	-3.1199	-2.7011
	GDPpc	-1.3263	-4.2001	-3.1754	-2.7290
一阶差分	NFDIpc	-2.5455	-4.1220	-3.1449	-2.7138
	GDPpc	-2.0453	-4.2971	-3.2127	-2.7477
二阶差分	NFDIpc	-4.1368	-4.2001	-3.1754	-2.7290
	GDPpc	-4.6213	-4.4206	-3.2598	-2.7711

注：用 Eview5 软件。

由表 3-3 可知，GDPpc、NFDIpc 进行二阶差分后分别在 1%、5% 和 10% 的显著性水平上拒绝了存在单位根的假设，表明这两个变量是二阶差分平稳的，即二阶单整。依据协整理论，对于通过平稳性检验且为同阶单整序列来说，可以进行协整检验，分析它们之间的协整关系。

2. 计量模型的建立与分析

模型 1：$NFDIpct = \alpha + \beta GDPpct + \gamma\ (GDPpct)^2 + \varepsilon t$

模型 2：$NFDIpct = \alpha + \beta\ (GDPpct)^3 + \gamma\ (GDPpct)^5 + \varepsilon t$

其中，t 表示时间，α 为截距，β 和 γ 为系数，NFDIpc 和 GDPpc 分别为人均净对外直接投资和人均 GDP，ε 为随机误差。

依据表 3-2 中的数据，本书运用最小二乘法（OLS）对模型进行回归。依据协整理论，非平稳序列，如果随机误差项给出的线性组合是平稳序列，则我们称模型中自变量和因变量是协整的。由检验结果可以看出，五次模型随机误差项非平稳，所以不能用该模型进行计量分析。在 5% 的显著性水平下，二次模型随机误差项平稳，而且该模型为（2、2）阶协整，说明 NFDIpc 与 GDPpc 之间存在一个长期的稳定的关系。因此，本书使用二次方模型对山东省 IDP 理论进行计量模型分析，相关结果见表 3-4。

表 3-4　回归分析的结果

模型	Variable	Coefficient	Std. Error	t-Statistic	Prob.
1	C	128.1054	48.32510	2.650908	0.0225
	GDP_{PC}	-0.233787	0.048579	-4.812554	0.0005
	GDP_{PC}^2	4.02E-05	9.31E-06	4.321608	0.0012

续表

模型	Variable	Coefficient	Std. Error	t - Statistic	Prob.
2	C	-74.55171	24.27437	-3.071210	0.0106
	GDP_{PC}^3	-7.09E-09	2.99E-09	-2.368842	0.0372
	GDP_{PC}^5	3.10E-16	1.36E-16	2.281266	0.0434

模型	R^2	AIC	DW	误差项平稳性检验			
				t	ADF 统计量临界值		
					1%	5%	10%
1	0.7042	10.701	1.4948	-3.3900	-4.1220	-3.1450	-2.7138
2	0.3387	11.505	1.0521	-2.4470	-4.1220	-3.1450	-2.7138

从表3-4显示的回归分析结果看，模型1显著性较好，R^2为0.704177；且标准回归系数中β为负，γ为正，符合投资发展路径理论中U字形的特征。根据回归方程进行计算，二次方程最小值（即IDP第一阶段与第二阶段的拐点）所对应的人均GDP远小于当前的实际数据，表明山东省正处在IDP理论的第二阶段。这一结论与IPI分析所得到的结论是一致的。但是随着山东省对外直接投资规模的不断扩大和增长速度的增加，山东省正在逐渐地向第三阶段过渡。

根据Dunning的IDP理论，处于第二阶段的国家（地区），在该阶段前半段，由于对外直接投资增长率远低于外来直接投资增长率，该国的净对外直接投资流量（NFDI）呈负增长趋势。但到这一阶段后半段，随着外国直接投资与对外直接投资增长速度差距的缩小，NFDI的负增长逐渐达到最低点。

三、总结

按照上述理论，2008年山东省人均GDP为4 700美元，已经符合第三阶段的特征。但山东省只是在最近两年才呈现出对外直接投资蓬勃发展的局面，才对全国对外直接投资的贡献位居前三名。根据回归方程结果以及IPI分析，表明山东省正处在IDP理论的第二阶段。但山东省正在向着第三阶段迈进，这标志着山东省国际直接投资正发生质的变化，即专业化国际直接投资过程的开始。随着山东省省内企业竞争力的增强，山东省政府应鼓励本省企业到国外的一些比较所有权优势最强的部门进行投资，更多地发挥自身的内部化优势，才能得到更大的发展。正如国际投资权威邓宁先生在中国的一个论坛上所作出的判断，第三阶段是最有意思的一个阶段，最适用当今的中国……在这里，不仅有寻求外资的市场，同时，当地先进的技术和管理人才也吸引外国公司介入那些附加值更高的出口业务。由于国内资源和能力的更新，国内公司也有能力进军国外市场，输出资本，建立跨国企业。出口结构也转向高技术密集产品和服务业。

第二节　山东省对外直接投资总体规模

截至2007年末，对外直接投资存量前10位的省市区为：广东省、上海市、山东省、北京市、江苏省、浙江省、福建省、黑龙江省、辽宁省、四川省。投资增幅前10位的是：陕西省（604.52%）、湖北省（282.06%）、河南省（235.93%）、湖南省（230.08%）、广西壮族自治区（225.84%）、宁夏回族自治区（176.10%）、山东省（156.91%）、辽宁省（153.71%）、甘肃省（151.57%）、天津市（91.13%）。总体上看，在对外直接投资数量上东部地区仍然居前，但中西部地区对外直接投资增长速度超过了东部沿海地区，说明实施“走出去”战略的企业正在从东部向中西部和东北地区扩散。

2008年，山东省对外直接投资存量超过20亿美元。在2008年中国非金融类地方企业对外直接投资总额中，山东省以实际投资总额48 627万美元位于广东省和浙江省之后，排名第三；但投资流量增长迅速，2008年较2007年的18 928万美元对外投资额，增幅达到156.9%，与广东省的只有6.39%的投资增幅和浙江省的25.31%的投资增幅相比，呈现出了超常的投资增长速度。无论在对外直接投资存量上，还是在增长速度上，山东省都呈现出了对外直接投资的迅猛增长势头。

表3-5　我国非金融类对外直接投资省市区分布（不包括港澳台地区）

单位：万美元,%

省市区名称	2008年实际对外直接投资额	2007年对外直接投资流量	2008年对外直接投资增幅	2007年末对外直接投资存量
一、中央合计	3 450 644	1 958 488	76.19	7 944 316
二、地方合计	614 356	525 341	16.94	2 174 684
广东省	121 394	114 101	6.39	724 311
浙江省	50 558	40 346	25.31	116 259
山东省	48 627	18 928	156.91	161 360
青岛市	12 755	4 898	160.41	69 325
湖南省	46 502	14 088	230.08	29 344

续表

省市区名称	2008 年实际对外直接投资额	2007 年对外直接投资流量	2008 年对外直接投资增幅	2007 年末对外直接投资存量
甘肃省	38 651	15 364	151.57	24 550
辽宁省	32 558	12 833	153.71	44 395
上海市	32 543	52 266	-37.74	302 538
福建省	27 939	36 847	-24.18	91 608
江苏省	27 025	51 899	-47.93	116 499
云南省	23 915	13 641	75.32	26 113
河南省	23 636	7 036	235.93	21 703
北京市	20 582	15 295	34.57	159 195
天津市	15 277	7 993	91.13	25 200
陕西省	14 499	2 058	604.52	5 667
黑龙江省	14 285	17 851	19.98	71 144

一、山东省企业对外直接投资绝对规模不断扩大

2005 年山东省境外投资继续保持较快发展，境外投资企业（机构）数量超过 1 000 家。2005 年全年新核准境外企业（机构）157 家，比上年增长 23.6%，协议投资总额为 14 932 万美元，中方协议投资额为 12 989 万美元，占协议投资总额的 87%。在新核准项目中，协议投资超过 500 万美元的项目 10 个。截至 2005 年底，全省累计核准境外企业（机构）1 090 家，协议投资总额为 15 亿美元，其中中方协议投资额为 10.9 亿美元，占协议投资总额的 73%。境外企业（机构）分布在 100 多个国家和地区。

2006 年是山东省境外投资快速发展的一年，全年新核准境外企业（机构）188 家，协议投资总额为 5.6 亿美元，其中中方协议投资额为 4 亿美元，分别比上年增长 20%、274% 和 209%，居全国第三位，分布在 44 个国家和地区。在新核准项目中，中方投资过千万美元的企业 14 个。截至 2006 年末，全省累计核准境外企业（机构）1 278 家，协议投资总额为 20.5 亿美元，其中中方协议投资额为 14.9 亿美元，分布在 108 个国家和地区。

2007 年山东省境外投资继续保持较好发展势头，全年新批境外企业、机构 202 家，比上年增长 16%，协议投资总额为 58 073.98 万美元，中方协议投资额

为 40 104. 01 万美元，同比分别增长 24% 和 13%。截至 2007 年底，山东省累计核准境外企业（机构）1 480 家，协议总投资额为 26. 3 亿美元，其中中方协议投资额 18. 9 亿美元，占协议投资总额的 72%。

2008 年山东省新批境外企业（机构）247 家，比上年增长 22%，累计达 1 727家；当年协议投资总额为 83 563. 35 万美元，中方协议投资额为 67 161. 02 万美元，累计境外协议总投资额为 34. 6 亿美元，其中中方协议投资额为 25. 6 亿美元，占协议投资总额的 73. 9%。

据商务部对外直接投资统计快报显示，2008 年山东省实际对外直接投资总额约为 4. 86 亿美元（不含金融类），比上年增长 61%，居全国第三位（排在前两位的分别是广东，约为 12. 14 亿美元；浙江，约为 5.1 亿美元）。

从我们可以获取的数据中发现，2003 年山东省对外直接投资流量（协议投资总额）为 31 353 万美元，2004 年下降为 29 576 万美元，2005 年承接下降势头，对外直接投资额降到 14 932 万美元。但自从 2006 年开始，山东省对外直接投资开始走上快速的上升通道，2006 年对外直接投资流量猛增为 55 838 万美元，较 2005 年增长 274%，2007 年和 2008 年分别以 4% 和 44% 的增长速度使得对外直接投资流量达到了 58 074 万美元和 83 563 万美元。2009 年以 35% 的增长速度一举突破 100 000 万美元大关，达到了 112 552 万美元。对外直接投资存量（协议投资总额）则从 2003 年的只有 104 420 万美元，经过几年的发展，到 2009 年末达到了约为 458 956 万美元。在未来相当长的一段时间里，山东省的对外直接投资可能仍然会保持较快增长的趋势。

二、山东省企业对外直接投资相对规模尚小

从平均投资规模看，我国境外投资多以中小型企业为主，除少数资源开发型项目和跨国并购项目，相当一部分项目的投资额只有几十万美元。由于我国海外企业规模偏小，难以形成规模经济，也难以与世界大型跨国公司相抗衡。

山东省在投资规模上与其他国家和地区存在较大的差距。截止到 2005 年，发达国家对外投资项目的平均规模约为 600 万美元，发展中国家平均为 450 万美元，我国为 130 万美元，而山东省仅为 67 万美元，远低于国际、国内水平。同样作为沿海开放省份的江苏省境外投资项目的平均投资额已经达到了 117. 6 万美元。广东省作为发展对外直接投资的前沿省份，其统计局的资料显示，截至

2005 年底，广东省境外企业累计达 1 527 家，协议投资额累计达 47.25 亿美元，投资规模的发展十分迅速。而山东省的对外直接投资尚处于探索阶段，规模不大，成本高，效益低，缺乏国际竞争力。

第三节 山东省对外直接投资区位分布

从区位分布来看，山东省对外直接投资在各地区均呈现快速发展态势。具体而言：亚洲地区仍为山东省对外直接投资重点地区，其中，我国香港是山东省对外直接投资的首选目的地；在大幅增加对非洲、拉丁美洲国家对外直接投资的同时，不断开拓新的投资市场，投资区位分布愈加广泛。

一、亚洲仍是山东省对外直接投资的重点地区

亚洲地区仍为山东省投资重点。2006 年，山东省新核准在亚洲设立境外企业（机构）121 家，协议投资总额为 3.7 亿美元，其中中方协议投资总额为 2.8 亿美元，三者分别占山东省总数的 64%、66% 和 70%，新核准设立境外企业（机构）超过 10 家的国家（地区）有 5 个，其中亚洲的国家与地区有我国香港、韩国、日本等；中方投资超过 1 000 万美元的国家（地区）有 13 个，其中包括马来西亚、我国香港、泰国、蒙古、越南、孟加拉国、柬埔寨等，来自亚洲的国家与地区占据主要部分。2007 年，山东省新核准在亚洲设立境外企业（机构）119 家，协议投资总额为 2.5 亿美元，其中中方协议投资总额为 1.8 亿美元，分别占全省总数的 59%、44% 和 45%。2008 年 1～2 月，山东省境外投资涉及 18 个国家（地区），投资相对集中在亚洲的我国香港、韩国、阿拉伯联合酋长国等国家（地区）。

二、香港为山东省在境外投资最集中的地区

自 2005 年以来，香港一直是山东省境外投资首选地。自 2004 年商务部下放境外投资核准权限以来，山东省越来越多的企业利用香港在金融、贸易、航运、咨询等方面的优势，拓展海外市场，在香港投资企业数量每年都有大幅增长，2004 年为 10 家，2005 年为 19 家，2006 年为 31 家，2007 年达到 34 家。2008 年，经核准在香港设立境外企业 54 家，中方协议投资额为 2.8 亿美元，二者分

别占山东省的22%和42%。仅2010年5月，新核准在香港设立境外企业（机构）12家，中方协议投资总额为4 908万美元，二者分别占山东省的33%和28%；7月，新核准在香港设立境外企业（机构）12个，中方协议投资总额为2 780万美元，二者占山东省的比例更是高达48%和40%。

山东省的企业在香港投资主要是利用其在四个方面的优势。一是贸易及结算中心优势。济钢、莱钢等多数企业充分利用香港物流中心以及税项少、税率低，一般进出货物无须缴税的特点，在香港设立贸易性公司以降低成本。二是汇率风险低的优势。目前我国内地银行纷纷推出离岸业务，只需在香港注册公司就可开立离岸账户，在一定额内资金流动不受外汇管制的限制。鉴于近年来美元汇率变动频繁，离岸业务为企业减少了许多汇兑风险。三是技术、人才及品牌集中的优势。许多企业选择在香港开展设计研发，以创造与提升产品竞争优势，并利用其国际化程度高的优势开拓国际市场。四是金融中心优势。中国重汽、海尔等企业充分利用香港高效宽松的融资环境以及庞大完善的债券市场，选择在香港直接上市融资，除取得较好的市场价值外，更提升了企业国际知名度与影响力。

三、在不断做强已有市场的同时，新兴市场开拓力度不断加大

据墨西哥《金融家报》援引联合国贸易及发展会议公布的数据，受全球金融危机影响，2009年，拉美和加勒比地区吸收外国直接投资仅为855亿美元，同比下降40.7%。但山东省对拉美地区的投资额呈现出增长态势，2009年11月，山东省委书记、省人大常委会主任姜异康率代表团对墨西哥、古巴、巴哈马三国进行了成功访问，为加快推进山东省与拉美国家在更广领域、更深层次开展投资合作奠定了良好基础。后金融危机时代，山东省与墨西哥、古巴等拉美国家开展投资合作面临新的历史机遇。一是近年来双方发展水平的提高和经济规模的扩大。二是充分利用北美自由贸易协议。北美自由贸易协议由美国、加拿大、墨西哥三国于1994年签署生效，并且墨西哥也与欧盟等签订了自由贸易协定，山东省企业通过墨西哥，可以绕开许多贸易壁垒，直接进入美国、加拿大、欧盟等国广阔的国际市场。三是突出重点产品和产业。在贸易方面，在巩固轻纺服装等优势产品的基础上，应重点开发市场容量大，科技含量和附加值较高的机电和高新技术产品。在投资方面，可把墨西哥作为开拓拉美市场的

突破口，最大限度地利用当地资源及其吸引外资的优惠政策，把山东省有比较优势的农业机械、电子家电、橡胶轮胎等产业的富余产能向该地区转移。同时，加强与墨西哥锡那罗亚州、科阿维拉州等矿产资源丰富的州政府合作，力争签约一批矿产资源勘探开发项目。

在新兴市场开拓方面，山东省企业2006年首次在科威特、埃塞俄比亚、安哥拉、刚果（布）、毛里求斯、瑞典、乌拉圭7个国家设立了企业（机构），使山东省的境外投资延伸到了108个国家和地区。2007年，开拓新兴市场力度不断加大，在印度尼西亚、印度、危地马拉、莫桑比克等国投资首次突破1 000万美元。同时山东省首次在以色列、刚果（金）、希腊、危地马拉4个国家设立了企业（机构），使山东省的境外投资扩展到112个国家和地区。2009年1月，在非洲新设企业4家，中方投资额为1 042.15万美元；在北美洲新设4家，中方投资额为650万美元，实现了突破。

第四节　山东省对外直接投资行业分布

就对外直接投资的行业分布特征而言，山东省充分发挥现有产业基础的比较优势，逐渐形成了以制造业和贸易业为投资重点，以资源开发为突破口，以服务业和高科技研究开发投资为辅的对外直接投资分布格局。

一、制造业为山东省对外直接投资的主要领域

制造业是当代国际直接投资的首要行业。这个行业门类众多，辐射面广，对经济发展关系重大，并且拥有很大的市场需求量，因而受到国际投资者的高度重视。对于山东省而言，制造业是山东工业中的第一大行业，涉及六个大行业，上百个小行业。企业数、总资产和实现利润均居全国前列。可以说，山东制造业基础较好，有几个优势行业，比如说专用设备制造业居全国第一，普通机械制造业、金属制品、交通运输设备制造业等也居全国领先地位。通过发挥比较优势，山东省已将制造业打造成为境外投资重点行业。

2006年山东省新增非贸易生产型企业74家，其中制造业企业51家，中方协议投资总额为2.8亿美元，二者分别占生产型企业的69%和56%。2007年全年新增非贸易生产型企业69家，其中制造业企业50家，协议投资总额为2.8亿

美元，其中中方协议投资总额为 2 亿美元，三者分别占生产型企业的 72%、59%和 64%。在制造业企业中，投资行业较为集中的为纺织业，服装及其他纤维制品制造业，木材加工及竹、藤、棕、草制品业，食品加工业，塑料制品业，这些行业受国内资源短缺、贸易壁垒影响，正是山东省亟待向外转移的优势行业。

二、境外加工贸易稳定增长

截至 2005 年底，山东省累计设立境外加工贸易项目 141 个，协议投资总额为5.1 亿美元，中方协议投资总额为 4 亿美元，三者分别占境外投资的 13%、35%和 37%。山东省境外加工贸易项目分布在 46 个国家（地区），主要集中在发展中国家，占 80%以上。其中纺织服装类项目 22 个，协议投资总额为 1.7 亿美元，其中中方协议投资总额为 1.6 亿美元，三者分别占山东省境外加工贸易的 17%、32%和 40%；电器类加工贸易项目 27 个，协议投资总额为 1.5 亿美元，其中中方协议投资总额为 1 亿美元，三者分别占山东省境外加工贸易的 22%、29%和 25%。

2006 年山东省新核准加工贸易企业 28 个，中方协议投资总额为 2.4 亿美元，二者分别比 2005 年增长 47%和 567%。中方平均投资规模为 850 万美元，中方投资过千万美元的企业主要涉及纺织服装、皮革、电子、食品加工等行业。

2007 年山东省经批准新增的境外加工贸易项目 16 个，增资 2 个，占境外非贸易投资项目数的 23%，中方协议投资总额为 12 756.4 万美元，占境外非贸易投资项目中方投资金额的 41%。全年新核准加工贸易企业中方平均投资规模为 797 万美元，是山东省境外投资平均规模的 4 倍以上。其中，中方投资过千万美元的企业有 5 家，主要涉及纺织、服装、电子等行业。山东大海集团有限公司投资 2 003.7 万美元在柬埔寨设立大海（柬埔寨）纺织有限公司，从事纺织印染。山东新光针织服装有限公司投资 1 191 万美元在南非设立山东新光（南非）针织服装有限公司，从事针织服装产品的加工与销售。临沂万业生物有限公司投资 1 132 万美元在尼日利亚设立万国木业（尼日利亚）有限公司，从事胶合板的加工与销售。

三、境外资源开发项目获得新突破

资源开发业投资是用于上游部门的投资，故又称为前向垂直性投资，其目的在于生产和输入那些国内人均占有量不足的资源，从而替代该资源的进口贸易。任何一国或地区在经济发展过程中都会不同程度地遇到资源约束的问题。当一国或地区经济发展所需的资源发生短缺，或由于数最、质量、成本等方面的原因导致国内不能保证供给，而进口资源又在成本及稳定供应等方面受到限制时，在资源所在地直接投资办企业就成为弥补资源缺口的必然选择。近年来，山东省把境外能源资源合作开发作为“走出去”工作的重中之重，并取得初步成效。

2005 年，境外资源开发项目获得新突破。主要集中在有色金属矿和森林资源开发两大领域。枣庄新中兴实业有限责任公司投资 900 万美元，在加拿大进行木材采伐与加工，年采伐 30 万立方米；阳信欧亚木器有限公司俄罗斯木材项目增资 500 万美元，进行木材深加工，年可加工板材 18 万立方米；东营光正化工有限责任公司投资 500 万美元，在巴西进行木材加工，年加工各类板材 2.5 万立方米。烟台天鸿置业有限公司投资 815 万美元，在蒙古国进行金矿开采，年采矿石 9 万吨；潍坊锦华包装有限公司投资 600 万美元，在蒙古国进行铁矿开采，年产铁精粉 20 万吨；枣庄矿业（集团）有限责任公司投资 614 万美元，在印度尼西亚进行煤炭和铁矿开发，年产煤炭 60 万吨。截至 2005 年底，山东省累计设立境外资源开发项目 55 个，协议投资总额为 2.6 亿美元。

2007 年，山东省经批准新增的境外资源开发项目 10 个，增资 5 个，中方协议投资总额为 9 603.4 万美元，占境外非贸易投资项目中方投资金额的 31%。新核准资源类境外投资企业主要集中在有色金属矿方面。南金兆集团有限公司投资2 700万美元与印度合资设立印度 DB—南金兆矿业冶金有限公司，从事铁矿石的开采和选矿加工，年产铁矿砂 200 万吨。日照三木冶金矿业有限公司投资 1 900万美元与印度尼西亚客商合资设立加多多矿业公司，从事镍矿等矿产资源的开采，年产镍矿 150 万吨。山东泰山地质勘查公司投资 937 万美元与印度尼西亚企业合资设立印尼泰山地质勘查有限公司，从事煤炭资源开发，年产煤炭 100 万吨。日照兴业进出口有限公司投资 900 万美元与墨西哥企业合资设立兴业（墨西哥）矿业有限公司，从事铁矿资源开发，年产铁矿砂 100 万吨。山东南山铝业股份有限公司、茌平信发华宇氧化铝有限公司、山东岚桥工贸集团有限公司分别参股澳大利亚大型矿业公司，成山集团有限公司参股老挝泰华橡胶有限公司，为原料来源提供保障。截至 2007 年底，山东省已累计举办境外资源开发企业62个，中方协议投资总额为3.8亿美元，分布在31个国家（地区），涉及煤矿、铝土矿、铁矿、镍矿、铅锌矿、石油、黄金、木材和渔业捕捞等领域，分布在俄罗斯、蒙古国、越南、印度尼西亚、澳大利亚等30个国家，初步形成了年产200万吨煤炭、年采伐加工80万方木材的能力。

2009年第一季度，山东省新核准境外资源开发项目4个，中方协议投资总额为5 425万美元，二者分别增长33.3%和30.7%。其中，滨州阳信欧亚集团的俄罗斯森林采伐与加工、家具制造项目，总投资额为2 075万美元；淄博宝通投资公司的菲律宾铁矿石勘探与开发项目，总投资额为1 350万美元。

四、服务业境外投资项目明显增多

最近10多年来，国际直接投资流向的一个显著变化是：用于金融、保险、房地产、咨询和旅游等服务业的投资额大幅度增长。据联合国跨国公司中心统计，20世纪70年代初的世界直接投资存量总额中，服务业约占25%，到80年代中期这一比例接近40%，到90年代初期已提高到50%左右。迄今为止，用于服务业的海外直接投资仍呈现增长趋势。国际服务业领域投资之所以迅速发展，根本原因在于随着国际化大生产的发展，国际分工日趋精细，要求把为生产和管理服务的若干职能分离出来，实行专业化。服务业跨国公司的发展反过来又方便了资金的融通，加速了信息和商品的流通，有利于生产技术、产品质量的改进和提高，也有利于产品、人员和技术的国际交流，从而大大促进生产资本的国际化。从东道国来看，在第一、第二产业发展到相当程度后，会对服务业发展提出更高的要求，必须尽快增加这部分项目和设施，提高金融服务、咨询服务和旅游服务的效率，因此一些国家特别是发达国家先后取消了对金融保险等服务业领域外国投资的限制，这也促进了服务业国际投资额的增长。

从2008年以来，山东省企业投资境外的领域逐步发生了变化，服务业越来越受宠。其中，2008年5月，山东省服务业境外投资项目明显增多，投资额为4 018万美元，占山东省投资境外总金额的59%，境外投资逐渐从资源开发、加工制造向服务业等领域拓展。其中，包括南山集团在澳大利亚投资2 990万美元的酒店、旅游和地产开发，潍柴动力在香港投资428万美元的汽车核心零部件技术服务，山东立晨物流和济南力诺集团分别在香港投资300万美元的货代和信息咨询等项目。

五、高新技术产业成为对外直接投资的新行业

所谓高新技术，是指以微电子技术为代表的一个新兴技术群，包括信息技术、宇航技术、生物工程技术、海洋开发技术、新材料和新能源技术等。目前，这些高新技术正在呈现产业化趋势，在发达国家逐步成为支柱产业。为了在世界高新技术产业竞争中占据有利地位，一些国家和地区纷纷向技术先进的国家投资，在那里新建高新技术子公司或收购兼并当地的高新技术公司，借以进行科研开发和引进新技术、新工艺以及新产品设计，实现高新技术的输入和回流，促进国内产业结构高级化。为适应经济形势，山东省企业开始通过并购、合作等形式在发达国家和地区建立并购高新技术产业或产品研发设计与销售网络，充分利用当地技术及人才优势，培育企业的核心技术与品牌，增强自主创新能力。

2008 年上半年，山东省共新核准境外研发企业 10 家，增资 1 家，中方协议投资额为 4 000 万美元。截至 2008 年 6 月，山东省累计在境外设立高新研发企业 24 家，分布在美国、日本、德国、韩国、中国香港等国家和地区，涉及汽车发动机、节能玻璃、环保水处理、电子产品、纺织服装面料、工程机械、家用电器、造纸工艺等多个领域。淄博润兴集团全资收购美国品牌家具有限公司，取得美国五大品牌公司及其他中高档家具产品公司的销售权和供给渠道，深度开发欧美发达市场。

第五节　山东省对外直接投资进入方式

随着对外开放的深入和企业自身实力的不断增强，越来越多的国内企业开始放眼全球、进军海外，各个企业依据自身的条件、所处的行业及实行的战略，创造出了多种行之有效且独具特色的海外投资模式。

一、建立海外营销渠道投资模式

建立海外营销渠道投资模式，指的是我国一些企业进行海外投资的目的并不是在东道国设立生产基地或研发中心，而是要建立自己的国际营销机构，借此构建自己的海外销售渠道和网络，将产品直接销往海外市场，减少中间环节，

提高企业的盈利水平。

美国AFB公司是一个家具销售公司，资产总额约275万美元，拥有美国25大品牌家具公司中的五大品牌公司及其他中高档家具产品公司的销售权和供给渠道，受美国次贷危机影响经营惨淡。山东润兴投资集团寻机出手，以75万美元一次性将其收入囊中，由此将公司产品直接打入美国市场并在自家店铺里销售，也开拓了中小企业“走出去”建立营销渠道的新办法。

为应对国际金融危机，扩大产品海外销售份额，山东省境外设立营销网络增多。从山东省商务厅公布数据来看，仅在2009年1月，山东省新核准设立贸易性企业就达5家，中方投资额为440万美元，分别增长1.5倍和18倍。

二、境外加工贸易投资模式

境外加工贸易投资模式是指我国有些企业通过在境外建立生产加工基地，开展加工装配业务，以企业自带设备、技术、原材料、零配件投资为主，经加工组装成制成品后就地销售或再出口到别的国家和地区，借此带动和扩大国内设备、技术、原材料、零配件出口。

境外加工贸易投资模式由于适合我国目前经济结构调整的要求，近年来日益成为山东企业海外投资的一种重要模式，有关这一方面的案例在上一节中已有详细介绍，这里不再赘述。从现有的数据来看，截至2007年底，累计举办境外加工贸易企业159家，中方协议投资总额为7.7亿美元，分布在52个国家和地区，主要集中在发展中国家，占80%以上。

三、海外创立自主品牌投资模式

海外创立自主品牌投资模式是指我国某些企业在海外投资过程中，不论是采取绿地投资方式还是采取跨国并购投资方式均坚持在全球各地树立自主品牌，靠长期的投入培育自主的国际知名品牌，靠消费者认同自己的品牌来开拓海外市场。

该模式以海尔集团为代表。海尔集团在海外投资和跨国经营过程中，始终以创立世界知名的自主品牌为核心目标。早在20世纪80年代，海尔集团总经理张瑞敏就提出了“创海尔世界知名品牌”的战略。1998年以来，海尔全力实施国际化战略，使海尔成为国际化的海尔，让海尔由中国名牌成长为世界名牌。

海尔集团在海外投资办厂时，坚持打海尔的牌子，中方投资方是海尔，企业的名字是海尔，生产和销售的产品是海尔牌的。海尔在美国、欧洲实施设计、生产、销售“三位一体”的本土化战略，正是为了在欧美国家树立起本土化的名牌形象，进而让海尔成为世界名牌。随着一个个本土化的名牌崛起于世界各地，海尔实施的创世界名牌的目标正在成为现实。2004 年 1 月 31 日，作为世界五大品牌价值评估机构之一的世界品牌实验室编制的《世界最具影响力的 100 个品牌》报告揭晓，海尔集团入选，排在第 95 位。

四、海外并购品牌投资模式

海外并购品牌投资模式是一种与海外创立自主品牌投资模式迥然不同的投资模式，它是指通过并购国外知名品牌，借助其品牌影响力开拓当地市场的海外投资模式。这种模式的主要特征一是“买壳上市”，即先收购国外当地知名品牌这个“壳”，然后借助这个“壳”对产品进行包装，获得或恢复当地消费者的认同，快速进入当地市场。二是由于所并购的多是经营不善或破产的海外公司现成的知名品牌，仍具有一定的影响力和销售渠道，所以该模式省去了海外品牌塑造和品牌推广的时间与费用。三是该模式适用于具有一定的资金基础、信誉较好、有能力收购和驾驭海外知名品牌的大型企业。

2009 年 4 月，临沂一家名为山东隆盛集团的企业联合非洲加蓬诚信木业，出资 2 000 万欧元正式并购法国百年龙头企业普莱苏罗集团。普莱苏罗集团成立于 1907 年，是法国第二大胶合板制造商，欧洲胶合板生产行业百年龙头企业，在法国拥有 3 个生产工厂，占地 26. 5 公顷，年产胶合板 17 万平方米，年销售额达 1. 2 亿欧元。同时，该公司在加蓬拥有 55 万公顷原始森林采伐权。

五、海外资产并购模式

所谓海外资产并购模式，是指中方企业作为收购方购买海外目标企业的全部或主要的运营资产，或收购其一定数量的股份，以实现对其进行控制或参股的投资行为。中方企业并购目标企业后一般不承担目标企业原有的债权债务及可能发生的赔偿，只承接目标企业原有的资产和业务。

2009 年 2 月，潍柴动力发布公告称，当年 1 月 23 日，潍柴香港公司以 299 万欧元竞拍获得博杜安公司的相关资产。据介绍，博杜安公司注册地位于法国普罗旺斯地区卡西市，具有100多年的历史。

六、海外股权并购模式

海外股权并购模式是指我国公司购买一家海外目标公司（通常都是上市公司）发行在外的具有表决权的股份或认购其新增注册资本，所获得的股份达到一定比例可对该公司行使经营管理控制权的一种海外投资行为。在海外股权并购模式下，其交易的对象是海外目标公司的股权，而最终取得的是对目标公司的控制权，我国企业作为收购方成为海外目标公司的新股东。

2005年，山东新北洋信息技术有限公司以控股方式收购荷兰东方技术有限公司，栖霞亦木工贸有限公司收购马来西亚GC网络有限公司，德州元济纺织有限公司参股香港Nextrack公司等。潍坊孚日控股股份有限公司投资600万欧元成功参股德国约翰纳太阳能科技有限公司10%的股份，成为其第三大股东，并获得了该公司最先进的薄膜太阳电池专利技术在中国、日本、韩国、澳大利亚和新西兰五国的独家使用权。约翰纳太阳能科技有限公司是德国规模最大、工艺最先进、技术最成熟的CIGSSe类薄膜太阳电池组件生产商。

七、海外研发投资模式

海外研发投资模式是指我国一些高科技企业而非传统的制造企业或资源开发企业通过建立海外研发中心，利用海外研发资源，使研发国际化，取得具有国际先进水平的自主知识产权，并将对外直接投资与提供服务结合起来。

2008年，山东鲁抗医药集团公司在加拿大投资183万美元，设立美洲鲁抗药业有限公司，开展输液产品研发，这是山东省医药企业在境外设立的第一家研发中心。2008年8月，潍柴控股在香港投资970万美元设立研发中心，主要从事发动机等汽车核心零部件及相关产品的研发与技术合作。

第六节　山东省对外投资企业的主体形式

近年来，在对外投资方面，民营企业充分发挥自身优势，积极开展国际化经营，增长势头明显。在一些沿海地区，民营企业已成为“走出去”的主体，浙江、福建、江苏、山东的民营企业对外投资额分别占其省外投资总额的97%、

70%、65%和53%，已经具备了“走出去”的实力。

山东省的民营企业对外直接投资经历了一个快速增长的过程。2004年末只有165家民营企业在境外设立企业，中方投资总额为2.18亿美元。2005年民营企业增加了101家，中方投资额为8 208万美元，分别占全省的64%和63%。2006年增长了123家，中方投资额为2.6亿美元，分别占全省的66%和66%。2007年更是达到了138家，中方投资额为2.7亿美元，分别占全省的68%和67%。投资规模日趋扩大，2005年协议投资超过500万美元的项目10个，其中民营企业协议投资总额超过500万美元的项目7个，占全省500万美元以上项目的70%，基本上均为境外加工贸易和境外资源开发项目。2006年临沂神大食品有限公司、临沂雅美纺织有限公司、淄博德信皮革有限公司分别在泰国、埃塞俄比亚和越南的投资项目都在1 000万美元以上。民营企业境外投资涉及领域日益广泛，由过去以营销网络为主逐步延伸到境外加工贸易、资源开发、高新研发、资本运作等领域。以2007年为例，资源类境外投资从数量和中方投资总额上分别占山东省的80%和60%，境外加工贸易类分别占山东省的63%和65%，但研发类境外投资只分别占到山东省的40%和61%。说明山东省民营企业开展国际化经营领域不断拓宽，开始延伸到境外加工贸易、资源开发、高新研发、境外合作区等领域，但受自身整体素质的影响，跨国研发、利用国外技术提升自身竞争力的能力还有待加强。

民营企业境外投资从2005年开始呈现出继续增长态势。到2009年，民营企业已经成为山东省“走出去”的主体。

国有企业和外商投资企业境外投资继续保持稳定增长，2005年国有及国有控股企业设立境外企业（机构）27家，外商投资企业设立境外企业（机构）22家，分别占全省境外投资的17%和14%。

第七节　山东省对外直接投资的特征

一、山东省企业对外直接投资的特征

（一）区位选择的渐进特征

我国企业对外直接投资在区位选择上大都经历了“由近及远”、“由熟悉及

陌生”的过程。在对外直接投资的初期，一般选择在地理距离和心理距离都比较近的东南亚、我国香港，以积累经验，培养对外直接投资人才，降低风险，然后再拓展到距离较远的拉丁美洲、中亚、非洲及欧美国家。从国家风险相对较低、较为熟悉的地区，向国家风险相对较高、较为陌生的地区转移。中小型企业表现得尤为显著。

亚太地区是山东省对外直接投资的重点区域，2008 年在亚洲的对外投资总量占全省的 70% 以上。原因在于：(1) 我国地处亚洲，与亚洲许多国家在历史、文化等方面有着共同点，与这些国家政府保持着良好的关系；(2) 这一地区经济发展较快，市场容量大，而且正在进行经济结构调整，投资机会较多，有利于我国不同层次的企业进行投资；(3) 大部分亚洲国家对我国经济发展持乐观态度，希望通过扩大与我国的合作促进本国经济发展。

自 2006 年以来，山东省企业逐步将境外投资扩展到科威特、埃塞俄比亚、安哥拉、刚果（布）、毛里求斯、瑞典、乌拉圭、以色列、刚果（金）、希腊、危地马拉等国家，使对外直接投资区域拓展到距离较远的拉丁美洲、中亚、非洲及北美等国家。

（二）产业特征

我国企业对外直接投资的行业分布广泛，主要是制造业、商业服务业、采矿业等。山东省作为制造业大省和能源、资源消耗大省，大宗资源性产品对国际市场依存度越来越高，铁矿砂依存度达 80%，木浆 85%，大豆 60%，棉花 45%，铝土矿和天然橡胶几乎完全依赖国际市场。省内天然橡胶消费量已占世界产量的 10% 以上。加快境外资源的开发利用，已经成为支撑全省经济可持续发展的战略选择。资源开发型行业主要集中在非洲、拉丁美洲、独联体国家以及澳大利亚、加拿大、美国等自然资源丰富的国家与地区，以有色金属矿和森林资源开发为主。

我国在发达国家的投资以贸易和商业服务类型为主，而在制造业的投资主要是利用自己在劳动密集型技术上的比较优势在发展中国家进行生产。投资领域主要集中于纺织业、服装及其他纤维制品制造业、木材加工及竹编制品业、食品加工业、塑料制品业，这些行业受国内资源短缺、国际贸易壁垒影响，正是山东省亟待向外转移的优势行业。高新技术产业主要投资于发达国家与新兴工业化国家。如大型家电企业海尔、海信都在美国或日本建立了研发基地。信息产业一般均在美国、我国香港有直接投资。对技术密集型项目的投资近年有所增加，新建了若干高科技企业。但从总体上讲，在海外投资的企业中高技术企业的比率很低，对外投资的低技术格局仍未改变。

企业在进行境外直接投资的过程中，在坚持一业为主的同时，逐步向多种经营转变，如外贸公司不断扩大境外加工制造业的投资比重。这种交叉投资的多元化方式符合跨国企业的一般发展趋势。

（三）主体特征

目前，我国企业对外直接投资的主体主要分为三类。

第一类是外贸专业公司和大型贸易集团。主要包括中央政府和各级地方政府直属的外贸专业公司和大型贸易集团。这类企业长期从事国际贸易，积累了跨国经营经验、营销技能，构建了灵通的信息系统和客户网络优势，是我国对外投资的先锋和主力。

第二类是大中型生产企业和企业集团。如海尔企业，其优势在于有相对成熟的生产技术和一定的研发能力，在国内有庞大的生产基地和销售网络。在资金、技术、人才、市场和管理等方面有明显的竞争优势，因而海外经营起步虽晚，但正以较快的速度向海外扩张。

第三类是中小型企业。这些企业数量多，投资规模小，经营品种单一。它们发挥灵活经营的优势，近年来在对外直接投资活动中非常活跃。

经过20多年的发展，我国境外投资主体逐步从贸易公司为主向大中型生产企业为主转变，生产企业境外投资所占比重不断增大，贸易公司比重逐渐减少。海尔等国内具有较强实力的企业集团已开始实施海外投资战略，并初步形成了全球的生产销售网络。

从经营主体结构看，既有国内大型生产企业，也有高科技企业；既有国有企业，也有民营企业，从而形成对外投资与合作的经营主体多元化格局。虽然国有企业在我国的对外直接投资中依然扮演着主要角色，但主导企业的多元化正在改变这种模式。随着国内经济的进一步发展，民营企业崛起并发展壮大，在对外直接投资方面的积极性已经开始赶上甚至高于国有企业，并且对外直接投资的成功率也高。这些民营企业大多能主动适应国外的市场环境，用“本土化”方针指导企业在对外直接投资过程中的资金运作、人才聘用、营销网络建设等，因此取得了良好的效果。

二、山东省企业对外直接投资存在的问题

山东省对外直接投资虽已取得较大发展，但由于起步较晚，尚处于探索阶段，受经济实力、现行政策、管理体制、投资环境等方面的制约，也存在着一些突出的问题。

（一）对外投资战略不明确

很多企业缺乏对外投资的长期发展战略，目标不明确，缺乏科学论证，竞争力差。一是境外投资企业缺乏现代企业制度的经营机制，责、权、利不够分明，竞争机制较弱。由于我国境外直接投资起步较晚，且仍以国有企业投资为主，而这些投资主体仍然沿用国内管理企业的老方法进行管理，企业缺乏健全的经营制约机制和必要的激励机制。二是不少企业对境外投资缺乏科学的可行性研究，前期准备工作不充分，对境外经营过程中可能遇到的困难也考虑不周全，在没有充分了解投资项目国的有关法律法规、市场前景及各种可能的风险的情况下，就草率确定投资项目，导致投资地点、合作或合资伙伴选择失当，项目效益低下，结果往往造成投资的失败。三是现阶段虽不少企业对外投资热情较高，但普遍缺乏对外投资和国际化经营的战略和技术支撑，大多数企业在海外仍主要以低廉的价格塑造竞争力，有的仅靠赚取国内企业的进出口手续费、管理费等维持生存。

（二）投资规模较小，企业间缺乏联系

从我国对外直接投资企业的行业类别、产权类型、行政隶属关系等方面来看，我国对外直接投资经营主体结构复杂，且缺乏联系，相互独立，甚至在某些地区出现恶性竞争。尽管近年来境内投资主体实力有所增强，境外企业的平均投资规模有所扩大，但总体上多数境外企业的投资规模仍然较小。由于我国海外企业规模偏小，难以形成规模经济，也难以与世界大型跨国公司相抗衡。

民营企业在彩电、冰箱、服装鞋帽、玩具、微波炉、洗衣机、空调、摩托车、水泥等行业和部分服务领域拥有较强的生产和竞争实力。一批大型民营企业集团率先开展跨国经营，成为“走出去”战略积极的实践者。但受到企业自身实力、经验、融资手段和渠道缺乏的限制，多数中小企业对外投资的规模经济效益差、风险抵御能力弱，并且失败的例子也比较多。尽管“走出去”是国家倡导的对外经济合作重要战略，但目前政策、法规和配套措施还没有跟上。

解决这个问题的较好途径就是创立产业集群，进行集群式投资，从而使中小企业的竞争优势趋向集群式分布，呈现由客户到供应商的垂直关联，或由市场、技术到营销网络的水平关联。

（三）产业结构不尽合理

对外直接投资的产业选择应该与国内产业结构调整方向一致。产业结构的合理化是产业结构调整的目标。它包括产业结构的协调化和高度化，其实质是协调化基础上的高度化。合理的产业结构与本国技术和生产力发展水平应该互相适应，在不同的历史时期有不同的主导技术和主导产业。合理的产业结构各部门之间能够协调发展。长期而言，产业结构中三个产业的比重应呈现这样的变化规律：工业比重略有上升后保持稳定或略有下降；农业比重持续下降然后基本稳定；服务业比重持续上升。

根据国内产业结构特征，我国对外直接投资应重点投向第二产业，第三产业的比重也应该比较高，而第一产业的比重应比较小。虽然服务业占我国对外直接投资的比重很高，其附加值却普遍偏低。从事商品流通的贸易企业偏多，而生产性企业和金融服务性企业偏少。我国对外直接投资过分偏重于贸易型投资，非贸易型投资相对不足，而且非贸易型投资显著集中于资源开发业和加工制造业。近年来，技术密集型项目投资有增长趋势——新建了若干高科技企业，境外开设的研发中心也显著增多。但总体上讲，我国对外直接投资过分偏重于劳动密集型产业的投资，技术密集型产业的投资不足，对外投资的企业中高科技企业的比率仍然很低。对外直接投资的产业结构不尽合理，不利于产业结构调整。

目前山东省对外直接投资偏重于初级产品和劳动密集型产业，高新技术产业以及服务性产业的投资有待加强。而许多先进的省份早已着眼于技术密集型产业、服务业以及资源开发等项目上的投资。例如，广东省在早期从事较单一的出口贸易、劳务输出、对外承包等，但目前，“走出去”企业已扩大到投资办实业、生产制造、科技研发、资源开发等综合性投资经营。福建省2006年新批的境外企业中，以资源开发项目为主的对外投资占全省实际对外投资总额的44.7%，而山东省2007年的这一比例仅达到31%。江苏省“十一五”期间新批的第三产业境外投资项目有214个，占项目总数的60.1%。酒店、有线电视、软件服务业成为江苏境外投资的新兴领域。

（四）地理分布过于集中

企业的跨国经营在相当程度上是企业价值链在全球的延伸和布局。山东省的对外投资相对集中在亚洲和欧美发达国家，尤其是我国香港地区。近几年，山东省对外直接投资累积额最高的前 20 个国家变化不大。地理分布过于集中，就无法实现价值链在全球范围内的合理布局。投资过于集中增加了经营风险，不符合投资市场多元化的要求。

（五）跨国经营人才匮乏

企业对外投资能否成功的关键，在于是否拥有一支能参与国际竞争、熟悉境外投资业务方面的法律的市场分析、公关营销等方面的企业经营队伍。商务部研究院的一份对外直接投资公司调查问卷结果表明，认为海外投资的主要障碍是缺乏海外经营管理经验和管理人才的企业所占比重为 23.2%，所占比重高居第一位。可见，此问题的解决已迫在眉睫。企业进行对外直接投资，必须选派那些政治素质好、技术业务过硬、身体健康、年富力强的人员到对外投资企业工作。而山东省对外投资企业的技术管理人员在各个方面还有很大的欠缺，能驾驭国际生产经营的人才相对缺乏。山东省是人口大省，但人才密度指标仅居全国第 14 位，人才质量指标排全国第 26 位，大专及以上人才仅占人才比重的 48.4%，高层次人才更是严重不足。人才不足，已成为制约山东省对外投资快速高质发展的重要因素。

（六）企业缺乏核心技术

核心技术与核心产品是企业在市场中取胜的主要因素。目前，我国尚处在技术引进阶段，在关键技术上难以与国外具有高新尖技术和成熟产品的企业抗衡，企业还没有形成具有世界竞争力的核心技术与核心产品。从总体上看，与发达国家相比，我国企业的技术优势不足。对许多引进的先进技术缺乏消化吸收，创新能力不强，特别是一些高端产品的核心技术仍然依靠进口，甚至某些行业的产业结构、产品结构、技术结构不适应市场经济的要求，根本没有竞争优势可言，因而无力参与国际竞争，甚至连国内的市场份额都难以保全。

三、当前山东省对外投资合作面临的主要问题

当前，山东省境外投资合作也存在一些困难和问题。

一是担保难、融资难制约了境外投资合作业务的开展。相当一部分正在建

设的境外资源开发项目因资金困难被迫搁浅，一些在谈境外资源开发项目因资金担保不落实而停滞不前。很多境外资源开发项目都不同程度地存在融资难的问题，资金缺口较大。国家对外承包工程保函风险专项资金受规模限制，远远不能满足大项目的需要。

二是境外劳务纠纷和突发事件增多，暴露出管理工作存在许多薄弱环节。

三是“走出去”所需的人才、技术、法律支撑体系不健全。多数企业缺乏国际化经营的经验和人才，难以应对复杂多变的国际环境。一些企业经营机制和决策机制不健全，缺乏有效的风险管理措施，境外投资项目成功率不高。

第四章　对外直接投资与出口的关系分析

对外贸易和海外直接投资是企业跨国经营的不同选择形式。从我国现实情况看，多数企业似乎更偏重于对外贸易，以致海外投资远远落后于对外贸易。

由金融危机引发的全球经济危机造成一些国家就业率急剧下降，贸易保护主义开始重新抬头。据统计，2009 年前三个季度，共有 19 个国家对我国产品发起 88 起贸易救济调查，涉案总额达 102 亿美元，同比分别增长 29% 和 125%。同时，我国的出口还面临产品科技含量不高、贸易利益分成不合理等问题，发展对外直接投资应该成为解决这些问题的良策。日本在快速发展进程中，就是通过发展对外直接投资解决贸易争端的。在提高产品科技含量问题上，我国一些企业应该有过依靠对外直接投资实现产品升级的成功经验。对于目前我国出口贸易面临的利益分成不合理问题，其主要原因在于销售渠道掌握在外商手中。为此，发展对外直接投资，构建自己掌控的国际营销网络，则成为一些企业的必然选择。

有人可能担心，对外直接投资增加是否意味着出口贸易的大幅下降呢？其实不然，本书利用山东省 1990—2007 年的出口与对外直接投资数据进行协整分析，得出山东省对外直接投资与出口之间存在互补而非替代关系，以对外直接投资来带动我国出口贸易的发展成为目前可以选择的路径。

第一节　研究基础与研究意义

有关对外直接投资与外贸出口之间的关系问题，学界主要有两种观点，即“替代论”和“互补论”。Mundell（1957）最早提出了贸易与投资的替代模型，认为如果两国的生产函数相同，按照 H—O—S 定理，可以得出国际贸易与国际投资是完全替代的结论。Flatters（1972）证明，仅仅在特定情形下，要素流动可能是对商品贸易的完全替代。Kojima（1977）则将国际贸易与国际投资统一于国际分工，提出了国际直接投资与国际贸易互补效应的小岛清模型。他认为如果资本流动不是由贸易障碍引致，那么投资和贸易之间就表现为互补关系而不是替代关系。此外，Markuson（1983）和 Svensson（1985）利用一系列要素比例模型揭示了商品贸易和要素流动之间存在着复杂的互补共存关系。Markuson 和 Maskus（2001）进一步把制造业对外投资分为垂直型和水平型，认为垂直型对出口有促进倾向，而水平型则有替代出口倾向。Helmkerge 和 Schmitz（1970）证明生产要素流动和商品贸易可能既有替代也有互补关系，国际商品贸易和对外直接投资之间究竟是互补还是替代关系其实是一个实证问题而非理论问题。

经验层面，尽管学者们就两者之间的关系进行了大量的研究，但结论却有很大不同。从国外的实证分析来看，有些学者得出结论认为两者是相互替代的，如 Belderbos 和 Sleuwaegen（1998）发现，20 世纪 80 年代后期日本在欧盟的对外直接投资应是对欧盟对日本实施贸易壁垒的反应；Gopinath 等（1999）发现在特定的产业存在替代效应；Pain 和 Wakelin（1998）在对 11 个 OECD 国家 1971—1992 年的数据研究中发现不仅在特定产业而且在总体上是出口替代的。然而，另一些学者却对两者之间的互补关系提供了实证支持。Lispey 和 Weiss（1984）检验了美国及其他 13 个主要出口国的出口与对外直接投资之间的关系，研究结果表明，美国制造子公司的经营活动同美国出口额的变化方向是一致的，美国国外子公司每销售 1 美元产品，美国的出口就相应增加 10 美分。Hufbauer 等（1994）重点研究了美国 20 世纪 80 年代以来的情况，他们将美国 1980 年、1985 年和 1990 年的对外直接投资总量与出口总量作比较，结果发现，在整个时间跨度中，出口总量与对外直接投资总量一直保持着正相关关系。Gramham（1996）的研究也得出了相同的结论。Eaton 和 Tamura（1996）利用 1985—1990 年日本和美国与不同的 100 个伙伴之间的双向对外直接投资和贸易流量进行分析，其结论是：对外直接投资对出口贸易的影响很复杂——日本对外直接投资和出口贸易具有正相关关系，而在美国却不存在同样的影响。Fontagne 和 Pajot（1997）选取法国、意大利、日本、美国、瑞典及欧盟（12 国）在 1984—1994 年的数据进行分析，其结论是：对于法国而言，对外直接投资流量刺激出口，美国的互补性比法国更加显著；然而，当分析对外直接投资存量和贸易之间的关系时，所有国家不再具有互补性。Pain 和 Wakelin（1998）选取的样本包括 11 个 OECD 国家 1971—1992 年的数据，共有 473 个观察值并使用了时间序列分析，其结论是：对外直接投资对出口贸易影响很复杂。一方面，对外直接投资减少了3个国家即法国、德国、瑞典的出口额；另一方面，它又增加了日本、英国、美国的贸易额。另外，Pfaffermayr（1994）对澳大利亚的研究，Bajo - Rubio（1999）对西班牙的研究以及Wissem（2002）对美国、日本、法国、德国及西班牙进行的计量分析的结论也各不相同。

关于FDI和国际贸易的关系，国内学者也进行过很多的研究，但国内的实证分析大多集中于我国外商直接投资与对外贸易的关系上，而对我国对外直接投资与对外贸易关系的实证分析则相对较少。张如庆（2005）运用1982—2002年的时间序列资料，证明我国进口和出口分别与对外直接投资存在单向因果性，即进出口分别是对外直接投资变化的原因。熊跃生和古广东（2005）同样使用时间序列资料得出类似的结论。项本武（2006）利用我国1999—2001年的面板数据分析得出，我国对外直接投资与出口是互补的，但对进口却存在替代效应。陈石清（2006）选取了美国、日本、德国、英国、法国以及中国1979—2003年的对外直接投资与出口贸易的年度数据，进行了Granger因果检验，得出结论，认为对外直接投资对出口贸易的影响尚不显著。基于1982—2003年的相关时序数据，王喜平（2007）实证分析了对外直接投资对我国外贸出口的影响，认为对外直接投资与外贸出口都是非平稳的变量，长期来看，它们之间存在着稳定的正相关关系，对外直接投资每增加1个百分点，会相应带动出口增加0.36个百分点。但基于误差修正模型的Granger因果检验表明，对外直接投资对外贸出口的Granger因果关系不显著。短期内，对外直接投资的先导作用只在10%的水平上是显著的；长期来看，这种先导作用则在更高的水平上才具有显著性。赵松（2008）选取1995—2006年的我国对外直接投资与出口总额的数据，证明我国的对外直接投资与出口存在着长期稳定的协整关系。在短期内，我国的对外直接投资对出口有着替代作用，对外直接投资每增加1%，出口则减少0.416%。从长期来看，我国的对外直接投资对出口有促进作用。对外直接投资每增加1%，出口增加0.604%。王咏梅、王兆帅（2007）说明我国的出口和对外直接投资之间是一种互补关系，即企业国际化起始阶段是由出口开始，等到企业的产品在目标国市场上具有一定份额和影响力后，再转为在这个市场上投资。从长期来看，出口对我国的对外直接投资有着Granger意义上的因果关系。从短期来看，出口和对外直接投资之间存在着单向的因果关系：出口是对外直接投资增长的原因，对外直接投资却不是出口增长的原因，说明我国目前的对外直接投资对于对外贸易拉动不大。主要原因是我国现阶段的对外直接投资主要是获取资源型直接投资和学习技术型的直接投资，市场型直接投资较少。

第二节 山东省对外直接投资与出口关系的实证分析

20 世纪 70 年代以来，计量经济学方法论的一大突破是关于时间序列变量之间协整关系的研究。本节将利用协整理论来分析山东省对外直接投资与出口贸易之间的长期关系，并应用误差修正模型（ECM）来检验两者的短期关系。

一、数据来源

本部分采用 1990—2007 年山东省对外直接投资额和出口贸易额的年度数据（见表 4－1）进行分析。对外直接投资数据来源于《2008 年山东省统计年鉴》、《山东省对外经济贸易年鉴》、《山东省对外直接投资统计年鉴》和山东省外经贸厅的相关统计资料；出口贸易数据来源于《2008 年山东省统计年鉴》。

表 4－1　　出口贸易额与对外直接投资额

年份	出口额（亿美元）	对外直接投资额（万美元）	年份	出口额（亿美元）	对外直接投资额（万美元）
1990	34.96	489	1999	115.79	2 617
1991	40.99	518	2000	249.9	4 666
1992	47.02	547	2001	181.3	7 625
1993	59.76	1 259	2002	211.15	12 406
1994	70.82	234	2003	265.73	9 339
1995	96.46	1 065	2004	358.73	27 917
1996	108.61	459	2005	462.51	11 177
1997	130.85	513	2006	586.47	49 509
1998	103.59	567	2007	752.44	47 852

二、平稳性检验

在进行协整分析之前，首先要确定各经济变量的平稳性及单整阶数。如图 4－1 所示，山东省对外直接投资和出口这两个时间序列的图形都表现出一个持续上升的过程，即在不同的时段上其均值是不同的。因为一个平稳的时间序列在图形上往往表现出一种围绕其均值不断波动的过程，因此可判断这两个序列是非平稳的。

但是，对于非平稳的变量还需要检验其差分的平稳性。如果变量的 n 阶差分是平稳的，则称此差分是 n 阶单整，记为 I（n）。采用 Eviews 5.0 软件，检验结果（见表 4-2）表明，山东省出口贸易额（EX）和对外直接投资额（FDI）即使在 10% 的显著性水平下也都没有通过平稳性检验。

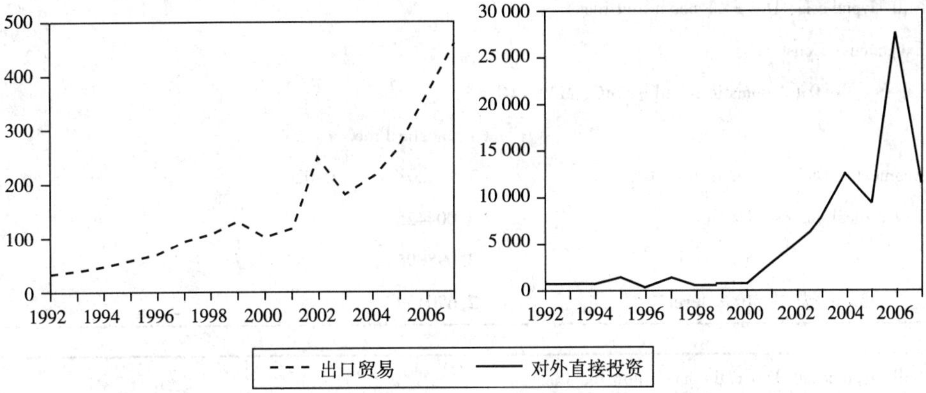

图 4-1　山东省对外直接投资和出口贸易的数据特征

表 4-2　出口贸易额与对外直接投资额时间序列平稳性检验结果

Null Hypothesis：EX has a unit root		
Exogenous：Constant		
Lag Length：0（Automatic based on SIC，MAXLAG = 3）		
	t - Statistic	Prob. *
Augmented Dickey - Fuller test statistic	1.286127	0.9970
Test critical values：1% level	-3.959148	
5% level	-3.081002	
10% level	-2.681330	

Null Hypothesis：FDI has a unit root		
Exogenous：Constant		
Lag Length：1（Automatic based on SIC，MAXLAG = 3）		
	t - Statistic	Prob. *
Augmented Dickey - Fuller test statistic	5.076058	1.0000
Test critical values：1% level	-4.004425	
5% level	-3.098896	
10% level	-2.690439	

上述检验结果显示，EX 和 FDI 序列以较大的概率（分别为 99.7% 和 100%）接受原假设，即存在单位根的结论。下一步，将 EX 和 FDI 分别作一阶差分，然后对 ΔEX 和 ΔFDI 进行 ADF 检验，结果如表 4-3 所示。

表 4-3　出口贸易额与对外直接投资额时间序列一阶差分后平稳性检验结果

Null Hypothesis: D（EX）has a unit root		
Exogenous: Constant		
Lag Length: 0（Automatic based on SIC, MAXLAG = 3）		
	t - Statistic	Prob. *
Augmented Dickey - Fuller test statistic	-3.495208	0.0249
Test critical values: 1% level	-4.004425	
5% level	-3.098896	
10% level	-2.690439	

Null Hypothesis: D（FDI）has a unit root		
Exogenous: Constant		
Lag Length: 1（Automatic based on SIC, MAXLAG = 3）		
	t - Statistic	Prob. *
Augmented Dickey - Fuller test statistic	-4.226429	0.0084
Test critical values: 1% level	-4.121990	
5% level	-3.144920	
10% level	-2.713751	

上述结果表明，EX 和 FDI 这两个时间序列通过一阶差分后，前者在 5% 的显著性水平下拒绝了存在单位根的假设，后者能够在 1% 的显著性水平下拒绝存在单位根的假设，表明这两个变量是一阶差分平稳的，即 EX 与 FDI 都是一阶单整变量。EX、FDI 均为 I（1）满足协整检验的前提。

三、协整检验

从协整理论的思想来看，如果所有变量都是同阶单整的，且这些变量的某些线性组合是平稳的，则称这些变量之间存在协整关系。这种协整关系可以被解释为变量之间的长期稳定的均衡关系。如果变量在某时期受到干扰后偏离其长期均衡点，则均衡机制将会在下一期进行调整以使其重新回到均衡状态。

通过 Eviews 5.0 软件进行回归的结果如下：

$$EX(t) = 92.70583 + 0.012959 \cdot FDI(t) + u(t) \quad (1)$$
$$(3.805705)\quad(4.676935)$$

其中 $R^2=0.609742$，$F=21.87373$，$DW=1.814023$。

表 4－4　山东省对外直接投资对出口的回归分析（1992—2007 年）

Dependent Variable：EX

Method：Least Squares

Date：11/27/09　Time：16：03

Sample：1992　2007

Included observations：16

Variable	Coefficient nt	Std. Error	t－Statistic	Prob.
C	92.70583	24.35970	3.805705	0.0019
FDI	0.012959	0.002771	4.676935	0.0004
R－squared	0.609742	Mean dependent var		158.6356
Adjusted R－squared	0.581867	S. D. dependent var		122.8917
S. E. of regression	79.46575	Akaike info criterion		11.70500
Sum squared resid	88 407.27	Schwarz criterion		11.80157
Log likelihood	－91.63998	F－statistic		21.87373
Durbin－Watson stat	1.814023	Prob（F－statistic）		0.000356

表 4－5　残差的单位根检验

Null Hypothesis：U has a unit root

Exogenous：Constant

Lag Length：0（Automatic based on SIC，MAXLAG＝3）

		t－Statistic	Prob. *
Augmented Dickey－Fuller test statistic		－3.746233	0.0149
Test critical values：	1% level	－3.959148	
	5% level	－3.081002	
	10% level	－2.681330	

检验结果显示，通过计算获得的残差 u（t）序列在5%的显著水平下拒绝原假设，接受不存在单位根的结论，因此可以确定 u（t）为平稳序列，即 u（t）～I（0）。上述结果表明，EX 和 FDI 之间存在协整关系。协整向量为（1，－0.012959）。这表明山东省的对外直接投资对出口贸易有一定的影响，二

者呈现正相关关系，即山东省的对外直接投资与出口贸易是互补的。

四、误差修正模型（ECM）

通过方程（1）得到残差序列 u(t)，令误差修正项 ecm(t) = u(t)，建立下面的误差修正模型：

$$\Delta EX(t) = b_0 + b_1 \cdot \Delta FDI(t) + a \cdot ecm(t-1) + e(t) \quad (2)$$

估计结果如表 4 - 6 所示。

表 4 - 6　误差修正模型的回归分析

Dependent Variable：DEX

Method：Least Squares

Date：11/27/09　Time：17：38

Sample（adjusted）：1993　2007

Included observations：15 after adjustments

Variable	Coefficient nt	Std. Error	t - Statistic	Prob.
C	71. 49639	28. 97604	2. 467431	0. 0296
NFDI	0. 002296	0. 002499	1. 918481	0. 0375
U（-1）	-0. 574291	0. 348628	-1. 647289	0. 1254
R - squared	0. 786203	Mean dependent var		28. 50333
Adjusted R - squared	0. 050570	S. D. dependent var		50. 95032
S. E. of regression	49. 64534	Akaike info criterion		10. 82454
Sum squared resid	29575. 91	Schwarz criterion		10. 96615
Log likelihood	-78. 18407	F - statistic		1. 372842
Durbin - Watson stat	1. 344481	Prob（F - statistic）		0. 290468

在上面的误差修正模型中，差分项反映了短期波动的影响。出口的短期变动可以分解为两部分：一部分是短期收入波动的影响，另一部分是偏离长期均衡的影响。

五、对计量结果的解释及结论

上述协整分析表明山东省的对外直接投资与出口贸易之间存在长期均衡关系，而且从方程（1）的协整分析结果可知，对外直接投资额每变动 1 个百分点，会带动出口贸易近 1.3 个百分点的同方向变动。根据以往学者（项本武，

2009）对我国的对外直接投资和出口贸易的研究得出，我国的对外直接投资每变动1个百分点，会带动出口贸易0.90个百分点的同方向变动。可见山东省的情况明显高于全国的水平，这一点从山东省的实际情况可以看出。随着我国改革开放30多年经济的飞速发展，山东省的对外直接投资和国际贸易发展都上了一个新台阶，尤其在中央提出实施“走出去”战略后，从2006年起，山东省对外直接投资规模居全国第三位，并且已经连续3年都保持了较高的增长速度。可以预见，随着山东省对外直接投资金额的进一步增大，对外直接投资与出口贸易之间的正相关关系及互补关系将会显著增强。而误差修正模型分析了两者短期关系，误差修正项ecm的系数的大小反映了对偏离长期均衡的调整力度。从系数估计值（-0.574291）来看，当短期波动偏离长期均衡时，将以（-0.574291）调整力度将非均衡状态回调到均衡状态。

第三节　山东省对外直接投资与出口战略选择

对外直接投资和对外贸易之间的关系是变化的，两者会互相影响，互相促进，产生不同的结果。只重贸易忽略对外直接投资，会使外贸依存度过高，国际贸易壁垒的不利影响将使产业受到沉重打击；而只重对外直接投资，忽略贸易，短期内很难对国内经济产生正面效应。应该利用投资和贸易之间的互动机制，以对外直接投资促进产业内贸易和中间产品贸易以及相关的技术贸易，同时通过发展对外贸易推动国内企业和跨国公司之间的合作，让更广泛的主体参与国际分工并从中收益。

前文利用协整检验方法和误差修正模型，分别考察了山东省对外直接投资与出口的长期和短期关系，得到的主要结论是两者存在长期协整关系，协整向量为（1，-1.2959）；衡量短期关系的误差修正项ecm系数为-0.574291。其经济意义为，对外直接投资对出口并没有产生挤出效应，而是呈现出互补关系，因而应该采取切实可行的政策措施来鼓励对外直接投资，短期内两者如果发生偏离，系统将以-0.574291的调整力度回调至均衡状态。

由此，我们的结论是山东省对外直接投资是贸易创造型的，不存在对外直接投资对贸易的替代效应，政府应该出台相关政策，为企业“走出去”提供金融、保险等方面服务，大力鼓励一些出口有竞争力的行业与企业进行对外直接投资，这是未来对外开放战略的一个重要的努力方向，它不仅可以转移过剩生产能力，绕开各种关税和非关税的贸易壁垒，开拓当地市场，而且可以通过跨国生产，带动原材料、中间品及技术的出口，促进东道国贸易的增长。

近年来，山东省的对外直接投资呈现出迅速增长的态势，但其对外直接投资水平远远低于发达国家水平，对外直接投资对对外贸易的促进潜能未能充分发挥。当然，我们也不能过分夸大对外直接投资的作用，要客观认识到我们现在还处于对外直接投资的初级阶段，多数产业不具备对外直接投资优势。因此，在积极“走出去”开拓国际市场和利用国际资源的同时，还要统筹考虑对外直接投资的规模、结构、产业、区位及相应的政策。

随着山东省对外直接投资规模的不断扩大，对外直接投资对出口的带动作用也在日益显现，这种带动作用不仅表现在对外直接投资促进出口规模的扩大上，更重要的表现在对外直接投资对于带动出口产品科技含量的提升和改善出口商品的结构上，也就是对外直接投资对于提升山东省出口产品的国际竞争力十分重要。

在制度层面上，山东省各级政府应以更加务实的态度鼓励企业对外直接投资，“以贸易促进投资，以投资带动贸易”，进而促进本地经济的发展；相关企业应大力响应“走出去”号召，积极开展对外直接投资，以此带动自身出口贸易的持续稳定增长，拓展山东省企业的国际生存空间，进而增强山东省企业的国际竞争力。

发展对外直接投资，将具有比较优势的产业和技术扩散到发展中国家乃至发达国家，可以带动山东省的技术设备、劳务和商品的出口。一般来讲，对外直接投资可通过以下几个途径带动设备和中间产品的出口：（1）中方设备作价进行投资，从而有力带动山东省的设备出口；（2）通过设备的更新和配套要求带动出口，通过向海外企业供应原材料和中间产品带动出口。近年来的实践也证实，对外直接投资促进了山东省机电产品和中间产品的出口。

今后，在对外直接投资过程中，要大力推动那些与山东省的产业关联比较大的产业的对外直接投资，从而使得山东省的直接投资不仅成为出口的有益补充，还能够成为拉动山东省出口的重要力量。

第五章 企业进入国外市场方式的比较与选择

第一节 企业传统的对外直接投资方式的比较与选择

一、绿地投资与跨国并购

跨国企业以直接投资方式进入外国市场的最重要方法包括绿地投资和跨国并购两种方式。这里我们主要分析这两种投资方式。

（一）绿地投资

绿地投资又称创建投资或新建投资，是指跨国公司等投资主体在东道国境内依照东道国的法律设置的部分或全部资产所有权归外国投资者所有的企业。创建投资会直接导致东道国生产能力、产出和就业的增长。

绿地投资由来已久，早期跨国公司的海外拓展业务基本上都是采用这种方式。绿地投资有两种形式：一是建立国际独资企业，其形式有国外分公司、国外子公司和国外避税地公司；二是建立国际合资企业，其形式有股权式合资企业和契约式合资企业。

创建新企业不仅意味着生产力的增加和就业人员的增多，而且能为东道国带来先进的技术和管理，并为经济发展带来新的增长点；而并购东道国现有企业只是实现资产产权的转移，并不增加东道国的资产总量。因此，发展中国家一般都会采取各种优惠的政策措施，吸引跨国公司在本国创建新企业。

根据联合国贸发会议《世界投资报告2008》，由于金融危机，2008 年全球以新建方式进行的投资项目数量大幅度下降，从2007 年的11 703 件下降到3 107 件；我国对外绿地投资项目数量同样从 1 176 件下降到 359 件。

一般来说，进行成功的绿地投资，应该具备以下条件：（1）拥有最先进的技术和其他垄断性资源，采取绿地投资策略可以使跨国公司最大限度地保持垄断优势，充分占领目标市场；（2）东道国经济欠发达，工业化程度较低。

绿地投资方式的优点有：（1）有利于选择符合跨国公司全球战略目标的生产规模和投资区位，例如，海尔选择在美国南卡罗来纳州的汉姆顿建立生产基地就是因为其众多的地理位置优势；（2）投资者能在较大程度上把握风险，掌握项目策划各个方面的主动性，例如，在利润分配和营销策略上，母公司可以根据自己的需要进行内部调整；（3）创建新的企业不易受东道国法律和政策上的限制。因为新建企业可以为当地带来很多就业机会，并且增加税收；（4）在资金投入方面，跨国公司可以利用专利、技术、材料、设备等作为资本投入来弥补外汇资金的不足。

绿地投资方式的缺点主要包括：（1）绿地投资方式需要大量的筹建工作，因而建设周期长，速度慢，缺乏灵活性，对跨国公司的资金实力、经营经验等有较高要求，不利于跨国企业的快速发展；（2）创建企业过程当中，必然涉及原有市场份额的重新分配问题，因此，新进入的企业通常会遭遇到来自多个方面的阻力，市场竞争十分激烈，尤其是进入初期生存竞争非常艰难，跨国企业完全承担其风险，不确定性较大；（3）新企业创建后，跨国公司需要在东道国自己开拓目标市场，且常常面临管理方式与东道国惯例不相适应、管理人员和技术人员匮乏等问题。

（二）跨国并购

跨国并购是指国际投资主体为了某种目的，通过一定的方式或支付手段，购买外国企业的部分或全部股份或资产，从而实现对其经营活动的实际控制或完全控制。它是伴随着跨国直接投资一起形成和发展的，是企业国内并购跨越国界的产物。

跨国并购的主要优点是：（1）避免了在东道国进行厂房、办公用地的建设，极大程度上降低了生产成本，即使对原来的并购企业有所改造，项目的建设周期也大大缩短，能够快速地进入东道国目标市场；（2）跨国公司进行跨国并购往往选择运营遭遇困境的当地公司，因而能够压低并购价格，特别是在发展中国家，由于产权交易市场发展滞后，在企业资产估价方面缺乏必要的经验和能力，出售资产的价值往往低于资产实际真实价值；（3）由于被并购的公司的客户关系市场渠道仍然存在，跨国公司利用原有的供应、分销渠道，能够获得被并购企业的市场份额；（4）跨国公司为了超越自己原有的经营范围，在缺乏有关新行业生产和销售等方面的技术和经验时，收购东道国现有企业是开拓新的经营领域、实现多角化经营的有效途径；(5) 容易获得现有的经营资源，如原有企业的技术、管理、市场网络、信息及人才等资源，取得竞争优势和实现经营当地化。

跨国并购的主要缺点有：(1) 跨国并购需要一次性投入大量外汇现金，并且很难用机器设备等资本品和技术折价投入，短期内投入大，对外汇资金不充裕的企业是个较大的限制。(2) 在评估现有企业时，涉及固定资产原值、使用年限等许多技术参数，价值评估存在困难，此外，还存在东道国和本国的会计标准可能不同、虚假或错误的财务报表等问题，可能购买到企业不需要的资源。(3) 由于并购对东道国裁员和市场势力等经济方面的不利影响，东道国政府对并购的干涉与限制较多。(4) 由于被并购企业在本国环境中成长，其经营制度、管理方法等与跨国公司存在不同程度的差异，跨国公司在东道国会面临人事管理或财务控制等方面处理不当的问题，这些文化差异容易造成跨国经营的失败。

二、跨国并购与绿地投资方式的对比

(一) 从短期角度来比较

尽管并购方式和新建投资方式的对外直接投资都为东道国带来了国外金融资源，但并购方式所提供的金融资源并不总是增加生产资本存量，而在新建投资方式的情况下则会增加。并购方式不太可能转移新的或比新建更好的技术或技能，而且可能直接导致当地生产或职能活动（如研发）的降级或关闭，而新建投资方式并不直接减少东道国经济的技术资产和能力。当利用并购方式进入一个国家时，不会创造就业，反而还可能导致裁员，新建投资方式在进入时必定会创造新的就业。并购方式能够加强东道国的集中并导致反竞争的后果，而新建投资方式能够增加现有企业的数量，并且在进入时不可能直接提高市场集中度。

(二) 从长期角度来比较

新建和并购这两种方式在就业创造方面的差异更多地取决于投资者进入的动机，而不是取决于进入的方式。新建和并购对外直接投资都能为东道国带来新的管理、生产和营销等重要的互补性资源。从东道国角度看，需要外商直接投资的原因部分是它们能够在新领域中带来资本（如工业产权），从而有助于当地经济的多样化。

总的来说，在并购方式中，现有资产从国内所有者转移至国外所有者手中；

而在绿地投资方式中，有现实的直接投资资本或效益资本发生了跨国的流动，因此在东道国，跨国公司所控制的资产至少在理论上是新创造的。

随着经济全球化的不断发展，绿地投资在对外直接投资中所占比例有所下降。跨国并购已成为跨国公司参与经济全球化进程、保持有利的竞争地位而更乐于采用的一种跨国直接投资方式。随着全球投资自由化的进一步发展，这种趋势将更加明显地体现出来。股票置换成为跨国并购的主要交易方式和手段，横向并购是跨国并购的主流，大大地提高了行业市场集中度。

（三）两种方式的比较选择

企业对外直接投资时是选择新建还是并购，要依据投资企业、投资环境和投资时机等具体情况而定，不能一概而论，因为这两种方式各有利弊，并且需要具备相应的条件。

1. 从企业优势资源转移起点因素看

机械、纺织、轻工和家电等行业在国内已经处于市场饱和，处在产业的成熟阶段，而且有比较成熟的技术，企业所具有的技术、知识和管理优势相对比较容易转移。因此，这些行业的企业在发展中国家直接投资，应采用新建方式。

在以高技术和创新为特征的行业，发达国家在资金、人才技术等方面具有优势，而且考虑到这些行业技术更新快、投资金额大，并购可以比较迅速地获得新技术，同时也可以降低投资风险，因此，国内企业以直接投资方式进入发达国家的这些行业时应优先考虑采用合资并购方式。

2. 从优势资源转移终点因素来看

东南亚各国与我国的社会文化差异相对比较小，而且这些国家经济发展比较快，市场潜力比较大，对我国企业具有的技术、知识和管理水平有良好的吸收能力，投资风险相对较小。因此，在这些国家的直接投资，我国企业应采用新建方式。

欧美各国和我国社会文化及经济发展水平差异都比较大，我国企业对其进行直接投资一般是为了获得其先进的技术和管理经验，带动国内技术的快速发展和升级，因此适合采用并购方式。

3. 从企业海外投资战略看

如果是为了实现当地化战略，能快速、有效地对当地需求变化等市场环境作出反应，则企业应该给当地企业充分的经营自主权，发展它们和当地供应商、顾客、政府等的关系网络，则应该采用并购方式；如果是为了实现企业的全球规模经济和范围经济，则倾向于采用新建方式。

因为资源类型企业往往投资巨大，投资开发周期长，投资风险比较大，而我国企业规模普遍偏小，实力有限，所以不宜采用新建模式，并购特别是合资并购可以使企业和合资伙伴共担风险，从长期的互利关系中得到稳定的资源供给。因此，如果以获得海外资源为动机，则应选择合资并购方式；而如果企业投资的动机是为了获得海外市场，在那些潜力比较大的市场采用新建方式，在需求趋于饱和的市场则可采用并购方式。

第二节　制约企业选择对外直接投资方式的因素

国内外有关对外直接投资方式的文献，多是研究对外直接投资方式选择的影响因素，可将其归结为三个方面，即国家因素、产业因素和企业因素。

一、国家因素

国家因素包括跨国企业将要进入的目标国家和地区的区位因素，比如东道国的引资能力和优惠政策、文化差异等。

（一）母国与东道国社会文化差异的影响

跨国企业国际扩展的一个重要制约因素是母国与东道国的社会文化差异。在一般情况下，母国与东道国之间的社会文化差异越大，对跨国企业的不确定性也越大，跨国企业就越是倾向于采取控制程度较低的进入方式，以减少资产的暴露，增强灵活性。这是因为，首先，跨国企业经理人员不了解、不适应东道国政治和商业环境以及东道国企业的经营方式，而且在环境差异很大的地方，把母公司的管理技术和管理制度引入东道国是很困难的；其次，社会文化差异造成了很高的信息成本，于是跨国企业就通过少数股权合营企业或许可证交易来减少这种信息成本。

（二）东道国的管制

没有一个东道国愿意让外国跨国企业完全自由地在自己的国家活动，也很少有国家走到完全排除外国投资的极端。尽管东道国对海外投资的管制各不相同，但都有一个共同的特点，可以概括为“胡萝卜加大棒”，其目的是为了从外国投资中获得最大的利益。所谓“胡萝卜”，是指提供诸如有利的关税待遇、税收优惠以及其他的各种优惠。所谓“大棒”，是指各种各样的业绩要求，如对子公司的最小出口量和最大进口量的规定，对股权份额、技术、就业、在当地的研究与开发、利润汇回、财务安排等方面的规定和限制。东道国政府的投资刺激、业绩要求和对外国直接投资行业的限制无疑影响了跨国企业对进入方式的选择。一般来说，发达国家的外资政策较为宽松，对外商的持股比例限制较少；而发展中国家则对外资的并购有不同程度的限制，并且许多发展中国家基于经济安全、保护民族工业以及就业率等原因的考虑，对于外资的持股比例有所限制，甚至规定某些行业外资企业不得独资经营。所以，进入发达国家开展直接投资较多地采用并购方式，而进入发展中国家时采用新建方式。

二、产业因素

产业因素包括东道国产业的竞争状况、国际产业的集中度、所要进入产业的潜在国际竞争者、产业的需求条件等，它们直接决定行业的市场结构进而影响我国企业进入方式的选择。市场的竞争程度越高，外资越倾向于并购进入。产业特性对对外直接投资方式的影响主要表现在产业的成长状况方面。如果投资成长迅速、增长率高的产业，一般应采用并购方式；如果是为了转移国内的落后产业，为了延长其生命周期，则应采用新建方式。

三、企业因素

企业因素被许多学者视为影响跨国企业市场战略和进入方式选择的最重要因素之一，企业的核心资产和能力是企业保持适度竞争力的来源。企业拥有技术、垄断性工业产权等特有要素所有权的资源优势。企业技术的先进程度是决定其进入方式的最重要的因素之一，拥有最新技术和其他重要专有资源的企业应该更多地选择创建方式来进行海外投资。国际技术市场是一个高度不完善的市场，技术所有者在技术市场上出卖技术通常会碰到一种两难局面：如果向潜在的买者揭示这项技术，就等于把技术白白地泄露给对方；如果不充分揭示这项技术，那么对潜在的买者来说，其价值是不确定的。因此，买家很可能不愿意按照实际价值来购买这项技术。同时，对一项技术的估价很难找到一个客观标准，技术的说明往往不够规范，因而技术在企业之间交易存在困难。拥有独特技术的跨国企业往往倾向于利用海外直接投资把外国市场内部化，以此来克服国际技术市场的缺陷；企业的组织和管理技术越强，企业选择跨国并购的可能性就越大。由于并购比新建企业成本低、风险小，所以缺乏国际经营经验的企业在进行对外投资时应偏向于选择收购方式，以便得到东道国企业的信息储备，减少不确定性。Dubin（1976）发现，有过对外兼并经验的美国大公司在对发展中国家直接投资时倾向于选择绿地投资；但是，Zejan（1990）认为经验是不重要的，并购会随着增长的不稳定性和不确定性的加剧而变得越来越普及，产品线的多样化也会鼓励跨国并购。Anderson 和 Svensson（1996）将公司的技术和组织能力进行区分，发现拥有很强技术能力的公司更喜欢绿地投资，而拥有很强组织能力的公司更偏好于并购。Caves 和 Mehra（1986）也认为进入者的公司组织形式对进入模式有影响，同时强调产品市场的特征决定其进入模式。与此类似，Hennart 和 Park（1993）发现，在目标市场的规模经济化程度和集中化水平较高时，在美国的日本投资者偏好于兼并而非绿地投资；OhUaallachain 和 Reid（1997）同样是考察进入美国的日本企业，发现日本制造企业并购美国目标公司时在部门和区位上分布广泛，而绿地投资却主要选择在制造业集中分布的区域。由此，他们得出聚集性特征对公司的进入方式有影响的结论。Buckley 和 Casson（1998）指出某些额外的费用在影响公司选择进入方式时所起的重要作用。Goerg（2000）把这些发现运用在古诺双寡头竞争的分析之中。程新章和胡峰（2003）从博弈理论出发，阐释了新建投资和跨国并购之间的利润差别，结合波特的价值链模型，着重解释了服务业和大型制造业企业会出现跨国并购的原因，为跨国并购提供了一种理论上的解释。

第三节　跨国收购的优势分析

2008 年，在国际资本流动明显减缓、跨国直接投资与并购活动急剧萎缩的背景下，我国的对外直接投资不仅没有减少，反而大幅上升，对外直接投资总额高达 521 亿美元，相比 2007 年增长将近 1 倍，其中非金融类直接投资 406.5 亿美元，比 2007 年增长了 64%；2009 年 1 ~ 9 月我国企业海外投资同比增幅为 0.5%，投资总额为 329 亿美元。其中，7 ~ 9 月我国公司对外直接投资却高达 205 亿美元，超过了第一、第二季度海外投资的总和，同比增幅更是高达 190%，几乎是一年前的3倍。[①] 另一个值得注意的现象是，收购已经成为我国企业对外直接投资的重要方式之一。从历史上看，根据联合国贸发会议数据库，世界对外直接投资总流量中绿地投资（直接到目标国新建工厂）仅占10%～30%；发展中国家对外直接投资总量中绿地投资比重为30%～50%；而我国的这一比重一般达到50%以上，2007年达到76.24%，收购还不是中国企业对外直接投资的主要方式。不过，2008年我国企业以收购方式实现的直接投资达205亿美元，占同期投资总额的50.4%[②]。2009年前三个季度我国以收购方式实现的直接投资额为143亿美元，占到我国同期投资总额的43.5%[③]。我国对外直接投资的规模和方式均发生了明显的变化。

虽然跨国并购的收购额一般都比较大，但其进入市场、获得目标企业各种资产的速度快于新建投资，当新建投资和跨国并购都可以选择时，跨国企业更多地会选择并购方式，尤其是那些投资周期长，投资涉及较多环节和较多限制条件的行业。因此，世界上跨国企业的对外直接投资以跨国并购方式为主。

2009年2月，中石油以4.99亿加拿大元向加拿大油气公司Verenex Energy收购其在利比亚的石油资产；2009年4月，中石油联合哈萨克斯坦国家油气公司收购曼格什套石油天然气公司的全部股权；2009年6月，中石油耗资10.2亿美元完成收购新加坡石油公司45.51%的股份，下一步将完成全部收购；同样在6月，中石化宣布耗资72.4亿美元购买瑞士阿达克斯（Addax）石油公司普通股，把手伸向欧洲市场；中石油收购新日本石油大阪炼厂49%的股权，获国家发展改革委批准（交易额未公布）；2009年7月，中石油和BP联合中标伊拉克最大油田项目。

继2004年成功收购澳思达煤矿后，2009年10月23日兖州煤业以33.33亿澳元价格收购Felix公司，获得澳大利亚批准，成为中国企业在澳大利亚最大的一宗收购案。

一、跨国公司为什么选择并购而不是绿地投资

对外直接投资理论只解释了跨国公司为什么要进行跨国界的经营活动，但

① 数据来源于商务部网站。
② 《世界投资报告（2008）》。
③ 数据来源于商务部网站。

是跨国公司对外直接投资既可以通过跨国并购来实现，也可以通过绿地投资来实现，那么跨国公司为什么要选择前者而不选择后者呢?

（一）并购能使企业迅速获得新市场和增强市场力量

一方面，企业通过并购可以迅速获得新的市场机会，在不增加行业生产能力的情况下达到临界规模。通过接管一家公司，跨国公司可以立即利用现成的当地供应商与顾客网络，并获得相应的技能。这种动机对于跨国公司具有特别重要的意义，因为离开母国市场时，对当地市场状况知识的需求增加了。

另一方面，并购能给企业带来市场权力效应。在具有寡头特征的市场，追求市场力量和市场支配地位也是进行并购的推动力量。通过横向并购活动，跨国公司可以提高市场占有率，凭借竞争对手的减少来增加对国际市场的控制力；跨国公司的纵向并购可以通过对大量关键原材料和销售渠道的控制，有力地控制竞争对手的活动，提高企业所在领域的进入壁垒和企业的差异化优势。

（二）通过并购产生协同效应

追求协同效应可以是静态的（如某一时点上降低成本或增加收入），或是动态的（如加强创新）。前者包括：管理资源的整合，如合并后办公设施与人员的减少；利用彼此的营销和分销网络来增加收入；采购协同，即加强讨价还价的实力；生产中的规模经济导致成本下降；避免重复进行生产、研发或其他活动。动态协同可能涉及互补性资源和技能的配合，以提高跨国公司的创新能力，从而对销售额、市场份额和利润产生长期的积极影响。对于诸如汽车等竞争压力强、价格下降、生产能力过剩的行业，追求静态的协同效果具有特别重要的意义；而在技术变化迅速的行业和由创新驱动的行业，如信息技术制药业，动态协同的作用可以说是至关重要的。

（三）在较短时间内发挥规模效应

这主要体现在两个方面：一是企业的生产规模经济效应。跨国公司可以通过并购对企业的资产进行补充和调整，达到最佳经济规模，降低企业的生产成本；并购也使跨国公司有条件在保持整体产品结构的前提下，集中在一个国家或地区工厂中进行单一品种生产，达到专业化水平；并购还能解决专业化生产带来的一系列问题，使各生产过程之间有机地配合，以产生规模经济效益。二是企业的经营规模效应。跨国公司通过并购可以针对全球不同的市场进行专门的生产和服务，满足不同消费者的需求；可以集中足够的经费用于研究、设计、开发和生产工艺改进等方面，迅速推出新产品，采用新技术；此外，跨国公司规模的扩大使得其融资能力大大提高。

(四) 通过并购重组加快培育核心竞争力

核心竞争力的概念与理论，是美国学者普拉哈拉德（C. K. Prahalad）和英国学者哈麦尔（Gary Hamel）首次提出来的。他们通过研究发现，核心竞争力具有独创性、不断更新性、系统性、难以模仿性等特征，可以保证企业在所处行业、领域能够长期具有竞争优势。

跨国公司培育核心竞争力有两种途径：一是在跨国公司内部通过长期的自身知识积累和知识学习，逐步培育起来；二是从通过外部并购具有核心竞争力或具有相应资源的企业，经有效重组、整合而得。与自我发展构建企业核心竞争力相比，跨国并购具有时效快、可得性和低成本等特点。尽管要完成从搜寻对象到实现并购、进行资源重组、构建企业的核心竞争力的过程需要一定的时间和费用，但这比通过自我发展构建核心竞争力还是要快得多。当跨国公司需要的某种知识和资源专属于另一企业时，并购就成为跨国公司获得这种知识和资源的唯一途径。

二、影响跨国并购的主要因素

跨国公司除了具备上述动因外，企业的外部环境是对推动企业跨国并购的重要因素。影响跨国并购的主要因素有：

(一) 经济全球化

20 世纪 90 年代以来，经济全球化趋势将各国的生产、贸易与消费日益纳入一体化之中。在国外拥有 80 多万个子公司的 6 万多家跨国公司经过全球性拓展，控制了 40% 的全球产出、60% 的贸易、70% 的技术转让和 90% 的国际直接投资，极大地推动了经济全球化的进程。

反过来，经济全球化要求各种生产要素在全球范围内配置，这使各国内部市场与外部市场的界限日趋模糊，跨国公司的外部环境发生急剧变化，它们不得不面对更多的竞争对手，在更残酷的国际竞争中生存，跨国并购是其拓展全球市场、在竞争中取胜的一个杀手锏。

(二) 技术进步

20 世纪 90 年代以来，科学技术日新月异，对世界经济高速发展起到了重大的推动作用。同时，它也是影响跨国并购的重要因素。

一方面，技术进步使跨国公司分散在世界各地的经营活动得到更好的协调和管理，从而为跨国公司进行跨国并购提供了有利条件。如利用电子商务有可能重新安排供应链，缩短了商品进入消费领域的环节；技术进步通过降低运输成本、信息与通讯成本，从而大大地缩小了经济空间。结果是跨国公司可以更有效率地进行跨国并购。它们可以在国际生产体系内部进行更好的联络，更便宜地进行跨国界的商品和人员转移，可以把生产和管理过程进行分解并在不同的国家重新布局，以实现成本的最低化。

另一方面，技术进步反过来也使跨国公司面临着更大的竞争压力，促使跨国公司进行跨国并购。在大多数行业，创新的成本和风险与日俱增，而且还需要持续不断地吸收和发展新的技术和管理手段。跨国公司需要付出更大努力以保持其创新领先地位，开拓新的技术领先领域，赶上新知识、产品生命周期缩短的步伐。在一个以技术变化快、高风险研发项目开支不断增加为特点的环境中，许多跨国公司感到有必要通过跨国并购来分摊创新成本，获得新的技术资产以增强它们的创新能力。20 世纪 90 年代以来的跨国并购越来越验证了这一点。

（三）各国外国直接投资管理政策的调整

外国直接投资管理政策的调整主要包括贸易投资自由化和一些行业解除管制。贸易自由化的发展一方面扩大了市场范围，从而吸引了企业设立子公司；另一方面也提高了市场的透明度，从而降低了跨国并购的成本，促进了跨国并购的迅速发展。外国直接投资政策既涉及绿地投资也涉及跨国并购。在跨国并购投资方面，全球普遍的政策调整主要包括：取消必须成立合资企业的规定、取消对外资不能占多数股权的要求、取消对外商不能享有所有权的规定等。同时，许多国家尤其是发达国家在诸如电信、运输、电力、金融服务等服务行业放松了管制。据统计，1991—2000 年，各国外国直接投资制度共引进了 1 185 项管理上的改变，其中 1 121 项是朝着更有利于外国直接投资的。仅 2000 年，就有 69 个国家作出 150 项管理上的改变，其中 147 项是有利于外国投资者的。

（四）资本市场自由化的推动

从 20 世纪 80 年代开始，大多数发达国家已经实现了资本账户的自由化，对跨国借贷和证券投资不再进行限制。20 世纪 90 年代中期以来，很多发展中国家和转型经济国家也开始进行了资本账户的自由化。资本市场自由化为跨国并购解除了制度障碍，从而促进了跨国并购活动更广泛地进行。另一方面，金融衍生工具的增加对跨国并购提供了技术上的保证，发行股票和债券对跨国并购的融资比重越来越高，公司基金和风险投资的发展成为中小企业跨国并购的主要融资渠道。

由美国次贷危机引发的经济危机成为跨国并购频发的触发事件（trigger event），当然，倘若要从理论上给予解释并不是件易事。本节正试图构建一个跨国企业进入国外市场的博弈模型，对此现象提供一个理论分析框架。

三、对外直接投资进入方式的博弈分析

（一）模型假设

为简单起见，假设在东道国只有两个当地公司（公司 2 和公司 3），以及一个正在考虑以何种方式进入东道国市场的跨国公司（公司 1）。跨国公司有以下三个选择：收购一个当地公司；新建一个公司，即绿地投资；直接出口母国公司生产的产品①。如果跨国公司计划选择收购的方式，假设两个当地公司为对称的，收购的目标公司为公司 2，那么公司 1 首先要向公司 2 发出要约，要约价格记为 N，公司 2 选择接受或拒绝，不考虑讨价还价的情况。如果公司 2 接受要约，那么要约价格至少能够补偿它选择拒绝并作为独立公司时的预期收益。一旦收购成功，只有公司 1 生存下来，公司 2 成为它的一个部门，公司 1 对其各个部门的投资数额进行安排，包括公司 2 的产量水平，而公司 3 在所有场合下都保持独立生产状态。

（二）对外直接投资进入方式的博弈模型

依上所述，可以构造如下博弈：公司 1 向公司 2 提出收购的要约，公司 2 要么接受，要么拒绝。如果要约被拒绝，公司 1 可以选择是进行绿地投资或者直接出口。在要约被接受的情况下，公司 1 决定对两个部门（即最初的公司 1 和公司 2）进行再投资。最后，所有独立的公司作为古诺竞争者，选择产出水平。

---

① 除直接注入增量货币资金，并开展新建（绿地）投资之外，利润再投资、跨国并购都成为对外投资的实现方式，而跨国并购除原有的谈判并购之外，股权置换、一级市场认购、二级市场收购都成为其实现的重要方式；同时，离岸金融中心已经成为我国很多企业投资路径中的重要中转地。本书在此只考虑绿地投资与并购这两种方式，同时把传统的直接出口也作为跨国公司的策略之一。

假设东道国市场的反需求函数为 $p = a - Q$，p 表示在总需求为 Q 时的市场均衡价格，三个公司生产的边际成本均为常数 c，且 a 严格大于 c。如果跨国公司采用出口方式，需要增加额外的交易成本 t，如关税、交通运输费等，而且 $t \leqslant (a-c)/3$，否则跨国公司不会选择出口。另外，假设绿地投资所需固定成本为 F，而出口和收购没有固定成本，不过，选择收购方式则需要支付要约价格 N。除上述所列成本外，无其他成本。下文分别就跨国公司选择出口、绿地投资和收购三种情况下的均衡产量和利润进行分析。

1. 出口

如果跨国公司采用出口方式，在东道国市场存在三个公司以古诺竞争的形式分享市场。对三个公司进行利润最大化处理，可以得到各自的产量水平。

$$q_1^T = \frac{a-c-3t}{4}, q_2^T = \frac{a-c+t}{4}, q_3^T = \frac{a-c+t}{4} \tag{1}$$

各个公司的利润分别为

$$\pi_1^T = \frac{(a-c-3t)^2}{16}, \pi_2^T = \pi_3^T = \frac{(a-c+t)^2}{16} \tag{2}$$

其中，q_i 和 π_i 代表公司 i 的产量水平和利润水平，上标 T 代表出口状态。

2. 绿地投资

以 GF 代表绿地投资状态，通过绿地投资，跨国公司可以降低交易成本 t，三个公司各自的均衡产量为

$$q_1^{GF} = q_2^{GF} = q_3^{GF} = \frac{a-c}{4} \tag{3}$$

跨国公司与东道国公司的利润分别为

$$\pi_1^{GF} = \frac{(a-c)^2}{16} - F, \pi_2^{GF} = \pi_3^{GF} = \frac{(a-c)^2}{16} \tag{4}$$

3. 收购

用 M 代表收购，跨国公司能够决定它的两个部门的投资 I_1、I_2。在东道国市场上，跨国公司（公司1）与公司3双寡头竞争，各自的产量和利润如下：

$$q_1^M = \frac{a+c-2\zeta}{3}, q_3^M = \frac{a-2c+\zeta}{3} \tag{5}$$

$$\pi_1^M = \frac{(a+c-2\zeta)^2}{9}, \pi_3^M = \frac{(a-2c+\zeta)^2}{9} \tag{6}$$

其中，ζ 是跨国公司在两个部门增加投资 I_1、I_2 后的边际成本。由于收购产生的协

同效应，收购后的公司 1 的边际成本（ζ）要小于其在独立状态下的边际成本。不妨设

$$\zeta = c - \gamma(I_1 + I_2) \tag{7}$$

其中，参数 γ 用来测量投资的总效率。

假设投资成本是二次的，由等式（6）和等式（7），我们可以计算出公司 1 的利润

$$\pi_1^M = \frac{[a - c + \gamma(I_1 + I_2)]^2}{9} - \frac{\delta I_1^2}{2} - \frac{\delta I_2^2}{2} \tag{8}$$

其中，参数用来表示投资的边际成本。

最优的投资水平

$$I_1^* = I_2^* = \frac{2(a - c)\gamma}{9\delta - 4\gamma^2} \tag{9}$$

由等式（8）和等式（9），可以得出收购后公司 1 的利润

$$\pi_1^{M*} = \frac{(a - c)^2\delta}{9\delta - 4\gamma^2} \tag{10}$$

由等式（10）可知，利润与效率参数 γ 成正比，与成本参数成反比。对于公司 1 而言，其均衡利润存在一个下限，即不再追加投资时的利润。为了确保与前两种情况具备可比较性，可以求出 $I_1 = I_2 = 0$ 时公司 1 的利润①，即

$$\pi_1^{M*}(I_1 = I_2 = 0) = \lim_{\delta \to \infty} \pi_1^{M*} = \frac{(a - c)^2}{9} \tag{11}$$

在收购的情况下，公司 2 产量和利润无须考虑，因为一旦成功收购，公司 2 将作为公司 1 的一个部门存在，公司 2 将退出市场，并获得要约价格 N 的补偿；而公司 3 不参与博弈，虽然其产量决策对公司 1 和公司 2 均有影响，但是公司 3 是利润最大化的一个主体，其产量决策由市场微观结构决定。

（三）对外直接投资进入方式的博弈均衡分析

为了下文的分析，有三点需要说明：首先，上文中所指的“利润”均已扣除生产成本，但在绿地投资和收购两种情况下，公司 1 的利润都没有考虑投资成本 F 和要约价格 N；其次，上文中的“利润”一般为某期利润，如果这个市场能够以现有微观市场结构存活 T 期，核算净利润时，需要考察的是未来 T 期

---

① 如果考虑公司 1 成功实现收购后，最佳投资并达到最优水平，这种状态下的收益率肯定比不追加投资时的收益率要高，显然不会影响本书的结果。

利润的现值（假设贴现率为 r），并扣除投资成本 F 或要约价格 N；最后，原则上说，企业所作的决策应该以收益率为考核指标，但是，在本模型中假设三个公司生产的边际成本均为常数 c，除 t、F、N 等成本之外无其他，如果公司 2 接受了公司 1 的要约，获得一笔收入 N，此时则无收益率可言，故选择净利润作为公司 2 的决策指标。

表 5－1　　公司 1 和公司 2 在各种情况下的净利润和利润率一览表

	公司 1		公司 2	
	净利润	利润率	净利润	利润率
出口	$\pi_1^T K$	$\frac{a-c-3t}{4c}$	$\pi_2^T K$	$\frac{a-c+t}{4c}$
绿地投资	$\pi_1^{GF} K - F$	$\frac{\frac{(a-c)^2}{16}K - F}{\frac{a-c}{4}cK + F}$	$\pi_2^{GF} K$	$\frac{a-c}{4c}$
收购	$\pi_1^{M+} K - N$	$\frac{\frac{(a-c)^2}{9}K - N}{\frac{a-c}{3}cK + N}$	N	—

注：$K = \frac{1+r}{r} - \frac{1}{r(1+r)^{T-1}}$。

将上述分析过程用如下博弈树来表示，并利用逆向归纳法对该博弈进行分析。

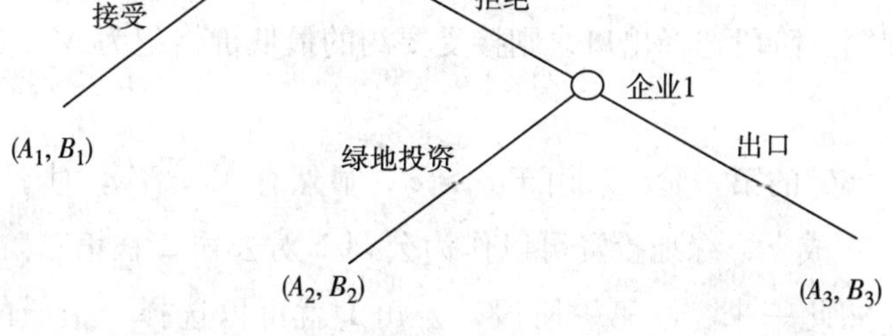

其中，

$$A_3 = \frac{a - c - 3t}{4c}, B_3 = K\pi_2^T = K\frac{(a - c + t)^2}{16}$$

$$A_2 = \frac{\frac{(a - c)^2K - F}{16}}{\frac{a - c}{4}cK + F}, B_2 = K\pi_2^{GF} = K\frac{(a - c)^2}{16}$$

$$A_1 = \frac{\frac{(a - c)^2K - N}{9}}{\frac{a - c}{3}cK + N} - N, B_1 = N$$

将 A_2 与 A_3 比较，我们能够直接得出在满足下面条件时跨国公司偏好于绿地投资而非以出口的方式进入国外市场。

$$F \leqslant \overline{F} = \frac{3tcK(a - c)}{4(a + 3c - 3t)} \tag{12}$$

即当绿地投资的固定成本足够小时，跨国公司会偏好于在东道国直接新建公司，而不是采用出口的方式。

经过简单分析，容易发现，t 值越大，$\overline{F}$ 越大，其经济含义为：出口的成本越大，跨国公司越是愿意投入更多的成本进行绿地投资。而且有：

$$\frac{\partial \overline{F}}{\partial a} = \frac{12tcK(4c - 3t)}{4(a + 3c - 3t)^2} \tag{13}$$

当 $t > \frac{3c}{4}$ 时，$\overline{F}$ 对 a 的一阶偏导数为负，意味着临界值 $\overline{F}$ 随着 a 值的变小而变大，这是本节一个重要的结论。

在博弈的第二阶段，公司 2 是否接受公司 1 的要约，依赖于公司 1 提供的要约价格 N 和拒绝公司 1 的要约后的预期利润。对于公司 2，如果公司 1 在第三阶段选择绿地投资，则接受要约的最低价格记为 N，$N \geqslant K\pi_2^{GF} = K(a - c)^2/16$；如果公司 1 在第三阶段选择出口，则接受要约的最低价格记为 N'，$N' \geqslant K\pi_2^T = K(a - c + t)^2/16$。

再来分析博弈的第一阶段。由于 $a > c$，显然有 $N < N'$。对于公司 1 而言，如果等式（12）成立，绿地投资可以作为公司 1 对公司 2 在第二阶段的一个可置信的威胁，如此一来，在第一阶段，公司 1 就可以选择一个低的要约价格，即 $N = K(a - c)^2/16$，因为此时，公司 2 需要作比较的两个量是：接受要约所

获得的要约价格和拒绝要约而在第三阶段公司 1 采用绿地投资时其所获得的收益 $K\pi_2^{GF} = K(a-c)^2/16$；另一种情况是，如果等式（12）不成立，公司 1 若要实现对公司 2 的收购，其要约价格 N' 至少要大于 $K(a-c+t)^2/16$。

（四）对外直接投资进入方式的比较选择

全球金融危机对对外直接投资究竟会产生哪些影响呢？

首先，金融危机导致的经济危机造成一些国家就业率急剧下降，贸易保护主义不可避免地开始重新抬头，从而增加跨国公司的出口成本，在上述模型中表现为 t 值的增大。t 值的增大直接对公司 2 的利润 B_3 形成正的影响，而对公司 1 的利润率 A_3 形成负的影响，但是博弈的均衡结果是否为“报价 N—拒绝—出口”最终取决于公司 1 的选择，只要等式（12）成立，公司 1 就不会在第三阶段选择出口。显然，从等式（12）来看，t 值越大，临界值 $\overline{F}$ 越大，相比较出口而言，跨国公司更愿意选择绿地投资，从而提高了威胁的可信程度。

其次，金融危机导致的经济危机直接表现为有效需求不足，有效需求不足在对外直接投资上的体现即为 a 值的变小。按照上述模型的分析，当 $t > \frac{3c}{4}$ 时，$\overline{F}$ 对 a 的一阶偏导数为负，a 值的变小意味着临界值 $\overline{F}$ 变大，对于有些收购，可能因为等式（12）不成立，绿地投资不成为跨国公司可置信的威胁，其对目标公司的要约价格不得不高于 $K(a-c+t)^2/16$，而随着 t 值和临界值 $\overline{F}$ 的变大，条件等式（12）成立，绿地投资成为一个可置信的威胁，其对目标公司的要约价格迅速可以降至 $K(a-c)^2/16$。

四、结论

据统计，2009 年前三个季度，共有 19 个国家对中国产品发起 88 起反倾销调查，涉案总额达 102 亿美元，同比分别增长 29% 和 125%①，折射出国际贸易保护主义有抬头倾向。作为全球第二大出口国，我国企业对目标市场的出口成本必将增大，依据本节的分析，在此背景下，我国企业转向通过对外直接投资方式来扩大国际市场，从而导致对外直接投资出现井喷式增长就不足为奇了；一些目标市场受金融危机的冲击，市场有效需求均有所下降，虽然跨国企业此时在目标国进行绿地投资并非是理想的，但是对于目标市场上的现存企业而言，

① 数据来源于新华网。

绿地投资是一个可信的威胁，而且出口成本的提高进一步增加了这一威胁的可信性，跨国企业对目标企业的收购要约价格可以因此迅速下降，从而为一些企业进行跨国收购提供了更大的谈判空间。

第四节 企业创新的对外直接投资方式

一、离岸商业运作

离岸商业运作，通俗地讲就是企业通过设立境外公司进行其国际或跨境投资、贸易和服务。目前，我国一些企业的离岸运作很消极，原因多种多样，恶意避税及改变法律对主体管辖以降低企业成本及逃避监管为多。

离岸业务与离岸公司紧密相连。离岸公司是在离岸地或离岸中心注册，通常在注册地以外的国家和地区运作的商业组织。离岸地对离岸公司在登记、监管、信息披露、税务、管理和打击跨国洗钱等犯罪行为制定了严格的法律。离岸地通常实行属地主义的税收政策，对离岸公司免征直接税，即个人和公司所得税、资本利得税、遗产继承税和财产赠与税等。

离岸公司股东和受益人保密、源于注册地外所得免税、无最低注册资本要求、资本金无须实缴等特点符合企业积极离岸发展的需要。

自从20世纪80年代我国引入离岸银行的服务后，我国企业离岸发展（即通过离岸公司的运作模式达到其国际化经营的目的）已经非常普遍。大批我国公司在境外投资、贸易和提供服务已经证明了离岸商业运作模式对我国企业带来的巨大好处。这就是积极的离岸或积极的离岸商业运作。例如，中石化2004年收购美国第一国际石油公司采用的就是百慕大公司和中国联通在英属维尔京群岛注册公司以达到其境外融资的目的。

我国企业利用离岸公司进行国际化运作基本可以实现如下目标：快速简便的国际资本融通、节省企业投融资时间和经济成本、保守商业秘密、降低风险、保护企业及收益人利益、避免政治和政策歧视、有效地得到我国国内银行资金支持。而且目前，我国企业也迫切需要更积极地离岸运作，原因有二：

一方面，我国已经开始加大对外投资规模。据《华尔街日报》报道，联合国贸易和发展会议于2006年10月发布了《2006年世界投资报告》，称全球最大

100 家跨国公司中，我国香港的和记黄埔名列第 17 位；在发展中国家最大的 25 家跨国公司中，我国大陆和香港的公司已经占据了 10 个；我国已成为第 17 大对外投资国。根据中国政府的统计，截至 2006 年 6 月底，我国对外直接投资累计净额达 636.4 亿美元，累计成立境外投资企业 9 900 多家，分布在全球近 170 个国家和地区。联合国对 158 个国家的投资促进机构的调查也显示，我国被许多国家列为未来主要的外资来源国。从经济增长看我国的投资和贸易发展，我国已经成为资本输出国。

另一方面，我国的境外投资也是“迫不得已”。我国“走出去”的重要原因之一是贸易壁垒，纺织品、鞋类及其他商品出口相继在欧美受阻，通过对外直接投资规避贸易壁垒是一种有效方式——我国对外投资的公司中制造业占到 55%，主要分布在纺织服装、鞋帽制造业等领域。原因之二是国内市场上来自跨国公司的竞争，特别是在汽车制造和电子产品等领域。在这些行业中，中国企业已经具备了在国际市场竞争的实力，国际化有利于进一步增强企业的综合实力，最终促进形成企业的核心竞争力。原因之三是很多发达国家和发展中国家的保护主义，尤其是在跨国并购方面，中海油收购优尼科遇阻就是典型的例子。

中海油收购优尼科失败的案例说明我国某些企业在规避外国政治歧视方面的智慧如此缺乏，手段如此简单。相比之下，中石油国际化进程却充满了风险规避的明智安排。石油关系到国家能源的安全，具有中国政府背景的公司收购美国的石油公司，无疑会让很多美国政客感到紧张。

为了规避来自美国政府和法律对我国收购美国公司的交易限制，中石化在百慕大群岛注册了全资子公司第一国际石油有限公司，并由这家公司实现了对美国公司的兼并。中央电视台和香港凤凰电视台注册英属维尔京公司共同开拓北美电视市场也说明了这个问题。

上述中石油和中央电视台的案例就是典型的我国企业积极离岸的案例。积极的离岸为我国企业规避境外投资交易可能存在的政治和经济风险达到保护企业财产安全的目的，也为我国企业降低跨国经营成本提高投资收益和效率、更好地控制境外机构并得到国内银行的资金支持提供了良好的平台。

光明集团、中石油、中石化、中远、TCL、新希望、北方正大、康奈集团、重庆力帆、中国有色、云南鸿宇、中国联通、青岛金王和无锡尚德等企业利用离岸商业运作，成功地参与了国际竞争，创立了中国品牌。我国企业在走出国门时应该根据在境外投资、贸易和服务的目的地等情况尽早规划。

结构规划。根据目的国或地区的情况决定是在目的地还是在离岸地设立公司、信托或私人基金。我国企业欲参与或经营的某些境外项目并不需要由母公司直接介入。依照国际上通行的做法，母公司以子公司或子公司的子公司操作项目。必要时，以国内母公司设立信托或私人基金，再以信托或私人基金持有若干离岸公司操作项目。结构规划还涉及控股方的股份安排、董事及董事会安排、授权资本额的安排、章程是否需要修改和法律选择等诸多问题。在向政府主管部门申请批准时，离岸结构一定要详细描述并说明目的以利于审批。

税务规划。企业必须在向政府申请境外设立机构前充分了解目的地和交易方所在地的税收问题并进行相关税务规划。必须考虑与中国签署了避免双重征税和打击偷漏税协议的国家和地区相关规定的查明、税务规划与拟设立公司的必然联系、离岸低税收政策的查明、离岸地与第三国（地区）或投资和贸易目的地的税收协议等。由于境外跨国税务规划的复杂性，企业必须寻求专业机构的支持，即能否利用离岸地、税收协定、保税区、自由港及经济开发区等的税收优惠政策。税务规划关系我国企业能否降低境外运作成本、增加国内收入的问题。

风险规划。随着经济和国力的日益强大，在不远的将来，我国对外直接投资必定大规模地开展。一些国家或者基于意识形态的不同，或者出于保护本国行业的需求，会对来自我国的投资设下种种障碍或壁垒。企业必须要有未雨绸缪的心态，利用离岸公司的特点规避可能存在的政治、金融和商业风险。与投资目的地签署投资和贸易保护协议的、互免关税协议的、税收协议的国家或地区，离岸地是风险控制的首选地区。同时还必须考虑是否以信托或私人基金为规避风险的手段，因为我国企业有时需要股东或受益人保密。

财务规划。国内母公司以适当方式控股离岸公司及离岸银行账户或分公司的离岸账户，从根本上可以避免财务管理的漏洞，杜绝对公司财产的挪用、侵占及腐败。我国一些企业在境外发展尚未取得目的地银行的信用，要获得当地银行的资金支持非常困难。安排离岸账户，总公司在境外的投资便可以很好地获得国内银行资金支持。企业的资金周转、外汇划拨和资金融通均可以使用离岸账户。这种安排在大幅节省企业财务成本同时使商业活动的效率大大提高。另外，选择资金出入的途径和中转的地点也是企业需要特别留意的，美国似乎并非是最佳选择。出于安全考虑，我国内地企业应该考虑卢森堡、瑞士、英国和我国香港等地并以非美元货币结算。

财产安全规划。我国企业在境外的财产保护一方面依靠中国政府与目的地签署的相关协议或我国及目的地均加入的国际公约，另一方面需要利用法律手段达到保护财产的目的。例如，我国的资金在进入政治或经济风险较高的目的地前，先进入信托、私人基金或者某个离岸公司。我国的投资者也可以以离岸公司为投资者设立不同层次的控股公司，利用各国之间签署的相关协议达到保护最终受益人的目的。

综上所述，我国企业积极地离岸商业运作，对参与国际运作、突破投资和贸易保护壁垒及非关税贸易壁垒、保护境外的财产安全和保证投资贸易的顺利进行有着重要意义。问题在于，企业需要以透明的方式按照国家相关法律规定进行审批和登记，以求规范地离岸运作，这样使企业能够得到国内银行有力地资金支持和政府政策优惠。积极地离岸运作要有专业的态度和国际的眼光，按照国际惯例，科学地规划和管理是企业特别应该重视的问题。

对于消极的离岸商业运作，各国法律均有严格规范和禁止，我国也不例外。如规范金融机构和金融活动的《中华人民共和国反洗钱法》、《金融机构大额交易和可疑交易报告管理办法》、《离岸银行业务管理办法》及其实施细则和国家外汇管理局《关于境内居民通过境外特殊目的公司融资及返程投资外汇管理有关问题的通知》等，这些法律和规定已经有效地构成规范我国企业离岸商业运作的完整的管理依据，从法律和监管层面极大地遏制消极离岸运作行为。

二、设立境外我国经济贸易合作区

作为我国对外直接投资新的经营模式，境外经济贸易合作区是一种“企业对政府”的模式，自从商务部决定筹资 200 亿元在多个国家建立境外经济贸易合作区以来，境外经济贸易合作区就成为了我国实施“走出去”战略的一项重要举措。山东省国家级境外经贸合作区已有 3 家，位居全国前列。

境外经济贸易合作区是指在国家统筹指导下，国内企业在境外建设的或参与建设的基础设施较为完善、产业链较为完整、辐射和带动能力强、影响大的加工区、工业园区、科技产业园区等各类经济贸易合作区域。从本质上来说，境外经济贸易合作区就是一种区域经济合作的制度安排，即一种必须通过我国企业与其他国家的政府谈判商签协议，并在协议所限定的地域范围内，实行包括货物贸易、服务贸易和互相投资在内的类似自由贸易协定的某些安排。因此，我们可以将境外经济贸易合作区的性质定义为：我国与其他国家之间关于限定区域内更加紧密的双边经济贸易联系安排。

境外经济贸易合作区的建立有利于加快我国一些产能过剩、较为成熟的产业向境外转移，有利于提高这些产业境外投资的集中度，有利于促使这些产业在境外尽快地形成产业集群。

设立境外经济贸易合作区，一方面可以解决贸易摩擦问题，加大出口力度；另一方面也可以扭转外汇储备过多、外贸顺差增长过快的局面，同时也有利于实施我国自主品牌战略。由于宏观经济处于新一轮的高速增长期，加上国际制造业向我国转型的趋势，在很长的时间内，我国外贸仍将维持高速增长，但是我国外贸面临的贸易摩擦将越来越激烈。欧美采用原产地规则，我国企业在越南、柬埔寨等国合作区生产的纺织品就可以绕开欧美对华的配额和贸易制裁。建立境外经济贸易合作区也能解决我国资金的使用问题。

（一）境外经济贸易合作区的类型

按照其开展业务的态势划分，我国现有的境外经济贸易合作区大体分为四种类型：第一类是走专业化经营路线的合作区，例如，巴基斯坦海尔—鲁巴经济区、康吉经济贸易合作区和中国龙江经济贸易合作区等；第二类是以投资目标国资源为依托，以资源开发产业链为主线的合作区，例如，赞比亚中国经贸合作区和中俄—托木斯克木材工贸合作区等；第三类是依托我国传统优势产业形成的多元化经济合作区，例如，天利（毛里求斯）经济贸易合作区、泰国罗勇经济贸易合作区和柬埔寨太湖国际经济合作区等；第四类是以投资目标国的技术和管理优势为依托，以优化我国境外投资产业结构为主线的合作区，例如，韩中国际产业园区。

（二）境外经济贸易合作区分布特征

境外经济贸易合作区的地区分布并不是随机分布的，而是企业利用现有的条件和自身的优势，权衡各种因素，作出投资区位的决策。因此，在境外经济贸易合作区建设和运行过程中，其区位分布逐渐呈现出自己的特色：

1. 投资区位扩大化

突破了与我国有地缘关系、劳动力成本较低的国家和地区（如俄罗斯、巴基斯坦、泰国、柬埔寨）以及与我国有着良好的政治经贸关系、资源丰富的国家和地区（如毛里求斯、赞比亚、尼日利亚）的局限，开始向距离较远的、政治贸易关系一般的较发达国家和地区（如墨西哥、委内瑞拉）延伸。从中可以看出，境外经济贸易合作区投资区位分布的扩大化趋势，与对外直接投资传统模式相似，都是从关系良好的发展中国家向较发达国家扩展。

2. 投资区位分布不均衡

我国现有的 19 家境外经济贸易合作区大多分布在东南亚、非洲、南美以及东欧等地，分布在与我国有地缘关系的国家（地区）有 10 个。其分布特征显示了我国境外经济贸易合作区尚处于起步阶段，多分布于与我国有地缘关系或良好政治经济关系的发展中国家，尚未进入经济水平较高、科技水平较高的西欧、北美等发达国家（地区）。

3. 企业与政府之间关系密切

境外经济贸易合作区是一种“企业对政府”的模式，它要求我国企业与东道国政府签订具体的合作协议来获得政府的优惠政策。若企业与东道国政府没有较为亲近的关系，又未得到本国政府的大力支持，这种谈判及优惠政策的落实对企业来说将是异常艰难的。因此，境外经济贸易合作区的投资者基本上跟本国政府和东道国政府有着密切的关系网络，以规避投资所面临的政治风险、经营风险和政策风险。以尼日利亚莱基自由贸易区——中尼经济贸易合作区为例，牵头建立该合作区的企业是中土北亚国际投资有限公司，其主要股东之一是中土工程集团公司，它曾中标尼日利亚多条铁路工程项目。在建造铁路过程中，中土工程集团公司与尼日利亚政府频繁交流，结下了深厚的友谊。同时，也是通过中土集团修建铁路，增进了我国政府与尼日利亚政府的关系。我国政府出于该集团的贡献，自然会对其提供更多的支持和鼓励，包括国家为该合作区提供了部分固定资产投资补助、贴息贷款及基础设施建设的财政补助等多方面的支持。总而言之，这一系列关系都将有利于中土工程集团公司为中尼经济贸易合作区争取更多的优惠政策。由此可见，相比传统模式而言，境外经济贸易合作区要求企业与政府的关系更加紧密。

4. 投资项目兼具东道国和本国产业发展特色

总体来说，境外经济贸易合作区的产业分布兼具东道国和本国产业发展的特色。例如，分布在俄罗斯乌苏里斯克市的康吉经济贸易合作区，吸引了以温州民营企业为主的国内企业入驻，所涉及的投资项目以鞋类、服装、家具、皮革、木业、建材等为主；分布在巴基斯坦旁遮普省拉合尔市的巴基斯坦海尔—鲁巴经济区，它的牵头企业是山东省青岛海尔集团，其所涉及的投资项目以家电、汽车、贸易等为主；分布在韩国全罗道务安郡的韩中国际产业园区，它的牵头企业是重庆市地产集团所属东泰华安国际投资有限公司，所涉及的投资项目领域则以技术研发、电子、信息技术、新材料以及房地产开发等为主。

（三）境外经济贸易合作区的发展建议

1. 对企业投资的建议

企业是境外经济贸易合作区的投资主体。我国企业在境外经济贸易合作区的兴办中，虽然已经取得一定进展，但是由于经济格局和自身实力等问题限制，我国企业建设和运营境外经济贸易合作区还有难度。因此，在进行选择境外经济贸易合作区的投资区位时，我国企业要综合考虑各种因素，并且权衡这些因素的影响程度。同时，我国企业还应该注意以下几个方面：（1）明确企业投资境外经济贸易合作区的投资动机。境外经济贸易合作区是为我国中小企业提供对外直接投资的一个战略平台，该特征决定了企业在投资境外经济贸易合作区选址时，不能仅考虑企业自身的动机和利益，而且还要考虑到国家和意向进入合作区的投资企业的动机和利益。（2）分析企业所具备投资和经营境外经济贸易合作区的竞争力。境外经济贸易合作区对企业能力方面的要求是远远高于一般企业的。一个企业如果在资金、谈判、管理、网络关系等方面没有具备相应的竞争力，要建立一个境外经济贸易合作区几乎是不可能的。（3）明确境外经济贸易合作区的定位问题。境外经济贸易合作区定位问题包括了合作区的总体定位和主营产业定位。企业要建立境外经济贸易合作区，必然需要根据投资的动机和具备的能力，对境外经济合作区进行一定的定位。因为企业在选择境外经济贸易合作区投资区位时，需要考虑合作区的主营产业对投资环境的要求。（4）根据优劣势比较进行境外经济贸易合作区的投资区位决策。企业应该结合自身拥有的优势以及能承受风险的程度，考察各个投资备选国环境的优势和劣势，对备选国家的区位因素进行全面具体的比较分析。在进行环境因素的比较分析之后，具体详细地计算或预测在每一个备选国家进行投资的成本和收益情况，从中选出最优或最满意的投资区位。（5）注意第三方对经济贸易合作区投资区位的影响。我国企业搞境外合作区建设，不同于一般的进出口商品贸易，也不同于一般的境外建厂，是没有先例的试验和创新，可能会遇到前所未有的困难和问题。企业在进行境外经济贸易合作区投资区位选择时，一定要注意第三方的影响。这里的第三方主要是指我国政府和东道国政府。

2. 对政府政策的建议

境外经济贸易合作区有利于我国应对外经济全球化带来的贸易不平衡，有利于实施贸易转型和解决贸易摩擦，为我国的企业开辟广阔的海外市场提供了一个良好的发展平台。各个境外经济贸易合作区的建立和运行过程中，穿插着国家之间政治、外交和经济实力的博弈与平衡。政府要使境外经济贸易合作区的建立切实有利于我国经济发展的全局，在政策制定上需要注意以下几个方面：（1）利用外交资源推动企业与投资目标国之间的合作。在经济日益全球化与竞争激烈化的背景下，我国境外经济贸易合作区一般与我国的政治、经济、外交等政策是紧密相连的，政府要在上述几个方面加强对企业的支持。（2）尽快落实相关配套政策，同时加强企业行为引导和监督。我国政府可通过完善财税、信贷、外汇、保险等政策措施，支持有实力、有信誉、有竞争力的各种所有制企业“走出去”。（3）积极拓展信息渠道，为企业经营做好服务。政府应通过建立多种信息渠道、建立有效的培训机制和信息发布机制、提供信息咨询服务和投资参考建议等方式，帮助企业降低来自东道国的风险。

二、非股权参与式国际直接投资

非股权参与式（non - equity participation）国际直接投资又称非股权安排（non - equity arrangement），是指跨国公司未在东道国企业中参与股份，而是通过与东道国企业签订有关技术、管理、销售、工程承包等方面的合约，取得对该东道国企业的某种管理控制权。这种投资方式正成为当代国际资本流动的一个主要形式。其特点是：没有货币资本注入，是一种合约投资，但有控制权，层次高，富有技术含量，有一定的条件，但风险较小。非股权安排具体又包括：

（一）许可证合同

所谓许可证合同，又称特许权合同，或技术授权，指跨国公司（授权方）与东道国企业（被授权方）签订合同，允许东道国使用跨国公司独有的注册商标、专利以及技术诀窍等。

在许可证合同中，东道国企业应按合同约定的金额，向跨国公司支付专利权费。该费用有两种支付方式，即定额支付和比例支付。通常，把定额支付的许可证合同，称为许可证贸易，属于国家贸易范畴；而比例支付的许可证合同，属于国际直接投资的非股权安排。

跨国公司为了保护自身的利益，往往在许可证合同中加入一些限制性条款。这些条款主要有：（1）产量及品质的限制。对利用授权的商标、专利和技术诀窍生产的产品产量水平进行限制，并为了保证产品的质量，授权跨国公司拥有对东道国企业生产过程的监督权。（2）产品销售地区的限制。跨国公司为了防止东道国企业侵害自己在东道国以外地区的利益，通常在许可证合同中规定东道国企业不得越区从事生产和销售活动。（3）原材料、零部件采购的限制。在许可证合同中，跨国公司规定，东道国企业生产被授权产品时，应从跨国公司或由其指定的供给商处购置所需的原材料和零部件。

许可证合同投资方式的优点有：（1）因不涉及资金投入，可以使跨国公司承担较小的风险；（2）可以使跨国公司有效地规避东道国的进口管制和关税壁垒，将其产品打入东道国市场；（3）可以使跨国公司利用东道国企业产品在东道国的销售带来的广告效应，为以后进一步扩大在东道国市场的占有率打下基础。这种投资方式的缺点是有可能为跨国公司培养潜在的竞争者。在历史上，美国威斯汀豪斯电气公司（Westing House）曾与德国的西门子公司（Siemens）签订许可证合同，向后者提供专利、商标及技术诀窍。但是，合同期满后，西门子公司已从被授权者上升为威斯汀豪斯电气公司的主要竞争对手之一。

（二）管理合约

所谓管理合约，是指跨国公司与东道国企业签订协议，向东道国企业派出专业管理人员，从事日常管理工作，由此取得一定管理与控制权。按具体情况，这种投资有两种形式：（1）跨国公司对自己不曾拥有股权的东道国企业提供管理服务，借以在一定程度上控制该企业。例如，美国希尔顿国际公司（Hilton International）以管理合约的方式，专门为各国大宾馆提供总经理，代为管理。（2）当自己曾拥有股权的东道国企业面临征用或国有化时，跨国公司以管理合约的方式，保持对原投资公司的部分控制权。例如，委内瑞拉曾征用瑞士雀巢公司在委内瑞拉设立的子公司，经谈判，雀巢公司与委内瑞拉政府签订了管理合约，同意将雀巢公司的原经理人员留在委内瑞拉继续担任管理职务。

（三）交钥匙工程承包合同

所谓交钥匙工程承包合同，是指跨国公司为外国企业或外国政府从事工程建设，在工程完工后，跨国企业负责试生产，在保证工程开工后的产品产量、质量等指标达到合同规定标准后，才将工程移交给工程的主人。在这种投资方式中，跨国公司不仅可获取一笔可观的工程承包费用，而且还可为以后公司产品进入工程项目所在国市场作免费广告。

（四）销售协议

所谓销售协议，是指跨国公司与东道国销售企业达成协议，利用东道国销售企业的销售网络，扩大跨国公司产品在东道国销售的范围。该协议一般采用以下三种形式：（1）代理（agent），指东道国企业为跨国公司产品寻找买方，成交后，跨国公司按合同向东道国企业支付佣金；（2）寄售（consignment），指东道国企业代售跨国公司产品，成交后，东道国企业在扣除应得佣金后，将货款交给跨国公司；（3）分销（distribution），指东道国销售企业从跨国公司低价购入产品，而后按跨国公司规定的价格在东道国销售。

（五）技术援助或技术咨询协议

所谓技术援助或技术咨询协议，是指跨国公司向东道国企业提供技术人员，为东道国企业提供所需的技术服务，并按协议的规定，收取劳务费用。该协议既可以作为许可证合同或管理协议的一部分，也可以作为一个单独合同。与管理协议相区别，技术援助或技术咨询协议中的技术人员并未拥有对东道国企业的管理权，相反，跨国公司提供的技术人员必须在东道国企业的管理下进行工作。技术援助或技术咨询协议的劳务费支付方式，也有固定支付和比率支付两种。其中，比率支付方式通常按投产后产品销售额的一定比例计算。

第五节　山东省对外直接投资主体进入方式的战略选择

党的十七大报告明确指出，要创新对外投资合作方式，支持企业在研发、生产、销售等方面开展国际化经营，加快培育我国的跨国公司和国际知名品牌。在经济全球化条件下，如何合理配置资源、优化产业结构、进行合理分工是保持一国（地区）经济持续、快速、健康发展的重要选择。经过改革开放 30 多年的发展，山东省经济总量稳居全国前列，2007 年全省 GDP 达到 2.6 万亿元。但随着国内土地、环境、市场压力增大，劳动力成本上升，国家宏观调控政策趋紧，一些产能过剩、资源消耗大、国内市场饱和的产业，急需通过创新的投资方式“走出去”寻求新的发展空间。

随着我国加入世贸组织，经济全球化的浪潮必然席卷我国经济的各个领域。企业间的竞争不仅突破了行业、地区的限制，而且淡化了竞争对手的国籍。中国企业要想在全球化中处于不败之地，必须进行全球化经营战略，进行对外直接投资。我国企业由于跨国经营管理经验缺乏，技术创新能力弱，因此在国际市场上竞争力薄弱。我们进行对外直接投资，要结合东道国的实际情况，采用正确的进入方式。基于前文中给出的主要投资方式选择建议，为了更好地加快我国企业以及山东省企业的对外直接投资发展，本书进一步提出以下建议。

第一，新建企业方式。目前，我国跨国公司在对一些具有优势的行业进行产业转移的时候，应该以新建为主要进入方式。现阶段，电视机、电冰箱、洗衣机等家用电器制造业和机床、自行车、钟表等机械加工业是我国技术方面比较成熟的。这些产品国内市场已经饱和或者生产能力相对过剩，其出口又面临我国经济技术水平接近的发展中国家和新兴工业国家的激烈竞争，而且还受到发达国家贸易保护主义的制约，需要通过大力发展对外直接投资来转移富余的生产能力，扩大国际市场份额。这些行业是我国进行产业转移的对象。投资市场主要是经济技术水平与我国接近的发展中国家和某些发达国家。许多发展中国家，对外商直接投资的企业并购等方面有各种限制，而对于新建企业比较欢迎。如果对发展中国家直接投资的目标是实施跨国发展和控制时，为了更好地贯彻企业的战略意图，可采用新建方式。

东南亚各国与我国有着相似的地理、人文环境，社会文化差异比较小，这些国家的经济发展得比较快，市场潜力比较大，对我国企业具有的技术、知识和管理能力有良好的吸收能力，具备相应的配套资源和环境支撑，投资风险相对较小，因此在这些国家的直接投资，山东省企业可采用新建方式。

第二，并购方式。以高技术和创新为特征的行业在发达国家直接投资，应该采用并购方式。由于发达国家在资金、人才和技术上具有优势，而且考虑到高科技行业技术更新快，投资金额大，并购可以节省进入时间，能比较迅速地获得东道国的新技术，促进企业技术进步和产业升级。因此，山东省企业以直接投资进入发达国家这些行业时应采用并购方式。

在欧美等国，山东省的对外直接投资总量比较少，一般是为了获得其先进的技术和管理经验，应采取并购的方式进入。通过并购，企业可以直接获得所需的技术和知识资源，带动省内技术的快速发展和升级。

我们在第三节构建了一个跨国企业进入国外市场的博弈分析模型，通过对对外直接投资进入方式的博弈均衡分析发现：（1）当跨国企业对目标市场的出口成本增加时，企业更倾向于绿地投资；（2）当目标市场的有效需求下降的时候，虽然跨国企业到目标国进行绿地投资并非理想的，但是对于目标市场上现存企业而言，绿地投资成为一个可信的威胁，出口成本的提高使这一威胁更加可信，从而为企业跨国收购目标市场企业提供了更大的谈判空间。在当前国际贸易保护主义抬头的情形下，山东省政府应该创造有利条件，鼓励省内企业通过并购方式“走出去”，实现企业的国际化经营并提高参与国际市场的能力。

第三，非股权参与方式。一些在技术、管理、营销等方面具有比较优势的跨国企业可采用非股权参与方式打入一些发展中国家市场。非股权参与方式包括特许经营、技术转让和国际工程项目承包等。山东省跨国企业在对一些发展中国家进行跨国经营活动时，若技术、管理、营销机制十分复杂，而东道国又无力经营此类项目，便可利用自身优势，采用非股权参与方式，机动灵活地渗透到国际市场。这样企业不但减少投资风险，而且能对国外企业实施控制。企业采用作为直接投资替代物的非股权投资方式，不仅可以不用出资和少承担投资风险，而且还可以使它们的技术、管理和销售状况获得满意的回报。在输出技术时要注意把握转让时机，对于处在产品生命周期不同阶段的技术应采取不同的转让策略，而且还要选择适当的转让方式。另外，应特别注意专利和商标等的使用以及技术秘密和商业诀窍等自有知识产权的保护，以维持技术优势。

第四，战略联盟方式。我国企业进行对外直接投资的另外一种比较好的市场进入方式是战略联盟方式。科技进步使得产品生命周期变短，跨国公司出于提高自身竞争力的目的，采取虚拟经营方式：跨国公司只保留企业中有优势的核心部分如科技专利等进行经营，而将其他生产或经营等活动以战略联盟的形式分包给具有专业优势的外部企业，从而形成了一种新的国际协作体系，即大、中、小型企业相结合，各自发挥比较优势。山东省的跨国企业可以利用这一方式融入国际分工的体系中，提高山东省跨国公司进入国际市场的能力。战略联盟型投资，是以控股的方式获得利益的模式。这种对外直接投资的方式不是完全与企业的效率直接关联，可能放弃近期的利益，以获取长期或其他方面的利益。

第五，离岸商业运作方式。离岸商业运作，对我国企业参与国际运作、突破投资和贸易保护壁垒及非关税贸易壁垒、保护境外的财产安全和保证投资贸易的顺利进行有着重要意义。我国企业利用离岸公司进行国际化运作基本可以实现如下目标：快速、简便的国际资本融通，节省企业投融资时间和经济成本，保守商业秘密，降低风险保护企业及收益人利益，避免政治和政策歧视，有效地得到我国国内银行资金支持。

第六，建立境外经济贸易合作区方式。境外经济贸易合作区的建立有利于加快我国一些产能过剩、较为成熟的产业向境外转移，有利于提高这些产业境外投资的集中度，有利于促使这些产业在境外尽快地形成产业集群。

设立境外经济贸易合作区，一方面可以解决贸易摩擦问题，加大出口力度；另一方面也可以减少外汇储备过多，外贸顺差增长过快，以及实施我国自主品牌战略。由于宏观经济处于新一轮的高速增长期，加上国际制造业向我国转型的趋势，在很长的时间内，我国外贸仍将维持高速增长，但是我国外贸面临的贸易摩擦将越来越激烈。欧美采用原产地规则，我国企业在越南、柬埔寨等国合作区生产的纺织品就可以绕开欧美对华的配额和贸易制裁。建立境外经济贸易合作区也能解决我国资金的使用问题。

第六章　对外直接投资与区位行业战略选择

第一节　山东省对外直接投资的行业与区位选择现状、问题及特征

一、发展中国家对外直接投资的行业与区位选择的历程和经验

发展中国家对外直接投资的出现和成长，是与第二次世界大战之后发展中国家民族解放、经济独立的步伐同步进行的一个经济现象。20 世纪 50 年代后期到 60 年代中期，发展中国家掀起了一次针对殖民地经济体系的国有化运动，一些原殖民者拥有的操纵国计民生的大企业通过国有化等途径，变成了发展中国家经济自力更生、自主发展的经济支柱。发展中国家的对外直接投资，在 20 世纪 60 年代之前，多数只是偶然的特例，仅有少量的小型跨国企业存在，与发达国家相比，20 世纪 60 年代之前，来自发展中国家的对外直接投资的数量还是微不足道的。

20 世纪 60 年代之后，发展中国家掀起了建立海外企业的新浪潮，部分发展中国家如韩国，制造业有了迅速的进步，开始探索扩展海外市场，尤其是周边的发展中国家市场。前苏联和东欧国家也在 20 世纪 60 年代开始了对外投资活动，但总量一直不大，即使到了 20 世纪 80 年代末也只占全球对外直接投资的不足 0.1%。20 世纪 70 年代，随着中东产油国收回石油资源主权的斗争取得胜利，发展中国家掀起了收回自然资源主权的潮流。通过征收和赎买殖民企业、加大政府和私人资本投入等多种方式，许多发展中国家逐渐建设起了本国的电力、港口、化工、机械设备、石油、天然气、煤炭、金属矿产等基础设施和重点企业，开始进入工业化的起步阶段，这给殖民地、半殖民地国家的经济体系独立带来了原始资本的积累和经济的较快发展，也带动了国内私人资本的成长，这是发展中国家对外直接投资真正出现的经济基础和前奏。但在 20 世纪七八十年

代，对外直接投资的规模与此时相比显得很微小，并且投资是高度分散的。这时的投资较多来自于非洲、拉丁美洲和西亚国家，到20世纪90年代，发展中国家的对外直接投资活动发生了很大变化，东亚和东南亚的重要性上升，非洲的份额明显下降。

基于以上现象，邓宁将发展中国家的投资浪潮分为两波：第一波是20世纪80年代末之前投资浪潮，第二波则是20世纪90年代之后发展中国家开始大规模对外直接投资的浪潮。邓宁认为，发展中国家对外直接投资的特点长期来看将与发达国家逐渐趋同。随着技术进步对新兴产业的冲击、市场的自由化和某些区域贸易壁垒的出现，发展中国家的对外直接投资尤其是来自亚洲的对外直接投资在20世纪90年代之后开始加速扩张。

发展中国家的对外直接投资在区位选择方面有以下两个主要特点。首先，南南投资占重要地位。长期以来，受文化、资本规模等因素的影响，发展中国家跨国公司较多投资于邻近地区。如20世纪70年代末，东南亚的跨国公司85%以上的海外子公司位于东南亚地区，拉丁美洲跨国公司约75%的海外子公司设立在拉丁美洲，东欧转型期经济体也是大量投资于邻近国家尤其是同属于转型期经济体的邻近国家。地理位置接近的南南投资，一直在发展中国家对外直接投资中占有重要的位置，其中亚洲内部的南南投资约占世界南南投资总量的4/5。其次，对外直接投资的主体出现离岸化的趋势。从发展中国家的对外直接投资来看，以离岸金融中心作为母国的投资占据了较多的份额。在我国，自20世纪90年代开始，返程投资成为我国对外直接投资和接受对外直接投资的一个特殊现象。近年来，中国香港地区、英属维尔京群岛和开曼群岛一直位于我国内地投资来源地前10名，我国香港更是连续多年稳居最大来源地的地位。据OECD估计，这期间我国吸收外资总量中的25% ~55.3%是返程投资。

另外，发展中国家的对外直接投资的区位选择遵循下面的发展顺序：首先，在周边国家利用种族和人文联系进行直接投资；其次，随着海外投资经验的积累，种族因素重要性下降，逐步从周边向其他发展中国家扩展直接投资；最后，在经验积累的基础上为获得高新技术和资本，开始向发达国家投资。如20世纪70年代的韩国、新加坡等亚洲新兴工业化国家和地区。

在投资行业方面，总体上看来，发展中国家对外投资由于受资金和技术的限制，其行业结构一般由低到高依次升级，由采矿业、初级制造业向技术密集型产业过渡，由第一产业向第二、第三产业靠近，实现对外投资由劳动密集型向技术密集型的转移。目前，发展中国家企业对外直接投资的行业分布主要集中在采矿业、电子、建筑、化学和制药、食品和饮料等低层次的制造业和传统服务业。

具体来说发展中国家的对外直接投资主要表现在：第一，对外直接投资最初的投资集中在开采业。韩国最初对外直接投资的主要目的，是为了开采海外的自然资源。如韩国 1968 年参加印度尼西亚的森林开发项目。为了保证石油、天然气等能源产品得到长期、稳定、充足的供应，印度也在全世界开展了能源战略扩张。第二，发展中国家的对外直接投资，更多地集中于初级制造业和传统服务业。全球 100 家最大跨国公司大都属于发达国家，投资相对集中于金融、电子、电器设备、石油化工、制药及汽车等行业，而发展中国家跨国公司在这些行业中的投资比例较低，尤其是金融、制药和汽车三个行业，发展中国家的跨国公司很少涉足。第三，发展中国家的对外直接投资较多地投资于劳动密集型行业。研究表明，全球 100 家最大跨国公司海外雇员的人均资产占有量为 30.4 万美元，而发展中国家 50 家最大跨国公司海外雇员的人均资产占有量仅为 6.4 万美元。第四，从产业结构上讲，大多数发展中国家对外直接投资的行业选择体现了各产业政策的客观要求。发展中国家产业结构较低，整体产业劳动力素质不高，这意味着同发达国家相比，发展中国家现阶段对外直接投资的一个重要特征在于，不具备国内产业结构高度化的先决条件，但是可以通过国际生产体系的建立，来推动国内产业结构的升级和高度化。这就决定了发展中国家发展对外直接投资的目标不仅仅是促进微观经济主体自身经济收益的增长，同时还必须体现国家产业政策的客观要求，反映宏观经济发展的总体目标，即通过开展对外直接投资来带动本国产业结构的重组和优化。

二、我国与山东省对外直接投资区位选择现状和问题

截至 2008 年末，亚洲、非洲、拉丁美洲仍然是我国对外直接投资最多的地区，而在相对发达的大洋洲、欧洲和北美洲，我国对外直接投资的比重较低，总和不到 5%。

2008 年，我国的对外直接投资从流向的主要国家和地区情况看，我国香港、南非、英属维尔京群岛、澳大利亚、新加坡、开曼群岛的流量达到 505 亿美元，

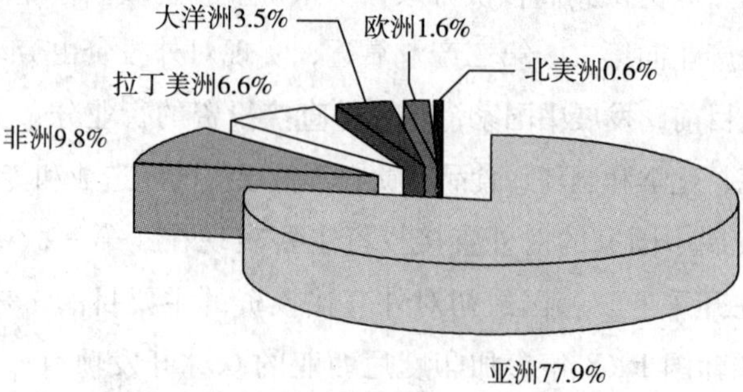

图 6－1　2008 年我国对外直接投资地区分布

占到当年流量总量的 90. 3% 。2008 年我国对外直接投资流量超过 1 亿美元的国家如表 6－1 所示。

表 6－1　2008 年中国对外直接投资流量超过 1 亿美元的国家（地区）

序号	国家（地区）	金额（亿美元）
1	中国香港	386. 4
2	南非	48. 04
3	英属维尔京群岛	21. 04
4	澳大利亚	18. 92
5	新加坡	15. 51
6	开曼群岛	15. 24
7	中国澳门	6. 43
8	哈萨克斯坦	4. 96
9	美国	4. 62
10	俄罗斯联邦	3. 95
11	巴基斯坦	2. 65
12	蒙古	2. 39
13	缅甸	2. 33
14	赞比亚	2. 14
15	柬埔寨	2. 05
16	德国	1. 3
17	印度尼西亚	1. 74
18	尼日利亚	1. 63
19	阿拉伯联合酋长国	1. 27
20	越南	1. 2
21	阿富汗	1. 14
22	印度	1. 02

截至2008年末，从我国内地对外直接投资的存量来看，对我国香港、开曼群岛和英属维尔京群岛三者投资的存量为1 466.49亿美元，占所有存量的79.71%，仅对我国香港的投资存量就达到了近63%。

根据以上数据，我们可以归纳出我国内地现阶段对外直接投资区位结构的显著特点，即对外直接投资大部分流向我国香港、开曼群岛和英属维尔京群岛等三大避税地，流入发展中国家和发达国家的比重很小。

与我国对外直接投资的区位分布相比，山东省的对外直接投资的区位分布有其独特的特点。截至2007年末，中方协议投资额达到了185 903亿美元，其中对亚洲的投资存量比重达到了51.2%，其他依次为非洲（17.45%）、大洋洲（11.7%）、北美洲（8.6%）、欧洲（6.9%）、拉丁美洲（5.6%）。从具体的国家和地区来看，山东省对外直接投资中的中方协议投资额大部分投向了亚洲的我国香港（15.1%）、柬埔寨和越南（10%）、大洋洲的澳大利亚（10.4%）、非洲的南非和尼日利亚（8%）、北美的美国和加拿大（7.7%），对俄罗斯的投资占了欧洲的协议投资额的50%。

由此可见，山东省对外直接投资的区位分布与我国对外直接投资区位的总体分布相比较为合理，基本上能够根据省内经济发展和产业结构升级的要求来进行对外直接投资。但若结合我国内地总体对外直接投资产业结构以及区位特点和山东省对外直接投资产业结构以及区位特点，就能发现我国内地总体对外直接投资区位结构和产业结构和山东省对外直接投资区位结构和产业结构存在着内在矛盾。

（一）我国内地总体对外直接投资的区域分布和山东省对外直接投资的区域分布单一。我国内地总体对外直接投资的区域分布和山东省对外直接投资的区域分布各有不同的特征。对于我国总体而言，对外直接投资资金流向的一个鲜明特点是相当一部分投资流向了传统避税地区，这里暴露出的一个明显问题是流向传统避税地的投资的再流向问题。避税地并非对外直接投资的最终流向地，而是中转到其他地区去再投资，其中可能有相当一部分又流回到我国内地。这种回流的对外投资并没有真正实现开拓市场、转移竞争力以及获取资源的国际扩张的目的。即使没有回流，对资金流向的控制力减弱，失去了对外直接投资控制力强的优势，战略控制变得困难。对于山东省来说，对外直接投资过于流向避税地的问题并不是特别突出，但山东省对发达经济体的投资过于集中在个别国家（地区），如我国香港、美国、澳大利亚和加拿大，这就使山东省无法全面、有效地利用世界各种比较优势，也不利于对发达国家市场的进一步拓展。

（二）我国内地总体对外直接投资区位和产业选择和山东省对外直接投资区位和产业选择结合不尽合理。这表现在：不论是山东省还是我国总体的对外直接投资，大多数投资流向我国香港及拉丁美洲国家和地区，对投资潜力巨大的非洲和投资环境较好的欧洲投资明显偏少。最为突出的是对我国香港投资过大，这种过于集中的投资区域结构不利于我国对外直接投资产业的发展。我国香港在全球金融中心城市中排名第三，是亚洲金融中心，其人力、商业环境、市场准入、基础设施和综合竞争力都处于全球前列。2008 年，对我国香港投资存量占我国内地对外投资总投资额的 69%。我国香港是以金融为主体的城市，投资该地区在短期内确实可以促进我国相关产业的发展，但该地区市场容量有限，并没有丰富的矿产资源，也不适合大力发展初级制造业，相对于拥有成熟产业的制造业且资源十分缺乏的我国而言，过多地投资该地区使我国企业在技术和产品方面的比较优势难以发挥出来，这表明了我国内地投资产业和区域的严重失衡。另外，这也不利于有限资源的合理利用，过多的企业集中在一个区域会造成过度集中，既造成了资源的浪费，也不利于投资市场的开拓。

三、我国内地总体对外直接投资行业选择与山东省对外直接投资行业选择现状和问题

2007 年，我国内地对外直接投资分布最集中的行业在于批发和零售业（24.9%），租赁和商业服务业（21.15%），交通运输、仓储和邮政业（15.34%），采矿业（15.33%）。2008 年爆发的国际金融危机给我国内地的对外贸易带来了沉重的打击和挑战，但同时也给我国内地的对外直接投资带来了机遇。与 2007 年相比，2008 年我国内地对外直接投资不仅净额有了极大的增长，其行业分布格局也趋于合理。2008 年，我国内地对外直接投资净额达 559 亿美元，较 2007 年增长了 1 倍多。主要资金流向租赁和商务服务业（38.84%）、金融业（25.12%）、批发和零售业（11.65%）、采矿业（10.4%）及交通运输、仓储和邮政业（4.75%）。其中，发展最显著的是金融业的对外直接投资。

根据以上数据我们可以看出，我国内地的对外直接投资主要分布于批发和

零售业、租赁和商业服务业和采矿业，近年来，金融业的对外直接投资也有了较快发展。尽管对外直接投资的净额有较大增长，行业分布也更加趋于合理，但是总体而言，我国内地的对外直接投资在行业分布方面与发达国家和部分发展中国家相比仍有不足之处。如与2007年相比，信息传输、计算机服务和软件业的对外直接投资净额不仅没有发展反而有所下降，仅占总额的0.53%，存量仅占0.9%，科学研究、技术服务和地质勘查业的投资不足0.5%。总体上讲，对外直接投资的企业中高科技企业的比率仍然很低，较前几年没有较大改观。

截至2005年底，山东省境外投资项目1 090个，其中服务贸易类项目416个，加工贸易企业141个，资源开发企业55个，以上三类项目占项目总数的56.1%。截至2005年，山东省中方协议投资总额累计12 989万美元，其中贸易类项目3 372万美元，加工制造类项目3 570万美元，资源开发类项目5 093万美元，三项中方累计投资额占总投资额的92.67%。具体来看，制造业为境外投资主要领域，2007年，山东省新增非贸易生产型企业69家，其中制造业企业50家，协议投资总额为2.8亿美元，其中中方协议投资总额为2亿美元，三者分别占生产型企业的72%、59%和64%。境外资源开发项目获得新突破，截至2007年，全省累计核准资源类境外投资项目62个，协议总投资为5.5亿美元，中方协议总投资为3.8亿美元。服务业境外投资项目明显增多，2008年5月，投资额为4 018万美元，占59%。境外投资逐渐从资源开发、加工制造向服务业等领域拓展。农业投资有所增长，2006年和2007年，农业投资企业各新增3家，主要为食用菌培育种植、蔬菜种植等。境外加工贸易稳定增长，2007年，山东省经批准新增的境外加工贸易项目16个，增资2个，占境外非贸易投资项目数的23%，中方协议投资总额为12 756.4万美元，占境外非贸易投资项目中方投资金额的41%。

总体而言，我国内地总体对外直接投资的区位和行业分布包括山东省对外直接投资的区位和行业分布日趋合理，但是仍存在明显的问题：区位分布过于集中，大量的投资企业分布在避税地区，既不能有效地开拓市场，也不利于资金的有效配置，同时也造成了产业和区位搭配的矛盾；在投资行业方面，过分偏重初级产品产业的投资，忽视技术密集型行业的投资，特别是对高新技术产业的投资；偏重对国内连锁效应弱的产业投资，而忽视对国内连锁效应强的产业投资，结果导致对外直接投资与国内产业优化升级不能有效、及时地结合。

因此，结合投资区位完善对外直接投资的产业选择，是我国内地对外直接投资的一个重大战略问题。

第二节 山东省对外直接投资中行业和区位战略选择的原则

一、产业和区位的选择应结合分析

我国内地对外直接投资的区位和产业分布结构和山东省对外直接投资的区位和产业分布结构在一定程度上遵循了我国的比较优势，但总体上来说结构不尽合理，主要原因在于没有较好地遵循产业和区位选择结合的原则。为了改变这种现状，本书尝试将产业和区位选择结合起来进行分析，对我国企业特别是山东省的企业进行对外直接投资时的产业与区位选择提供一些建议与对策。

对外直接投资产业选择与区位选择密切相关。投资的区位选择往往决定了产业选择，正确的区位选择又可以强化投资产业的比较优势。因此，以产业选择分析为基础，结合区位优势、劣势分析，可以得出区位选择的正确结论。对外直接投资的进一步发展，应充分结合投资目标区位的实际，既要发挥现有产业的比较优势，还要有利于培育产业的国际竞争力，实现对外直接投资利益最大化。

世界上规模较大的跨国公司大多来自发达国家。但是，发达国家的企业并不是在全部产业中都具有优势。特别是在一些技术趋向于成熟的产业，或者是在发达国家企业逐渐退出“夕阳产业”中，发展中国家的企业有可能具有规模优势，它们可以凭借着这种优势对其他国家进行直接投资。山东省工业门类齐全，并在长期的经济发展过程中形成了自身的特定优势，尤其是纺织服装、家电、机械、医药化工、食品加工等产业部门竞争优势明显，而目前许多发展中国家工业门类不齐全、经济规模小，有些拉丁美洲、非洲地区的国家甚至没有制造业，这为山东省的成熟产业的对外发展提供了广阔的舞台。

我国对外直接投资的重要动因是市场寻求与出口导向，同时，资源寻求型和技术寻求型的投资动因也占据了重要地位。高新技术产业对外直接投资必须以技术水平高的发达国家作为直接投资首选区位已不容置疑。市场寻求型对外直接投资同样要求以市场容量大、购买能力强的发达国家和部分新兴工业化国家和地区为主要投资区位。目前高收入国家的 GDP 约占世界 GDP 总量的 80%，放弃对发达国家的直接投资，就等于放弃对世界大部分市场的开拓。另外，由商务部国际贸易经济合作研究院和威尔士发展局共同完成的《中国企业海外投资趋势与意向调研报告》显示，涉及调查的大部分我国企业从一份包括欧洲和北美洲地区40个投资目的地的备选目录中选择了美国、德国和英国等发达国家作为投资首选目的地。

二、根据我国产业结构调整和升级的需要进行战略选择

发达国家现有的对外直接投资是在国内产业结构高度化的基础上进行的。但是发展中国家整体产业结构偏低，不具备国内产业结构高度化的先决条件或优势，只有开拓国际生产和销售市场，才能推动国内产业结构的高度化。这种发展模式，决定了发展中国家发展对外直接投资的目标不仅仅是促进微观经济主体自身经济收益的增长，同时还必须体现国家产业政策的客观要求，反映宏观经济发展的总体目标，通过开展对外直接投资来带动本国产业结构的重组和优化。

例如，20世纪60年代以来，日本的主导产业渐次从劳动密集型的纺织行业转向资本密集型的钢铁、石化、造船行业，进而向技术密集型的汽车、精密机械及电子信息等产业发展。通过这一过程，日本不断把边际产业向国外转移，为国内产业结构的升级创造了条件。美国和亚洲新兴工业化国家与地区的对外直接投资都是这种发展轨道。当前它们对外直接投资的产业重点大都落在了第三产业上，它们对高新技术产业的对外投资也呈上升趋势。这表明当对外直接投资发展到一定阶段后，其产业选择与国内支柱产业的选择会出现一定程度的吻合。山东省的纺织、食品和轻工等劳动密集型行业在国内市场上已经饱和，生产能力过剩，属于“边际产业”，因此可以借鉴发达国家的经验，把这些行业转移到拥有比较优势或潜在比较优势的国家，在当地进行生产销售。通过产业与技术的梯度转移，在省内集中发展比较优势较大的产业，有利于加速山东省产业结构的调整。

但从长远角度考虑，为了推动山东省产业结构升级目标的实现，仅仅将低端的劳动密集型产业和初级制造业转移出去还远远不够。虽然通过比较优势可以获得相对高额的经济利润，但如果长期集中进行低端产业的投资，就有可能使山东省企业长期锁定在全球生产价值链的最低层次，国际竞争地位难以提升。所以

一些有能力、有竞争意识的企业到经济最发达的国家去，直接投资于发达国家的高新技术产业，通过学习和竞争，提升企业的科技水平和管理能力。当然，要处理好产业的转移和转移的区位选择的关系，这对产业的优化和转移至关重要。

第三节　山东省对外直接投资的行业和区位战略选择

根据上述产业和区位战略选择的原则，山东省对外直接投资的行业和区位选择思路应该是从国民经济发展的宏观利益和产业结构升级的要求出发，结合国内和山东省经济发展的各方面需求和现实条件，将行业和区位结合起来进行山东省对外直接投资的战略选择。

一、将资源开发业作为山东省对外直接投资的战略重点

根据对外直接投资的经验，无论是发达国家还是发展中国家，在早期对外直接投资活动中，都将资源开发作为对外直接投资的主要目的之一，以解决经济发展中自然资源的约束问题，为国民经济的发展提供稳定可靠的资源供应渠道。

对资源开采业的投资一直是我国对外直接投资的战略重点之一。我国某些自然资源非常缺乏，这种缺乏主要表现在人均占有量不足上，已成为我国经济持续发展的重要“瓶颈”。国内的战略资源短缺主要集中在矿业、石油、林业等行业，部分重要的有色金属的数量和质量也不能满足经济的发展。资源价格在国际市场的波动较为敏感，随着经济的发展，我国从国外进口资源日益增加，而国际上对资源的争夺战也是愈演愈烈。从国家的角度看，建立稳定的国际资源市场渠道是实现中国经济可持续发展的前提条件。

山东省煤矿、石油等资源较丰富，但省内经济发展较快且人口密集，人均耕地、铁矿、石油、天然气储量等都低于世界平均水平，经济发展与资源短缺的矛盾比较突出。因此，对资源开发业的直接投资，应作为山东省对外直接投资的战略重点。在对外直接投资中，应鼓励企业在石油、天然气、煤、铁木材等山东省能源资源短缺领域进行合作开发。加大对资源丰富和投资环境较好的国家和地区投资，并充分发挥我国在资源开采和利用方面的比较优势，在国外建立各种资源基地、原材料加工基地，缓解能源和资源紧张的矛盾。从稳定、

持续地获得资源的角度考虑，山东省资源开发性的对外投资要实行多元化战略，既要开发周边国家的市场，又要积极开拓远距离国家和地区；既要加强和发展中国家的合作，也要在区位选择中积极与发达国家的企业进行合作与博弈。

国际金融危机后，经济形势有所好转，但是国际能源资源和资产价格还未回升到危机前的高度，国外有许多资源型企业急于变卖资产，这使得收购成本大大降低，为我国开发利用海外能源资源带来短暂的有利时机。另外，我国拥有庞大的外汇储备，人民币升值的压力不断加大，企业到资源丰富的国家和地区投资，不仅可以利用国外资源和生产要素；同时也为企业进一步开拓国际市场提供了道路，更能有效、合理地利用外汇储备。

本书将重点结合采矿业、林业开发业和石油开采业对对外直接投资的区位进行战略选择：

1. 采矿业。我国周边的东南亚和南亚地区有丰富的铁、铜、镍、钨、锡、铝等能源及稀有金属储量。在欧洲，俄罗斯有丰富的铁矿资源，山东省在俄罗斯的直接投资额占到了对欧洲直接投资总额的一半，基于这种良好的贸易伙伴关系，山东省应继续加强对俄罗斯矿产资源的投资。山东省对大洋洲的投资主要集中在澳大利亚，澳大利亚不仅煤矿丰富且煤质较好，但是其主要的开采权被几大寡头垄断，对该国进行投资需谨慎而行。该国的有色金属储量也很丰富，2006 年，山东省信发铝业在印度尼西亚和澳大利亚投资 2 000 多万美元开发铝土矿，直接获得了该矿的大部分采矿权，有效地解决了山东省铝土资源匮乏的问题。在北美洲，加拿大矿产资源丰富，矿产品种 60 余种，采矿业发达，是世界第三矿业大国。但是基于各种原因，山东省对加拿大的投资额较少，今后应拓宽对加拿大采矿业的投资渠道。巴西和智利的铁矿储量及开采量不如我国大，但是其铁矿石的含铁品位高，且建设和运输成本较低，我国已与巴西等国家达成了“贷款换石油”协议。金融危机造成现在采矿企业的价值被严重低估，山东省也应抓紧行动起来，借此机会主动出击寻求战略资源，保证山东省未来资源的稳定供应。

2. 林业开采业。林业资源虽然是可再生的，但其生产周期较长，并且我国林业资源并不丰富，出于环保的角度，我国已经不可能进行较大规模的采伐。山东省人口密集，缺乏大量的林业资源，但造纸业又属于山东省的成熟产业，甚至是某些地区的支柱产业，为此山东省的企业可以因地制宜到国外去投资、开采、加工并运回国外资源以满足省内经济发展和产业结构的升级的需要。东南亚一些国家，森林资源丰富，其热带森林资源曾占到世界总量的20%，国内供给远远超过需求量，但经过近几十年的开采，其森林资源受到严重的破坏，这使当地政府认识到保护林业资源的重要性，所以在对东南亚的林业资源进行投资时，应密切关注当地政府的相关政策，以减少投资风险。俄罗斯的林业和耕地面积等资源非常丰富，但由于资金短缺、技术缺乏、劳动力短缺等原因，国内资源开发较少，林业和土地资源很大程度没有得到充分利用，有部分林业企业濒临破产，无力进行设备更新和技术改造，在国际市场竞争中处于极为不利的地位，急需外资的注入。2003年，山东省烟台西北林业在俄罗斯托木斯克州获得了原始森林4.5万公顷25年租赁经营权，年采伐量40万立方米，成为我国在俄罗斯最有影响的木材采伐与加工合作项目，保证了山东省的木材供应。拉丁美洲的热带雨林大多分布在巴西、秘鲁、哥伦比亚和委内瑞拉，山东省在拉丁美洲的投资有五分之二分布在委内瑞拉，其境内的森林开发业是重点。2008年中国和拉丁美洲的关系进入“全面合作伙伴关系”的新阶段，对我国和山东省的企业而言，这是实施“走出去”战略的新机遇。伴随中拉合作进程的加快，国内企业加快对拉丁美洲当地的热带雨林等资源获取的机遇也大大增加。金融危机背景下，木材开采企业和木材加工企业发生贬值，这更为山东省林业企业的对外直接投资提供了机遇。

3. 石油开采业。石油资源同样是不可再生的资源，我国石油储存量并不是十分丰富，人均可采储量只有2.4吨左右，是世界平均的10%。事实上，我国石油工业经过多年的开采，已经不同程度地出现了枯竭的现象，我国石油工业的后继发展问题比较严重。但应该认识到，我国已经掌握了勘探开采的技术，而一些发展中国家，特别是一些东非、北非国家，虽拥有丰富的石油资源，但由于其勘探开发能力较弱，单靠石油开发业，经济结构单一，且金融危机造成其资金更为不足，为促进其经济迅速发展，它们愿意同国外合作开发其资源，山东省的石油工业在这一方面可大有作为。从2007年末开始，国际原油价格由于受到国际经济和政治局势等多重因素的影响涨跌不稳。此次国际金融危机带来的全球经济动荡，世界经济发展步伐明显放缓，随之原油需求相应有所下降。包括欧佩克等组织在年内纷纷调低了2009年国际原油需求预期。对世界经济衰退的悲观预期导致国际油价急剧下跌。虽然美元有贬值的趋势，但是这种下跌无疑也为我国增加石油战略储备投资提供了重要机遇。从实际情况看，随着国际油价2008年下半年急速下跌，全球主要石油公司2008年第四季度利润锐减。油价下跌、利润锐减对国际上整个石油行业扩大投资、提高产能的积极性产生沉重打击，也对我国企业的并购和油田合作开发提供了机遇。

中东地区有22个国家，几乎2/3世界石油储量集中在该地区，中东地区历来也是欧美等发达国家对石油能源争夺的集中地。中东地区是山东省对外直接投资的薄弱地区，但在山东省加快能源开发战略中却占有举足轻重的地位，尤其是在科威特、沙特阿拉伯、卡塔尔等石油盛产国几乎没有投资。对于此地区的投资，应鼓励综合实力强的企业以对外工程承包的形式积极参与中东地区工程建设项目，提倡以工程换能源，以技术换能源的方式参与国际能源开发。由于中东工程建设项目造价较高，但山东省省内石油产业发达，具有较高的技术水平，而我国人工成本相对较低，非常具有承包优势。

二、抓住时机，投资高新技术产业

技术创新产业升级理论认为，发展中国家企业技术能力的提高是与其对外直接投资的增长直接相关的，发展中国家可以通过对外直接投资来加强技术创新与积累，进而提升产业结构和加强国际竞争力。这一结论为我国对外直接投资由传统产业向高新技术产业流动具有重要的指导意义。另一方面，当今国际市场的竞争在一定程度上表现为高新技术产业领域的竞争，科学技术已成为现代经济发展最主要的推动力，未来国际竞争重点将围绕信息技术、生物技术、电子通信、新材料及汽车技术等展开。在美国，高新技术的产值约占GDP的30%，还有相当部分的产值与高新技术产业相关。我国目前的对外直接投资产业分布状况表明，高新技术产业的对外直接投资比例明显偏少，低附加值的资源开发业和初级加工制造业一直是我国对外直接投资的重点。这是因为我国科技的生产力转化率低，企业自身科研能力低而且重视不够，与发达国家大型跨国公司相比，我国的高新技术企业还存在较大的技术差距和研发能力差距，竞争力明显不足。我国现阶段面临着经济结构和产业结构转型的任务，技术密集型制造业特别是高新技术产业的对外直接投资能更有效地实现国内产业结构调整的目标。因此，我国非常有必要加大高新技术产业的对外直接投资，绕过贸易壁垒汲取国外先进的产业技术和管理经验，以通过技术的“外溢效应”和

“示范效应”带动国内产业升级、创造新的比较优势为目的向更高阶梯国家进行的对外直接投资。

和我国总体特征相似，目前山东省对外投资也主要集中于具有比较优势的初级制造业，大多属于资源劳动密集型，多数分布于亚洲。但从长远考虑，此类产业不能成为带动产业升级的领头产业，而资金技术密集型的高新技术产业才应当成为山东省未来投资的主导产业。山东省已有部分企业对高新技术产业进行对外直接投资，但投资规模明显很小，对国内产业结构升级的带动作用不大。对于高新技术产业的投资应主要集中于发达国家和地区，但山东省在发达国家和地区的投资很少且分布十分集中，主要是美国、加拿大、澳大利亚等少数国家。这就迫切要求山东省的高新技术企业积极拓展海外市场，加大对发达国家高新技术产业的投资，带动产业结构升级。

要想在国际竞争中站稳脚跟长期发展，就必须要拥有具有自主产权的竞争优势。发达国家经济水平高，产业结构合理，技术领先，同时市场机制完善，法律法规健全，投资环境优越，具有较强的区位优势。而发达国家市场竞争激烈，对外国资金和技术方面的要求也较高，技术壁垒和垄断程度较高。要想提高产业的技术含量并获得高新技术，最直接的方式就是在发达国家投资建厂，山东省企业可以直接雇用当地的优秀技术和管理人才，及时获得技术与商业的最新信息，为研发和应用拥有自主产权的新技术提供便利条件。金融危机造成的发达国家一些跨国公司贬值，通过购买其核心技术资产获得高新技术也是一种捷径。山东省应抓住这个机遇，有战略、有步骤、有重点地发展对美国、日本和欧洲等发达国家的投资，获得战略性资产。

在对发达国家的投资区位选择战略上，应将美国列为我国对外直接投资的一个重点区域。美国具有优越的投资环境，科技发展水平处于世界前列，特别是计算机、生物工程、新材料、航空航天等领域。西方国家与新兴工业化国家和地区为了在高新技术领域的竞争中赶超美国，都千方百计地把资本投到美国的技术密集型产业、地区和部门。我国企业虽然还不具备对美国进行大规模技术密集型投资的条件，但应根据需要与可能，有选择地增加在高科技领域与美国公司合资合作，促进国内技术进步。截至 2008 年末，我国对美国科学研究技术服务和地质勘查业、计算机服务和软件的直接投资额仅占对外直接投资总额存量的 5.3% 左右，直到 2008 年这种状况才有了好转，投资比例达到了 12.9%。

美国作为一个国际净债务国，高新技术领域的投资在很大程度上依赖外资的大量流入。我国是美国最大的债权国，山东省应抓住机遇，利用对美国的直接投资促进省内产业结构的高级化，提高山东省高新技术产业的国际竞争力。对美国的投资主要可以分为两类：一类是以技术回流为主要目的的前瞻性高科技产业的学习型投资，另一类是以获益为主要目的的市场导向型投资。然而美国对我国的技术转让封锁和垄断程度高，通过参与科技联合开发，引进新技术、新工艺以及新产品设计，实现高新技术的输入和回流，是一种获得高新技术的有效方式。

另外，日本、新加坡、德国、澳大利亚、加拿大、英国和法国等发达国家和新兴工业化国家的政局比较稳定，经济基础雄厚，技术先进，市场潜力大，金融市场发达，总体投资环境比较理想，也是山东省对外直接投资可以选择的区域。如新加坡政府重点发展精密制造业，而这也是山东省高新技术发展的重点，这给山东省的高科技企业带来了合作机会。因此，山东省对新加坡投资的产业可优先考虑产品技术日趋成熟的生命科学、中医药、信息产业、消费类电子产品、新材料、先进制造技术、高效节能产业、环保技术、海洋高新技术等高科技产业。目前山东省对欧洲的投资主要集中于俄罗斯。俄罗斯在重工业产品及技术上具有优势，在航天、海洋、核技术、计算机芯片设计、航空、特种冶金、动力机械、复合材料、遥感、光纤通讯等高科技方面居世界领先地位。在这些领域，应鼓励企业积极与俄罗斯开展合资合作，通过技术外溢和技术转移推动山东省企业技术进步，提高创新能力。

三、加大山东省成熟产业的对外转移力度

根据产品周期理论，由于各个国家经济发展程度的不同，同一种产品在不同国家可以表现为创新期、成熟期和衰退期等不同的发展阶段，处在不同发展阶段的产品其国际竞争力是不同的。目前，我国的许多产品的制造业都处在成熟期，有的甚至呈现衰退迹象，这些产品的制造业在我国已经渐渐失去竞争优势，需要寻找在经济发展程度仍处在较低水平的国家来代替生产。另外，小岛清的边际产业扩张理论也揭示了一个国家应该促进边际产业的对外直接投资。一个国家已经处于或即将成为比较劣势的产业称为边际产业，投资应选择在东道国具有相对优势地位，但本国已经处于相对劣势的产业部门进行，而在本国

国内集中力量发展优势产业，有利于本国的产业结构优化。目前，我国一些产业如纺织、服装、家电和机械行业的生产能力已呈现相对过剩局面，在国内已失去比较优势，但相对于其他国家仍具有相对优势，将其转移到在国际分工中处于更低阶梯的国家，这将有助于国内产业结构的调整。

在山东省的工业体系中，经过多年的发展和创新，已经拥有了一批在国际市场上具有较强竞争优势的成熟产业。山东省优势产业包括家电制造业、食品、纺织等，产品质量已达到国际先进水平，如纺织业的技术水平已经相当完善，制造工艺已经达到标准化阶段，因此，对于在国际分工中处于更低层次的国家而言，一般是发展中国家的这些产业具有相对比较优势，进行对外投资不仅能够扩大企业规模，同时能够带动设备、零部件、技术等的出口，充分发挥山东省的比较优势，获得比较利润。对发达国家的投资，某些领域也具有相对比较优势，可以在发达国家产品周期变化和产业结构调整转移中发挥其优势，其中最为成功的企业是海尔。将成熟产业进行海外转移，一方面，可以适时地转移省内过剩的生产能力，实现产业国际转换，为省内产业升级腾出空间；另一方面，可以延长山东省比较劣势产业的经济寿命，增加利润，为省内产业升级提供资金支持。

山东省的成熟产业大部分投资于邻近的发展中国家和地区。山东省对外直接投资的规模较小且实力不足，只有在地理位置毗邻，交通、通讯等比较便利的地区才能显出比较优势，这就是山东省的企业多向东南亚国家投资的主要原因。同时，山东省企业也应将成熟产业转移到市场潜力更大的其他发展中国家和地区，如亚洲、拉丁美洲、非洲、中东欧等国家。在这些国家和地区从事加工贸易、建立生产制造装配企业，能同时满足山东省和东道国扩大就业和产业结构调整的需要。这些地区的部分国家也是我国纺织品、化工产品、机电产品、拖拉机、日用品等商品的出口大国。

具体而言，山东省成熟产业的对外转移应选择以下国家和地区：

我国与东盟具有良好的合作传统和机制，东盟各国在经济结构和发展水平上具有较大差别，正好与山东省处于不同发展水平的工业部门具有较强互补性，这种产业间的互补为我方投资选择提供了便利性。其中的泰国历来重视外国投资，政府制定了一系列的投资优惠政策。泰国未来发展潜力较大的产业主要有食品加工业、农产品加工业、汽车零部件制造、信息技术、制药、机械制造、化工、能源工业、百货零售业、服务行业等。其中的大部分产业在山东省都是成熟产业，具有比较优势，山东省企业应该加强在这些产业的投资。至于新加坡，制造业主要是以电子工程为主，长期以来产业结构相对单一，其他制造业占的比重较低。同时在新加坡进行投资时，还可以利用新加坡和多个国家签署的双边自由贸易协定，在进入这些海外市场时享受免关税的优惠，这些正为山东省成熟产业的转移提供了空间和条件。中印两国的经济也具有较强的互补性，我国是医药市场发展最快的国家，山东省的医药产业已有了较高的质量水平，而医疗产业又是印度服务业中最大的产业，在印度允许制药业100%外资独资的投资政策下，其廉价的劳动力成本以及丰富的人才技术储备为山东省对印度投资提供了良好的条件。巴基斯坦相对于中国来说，经济水平落后，产业结构较低，因此，在电信、发电、基础设施等发展项目上，山东省的企业可以借助为期5年的经济贸易合作框架发挥整体的经济优势和产业优势。值得一提的是海湾六国，该地区对石油依赖性很强，造成了经济结构的单一畸形，为了改变产业结构，迫切需要进行大规模的基础设施和工业项目的建设。我国与海湾六国都已签订了投资保护协定，与科威特、阿联酋还签订了避免双重征税协定。因此，山东省的企业在加大对该地区的资源寻求型产业投资的同时，可以带动省内成熟的产业向该地区转移。俄罗斯除了能源、航空、电力等领域基础雄厚外，总体工业发展缓慢，轻工业一直是俄罗斯经济发展的薄弱环节。山东省在粮食深加工、皮制品的生产、畜牧养殖、绿色食品种植、建材装饰、小型造纸厂、服装制衣、家具、印刷、包装和建筑与俄罗斯相比具有绝对的优势，对这些行业进行投资，可以与俄罗斯形成产业互补，不仅满足俄罗斯广阔的市场需求，更能延长山东省的产业发展周期，推动山东省产业结构升级换代。

除了对亚洲市场的投资，山东省企业的市场应拓展到更多其他的发展中国家。在拉丁美洲，智利资源丰富，但制造业比较单一和薄弱，除食品加工和其他一些加工业外，大部分货物均需进口。智利为了鼓励、吸引和规范外国投资，制定了相关的法律和税收优惠政策。山东省在智利的投资企业较少，中智两国签署的自由贸易协定和相互保护投资协定，为山东省企业发展在智利的投资创造了良好的环境。基于以上的条件，除了拓展在智利的资源开发产业的市场，今后的投资应该逐步向基础设施和传统服务业等领域扩展，加快在国际市场拥有一定竞争力的机电、成套设备、电子、车辆船舶、铁路、通讯等产业向智利的投资。山东省与非洲国家经济互补性较强。山东省的纺织、水泥、机械制造、家电等产能相对过剩的产业完全可以向非洲转移。这些传统优势产业均属于要素驱动型投资，因为非洲的要素价格低，劳动力资源丰富，企业可以获得较高的经济利润。

最后应强调的是，根据小规模技术理论，山东省的企业应该重视对发达国家小规模技术产业的投资。发达国家已完成了产业结构高级化，部分劣势产业和较低技术产品市场发展实力不足，甚至出现了产业空心化的现象。我们应在其市场的不同部分、技术的不同层次、产品的不同类型方面寻找市场空位，进行渗透型投资，以此为契机，逐步拓展发达国家的市场。

四、加大山东省对非洲大陆的直接投资力度

（一）山东省产业升级的要求

山东省与非洲国家的经济互补性较强。非洲各国间经济发展水平不平衡，多数国家工业化水平低，工业产成品价格高，产业与技术梯度低于我国，是我国产品、设备、技术、资本转移的最佳地区。山东省的纺织、水泥、矿产、机械制造、家电等产业生产能力相对过剩，而非洲多数国家工业化水平低，劳动力资源丰富且要素价格远远低于山东省。将这些产业转移到非洲既可以获得利润，又能使山东省的闲置生产能力得到利用，将富余的资本用于结构优化和产业升级。

（二）将资源开发作为投资非洲的重要战略目的

山东省应将资源开发作为投资非洲的一项重要战略目的。山东省经济较发达，除了石油、煤炭之外，其他自然资源的匮乏已经成为山东省经济进一步发展的瓶颈。山东省的电解铝、钢铁产量居于我国前列，但后备储量不足，铝土和铁矿石对国际市场的依存度很高，影响未来经济可持续发展。而非洲拥有丰富的待开发资源，被称为“世界重要战略原材料仓库”、“世界上最后的投资边疆”和“世界原材料仓库”，蕴藏着全世界铬铁矿石的91%、铂族金属的88%、锰矿石的83%、金刚石的60%、黄金的50%、磷酸盐的49%和钴矿石的41%。非洲多数国家的矿产资源政策、土地出租政策、矿业权租让政策、矿产品销售和税收政策较宽松，非常适合山东省企业在当地直接投资开发资源。加大对非洲的资源开采力度将是山东省保持未来资源持续供给的重要战略措施。

（三）高回报率为中小企业提供发展空间

非洲虽然作为最落后的地区，但自20世纪90年代以来，通过经济改革，大多数非洲国家的投资环境有了很大改善，企业投资平均回报率达到30%，大大高于其他发展中国家16%的平均回报率。这使世界各地的国家都瞄准了非洲这块最后的投资地。随着我国劳动力素质的整体提高，劳动力成本明显上升，而人民币升值的压力，更是使许多国内中小企业很难发展。在这种情况下，非洲的高投资回报率以及低廉的劳动力成本、丰富的资源和宽松优惠的投资政策，无疑为中小企业提供了发展的空间。

另外，非洲也是我国“走出去”战略的重点地区。截至2005年底，我国政府已同41个非洲国家签订了《双边贸易协定》，同28个非洲国家签署了《双边鼓励和保障投资协定》，与8个非洲国家签订了《避免双重征税和防止偷漏税协定》。综上所述，丰富的自然资源、与山东省经济的互补性、巨大的发展空间和利润以及双方政府的优惠政策，使得非洲的开发对山东省具有重要的战略意义。

第七章　对外直接投资与技术提升战略选择

技术进步对于经济增长至关重要，Romer（1987，1990）的新经济增长理论用生产品和消费品的扩张来表示技术的进步，并认为随着作为投入品的专业化中间产品类型的增加，经济就会增长，而作为生产投入品的中间产品种类的增加必须依靠研发支出的增加。这样，随着研发投入的增加，中间产品种类变得越多，生产品和消费品就会越多，这就意味着新的产业有可能因此而形成。

核心技术与核心产品是企业在市场中取胜的主要因素。目前，我国还处在技术引进阶段，在关键技术上还难以与国外企业抗衡，企业还没有形成具有世界竞争力的核心技术与核心产品，创新能力不强。缺乏核心技术优势不仅是我国企业“走出去”的重要制约因素之一，同时也阻碍了我国企业在跨国经营中的成长壮大。作为技术追赶型的我国企业要想突破外国跨国公司的技术垄断，一味地依靠传统的引进外资来获得技术也是不行的，市场换不来核心技术。

我国企业不仅要通过技术自主创新以及引进对外直接投资的先进经验和理念，来提升技术和增强企业对外直接投资的能力，同时也应该直接到发达国家的新技术发源地及时学习和发展技术，并在对发展中国家的对外直接投资的经验累积中不断提高和改进技术水平。也就是说，我国企业的对外直接投资不仅是国内技术提升的结果，也应是建立新的技术优势的手段。

第一节　技术寻求型对外直接投资理论基础

一、四种获得技术的主要途径及比较

技术劣势企业存在四种提高技术水平的方式：一是以许可证的形式购买技术；二是对进口产品所包含的新技术进行分析研究并掌握这种技术；三是通过引进外资，借助跨国公司的技术溢出，增强自身技术实力；四是通过技术寻求

型对外直接投资方式，在技术输出国的研发网络中借助技术扩散，获得技术的溢出。Buckley 与 Casson（1976）和 Teece（1981）认为，第一种方式在实际操作中往往存在一定的障碍，因为相关技术常常不易被编码成专利或简单的说明书形式，或者是因为难以对技术准确估价，双方很难对转让价格达成一致意见。同时，技术输出国为了保持技术的垄断更倾向于公司内部转移而非向外转让技术，因此，其他国家不容易购买到最先进的技术。

随着产品生命周期的缩短和技术复杂性的提高，通过对进口产品进行剖析来获得新技术的方法也越来越不可能，技术模仿时滞和与之相关的创新时滞将使得技术劣势厂商在竞争中仍处于不利位置。同时技术的复杂化对支持技术模仿和创新的研发投入提出了很高的要求，这将成为这些企业获得新技术的又一个挑战。对技术劣势厂商而言，由于上述种种困难和技术知识外溢的空间约束特性，通过第二种方式获得技术存在很大的困难。

对于第三种方式，即通过引进外资来增强国内企业的技术效果也不是很明显，跨国公司从其自身利益考虑会严格限制技术的外溢来获取技术垄断优势带来的最大利益。它们一方面通过其在我国建立的研发中心以自建方式占据绝对地位，有效防止核心技术外溢；另一方面则通过将专利申请与对外直接投资有机结合的方式，在东道国采取“专利先行”策略，申请专利后再投资，利用专利权保护自己的关键技术以防止东道国的企业复制。例如，我国实施的“以市场换技术”的目的不但没有成功实现，而且大量的跨国公司通过优惠的条件从国内企业中挖走了具备高科技和管理知识的人才，大大削弱了我国企业的研发实力。

技术寻求型对外直接投资是企业通过对外直接投资旨在获取核心技术的生产经营活动或研发行为，是一种在市场机制作用下的战略性对外直接投资，其根本目的是为了追求投资主体的战略利益最大化，而不仅仅是短期利润最大化。

二、技术寻求型对外直接投资理论基础

发展中国家（地区）如果只利用自身已有的优势进行对外投资，还只是利用比较优势的投资方式，对外投资并不能改变其在全球产业分工格局中处于低位的状况。近年来，学者发现处于技术劣势的发展中国家跨国公司正逐渐把对外直接投资作为在国际上寻求技术优势的有力工具和手段，技术劣势反而成为

促使企业对外直接投资的决定因素之一。

Penrose（1956）在研究公司成长的总战略时提出了不平衡思想，认为当公司建立自己的特定资产时，不可避免地存在不平衡。公司增长的基本动机本质上不是管理资源，而是这些资源的不平衡。在此基础上，Moon（2001）针对跨国公司的技术寻求型投资提出了不平衡投资理论。在传统对外直接投资中，所有权优势或管理优势是不平衡资源，但是在非传统对外直接投资中，在公司资产投资组合中，所有权劣势经常是不平衡的来源，因此，所有权优势和所有权劣势都作为不平衡的来源。

Moon（2001）认为，公司可以通过境外投资巩固和构建自身资产以及寻找补充性资产。如果资产投资组合不处于平衡状态，公司一些资产的当前边际价值就低于市场水平。只有当资产与其他补充性资产充分匹配时，资产价值才会最大化。企业平衡资产投资组合的活动提高了现有资产的生产率，战略资产的经济价值，以及收购补充性的和必需的资产的战略价值。

当公司期望投资会对特定资产的投资组合产生更高的投资回报时，公司选择在海外投资，公司内缺乏某一项资产时也会驱使公司投资海外。这类公司在境外寻求在境内无法获得的补充性资产，使公司的资产投资组合回归平衡。

传统理论针对跨国公司在国外获得成功需要的条件来展开实证分析与论证，而该理论提出应解释公司“走出去”的基本动机是什么。企业选择到国外投资是因为它们希望公司的特有资产组合能够带来较高的收益。也正是该企业的其中一项资产存在缺陷而促使其向国外投资，这种类型的公司到国外投资寻求补偿性的资产，从而使其资产组合达到平衡。因此，在不平衡投资理论中，在投资动机方面所有权劣势的角色和所有权优势的角色同样重要。

Kogut 和 Chang（1991）对技术寻求型投资进行了开创性的研究，他们重点考察了日本企业于 1976—1987 年在美国的直接投资，结果发现日本企业更倾向于与美国企业建立合资企业以获得美国的技术，从而验证了技术寻求型对外直接投资的存在。后来 Kogut 和 Zander（1993）对日本企业的调查和研究同样表明，当日本的企业与美国和欧洲的企业相比技术处于相对落后的地位时，它们就通过收购美国和欧洲的企业进入这些国家，来获取和分享这些国家的先进技术，并且取得了明显的效果。Chang（1995）的进一步研究认为，日本电子制造企业是在有步骤地进入美国市场，其主要动机是为了提高技术能力。Falzoni 等

(2005) 利用意大利企业层面的数据，对海外投资对本国企业的全要素生产率、劳动生产率等方面的影响进行的实证分析表明，母公司的生产率很少从对欠发达国家的投资中得到提高；相反，对发达国家的投资能够引起母公司的生产率提高。

对于发展中国家，Lecraw（1993）发现，印度尼西亚企业的对外直接投资不是为了拓展自身的所有权优势，而是为了获得和发展它们以前不具有的所有权优势，具体体现在管理经验、出口、质量和成本上。卡尔·索旺（2009）也认为，对新兴市场国家来讲，对外直接投资对于提高企业自身竞争力十分重要，原因在于不同地域的资产组合作为企业国际竞争力的来源越来越重要，它不但为企业进入国外市场提供了途径，还为它们提供了生产所需要的资源。

Deng（2007）把我国企业对外直接投资动机分为获取自然资源、市场、技术、战略资产和多元化五类，认为我国跨国公司对发达经济体的投资动因是为了寻求战略资源。Liu 等（2002）认为海尔对外直接投资的内部动因是为了提高研发能力和在国际市场上扮演重要的角色等。盛斌和温小杰（2009）以我国机床制造业为例，从劳动边际产出的角度来分析技术寻求型对外直接投资的动因，认为劳动力边际产出达到饱和是推动我国机床制造业对外直接投资的内在动因。

为了使技术寻求成为可能，投资企业必须首先拥有知识吸收能力和构建网络的联系能力。许多文献对知识吸收能力做了深入研究，Cohen 和 kevinthal (1989，1990)、Cockbum 和 Henderson（1998）指出，企业要想利用自身组织之外的研究成果就必须先对自身的“吸收能力”进行投资，即为了捕获和利用外部形成的知识，必须积累知识、技能和组织经验，而当企业希望获得上游基础科学技术时，这些投资就显得尤为重要。因为企业对于研发的投入不仅仅有利于其技术创新能力的提高，而且也有利于企业知识吸收能力的提高，这就是研发的双重效应（Cohen 和 Levinthal，1989）。

创新的网络化对于企业利用知识外溢带来的正的外部性是非常重要的，这就要求企业在加强对内部基础研究投入的同时，要积极而广泛地与各种科研机构建立联系。这就需要企业具有良好的联系能力，因为企业必须凭借其良好的联系能力与其他机构包括竞争者建立联系。Powell 等（1996）认为，当一个产业的知识基础复杂而又不断扩充，同时相关专家资源又是广泛分布，那么创新往往以网络学习的形式存在，而不是采取企业独立完成的形式，他们发现在医药产业存在大规模的组织间合作。跨国公司对技术的寻求包括通过自身研究获得和建立当地协作网络获得，Hagedoom（2002）的实证研究强调了对技术战略联盟和网络的重要性，Pammolli 和 Riccaboni（2001）认为，创新网络呈现“小天地”的特点，即高度集中和较短的平均距离。在这一网络演进中自增强机制作用明显，当公司组织在第一阶段建立越多联系，在第二阶段就会建立越多的外部联系，这说明公司的联系能力会随着对外直接投资和相关的合作研发能力而提高。

在技术诀窍起决定性作用的产业，企业必须同时注重内部的研究和与外部合作者（大学科研人员、研究中心、技术先进的竞争企业）开展合作。根据 Cohen 与 Kevinthal（1989，1990）“吸收能力”概念的含义，当一个企业学习的能力越强，那么它越能够在内部和外部研发中表现出色，这就使得它在从广泛的合作者中获得知识的同时也为其他合作者提供了新的知识，因此，企业内部的研发能力和外部的合作能力不是替代关系，而是互补关系。

第二节　中国企业实行对外直接投资技术提升战略的动因

中国企业要在国际市场上有竞争性，必须“走出去”利用两个市场、两种资源，参与全球化研发、生产、销售和营运体系。缺乏核心技术优势不仅是中国企业实现“走出去”战略的重要制约因素之一，而且阻碍了中国企业在跨国经营中的成长壮大。因此，需要从战略的角度思考和规划中国企业对外直接投资中的技术提升，使中国企业的跨国经营得到更长远和更迅速的发展，并带动国家整体技术水平的提高。

中国企业对外直接投资技术提升战略的内涵在于：在知识经济和经济全球化时代，中国企业在国家政策支持下，“走出去”通过并购、合资、合作等方式在国际市场上快速提高技术水平。在企业自身不断进行技术提升的同时，促进国家整体技术水平的提高和发展，进而提升我国在世界产业链中的地位。

一、国际动因

（一）知识经济和经济全球化时代：技术是跨国公司经营战略的关键

1983 年，美国加州大学教授保罗·罗默提出了“新经济增长理论”，认为知识是一个重要的生产要素，它可以提高投资的收益。“新经济增长理论”的提出，标志着知识经济在理论上的初步形成。而知识经济作为一种经济产业形态的确立，主要标志是以美国微软公司为代表的软件知识产业的兴起。知识经济的特征主要表现在资源利用智力化、资产投入无形化、知识利用产业化、高科技产业支柱化和经济全球化等方面。技术是知识经济和经济全球化时代跨国公司经营战略的关键，有以下几点原因：

（1）技术是要素禀赋中最活跃的因素。技术因素使一些很著名的跨国公司在竞争中淘汰出局，而使另一些原来并不出名的公司，如摩托罗拉、索尼、松下等以惊人的发展速度，跻身于世界顶尖跨国公司之列。

（2）技术决定着跨国公司的发展。随着知识经济和全球化的不断发展，企业为了适应新形势而不断进行的新产品、新材料、新工艺和新方法的开发利用，以及组织与管理技术的创新，成为跨国公司在全球市场竞争中立于不败之地的决定性手段。以专利、专有技术、管理技艺等为特征的无形资产成为跨国公司在其全球价值链上可持续发展的关键。

（3）跨国公司的投资形式正在不断向以技术创新为导向的方向发展。近年来，全球跨国公司国际投资正在逐渐改变以寻求自然资源或廉价劳动力为导向的初级形式和以寻求资本密集、规模扩张为导向的中级形式，代之以寻求知识创新、技术创新为导向的高级形式。建立能够为企业的长期发展提供保证的技术创新体系，成为跨国公司在激烈的国际竞争中保持长期优势的关键。

（二）全球跨国公司的发展趋势

目前，全球跨国公司的发展趋势是不断加强研发和技术创新。跨国公司是全球商业研发费用的重要投入者，面对日趋激烈的全球化市场竞争，通过研发和技术创新促进持续竞争优势的强化，已经成为跨国公司发展的普遍趋势。近年来，跨国公司在加强研发和技术创新上表现在以下几个方面：

（1）持续地进行大量研发投入。跨国公司在激烈的国际市场竞争中深刻体会到技术创新是企业赖以生存和发展的关键因素，因而无一例外地持续进行巨额研发投入。

（2）知识经济和全球化时代跨国公司加强研发和技术创新的形式多样。例如，采用收购、兼并、重组的方式，获得目标公司的技术、专利及研究人员，弥补技术上的缺陷；缔结研究与开发战略联盟；创建产、学、研联合体，与母国和东道国政府研究机构、高等院校等建立合作关系。

(3) 跨国公司国际研发的目的正发生转变。其目的不再仅仅为了适应当地的需要或是接近已建立的知识中心，而更是为了获得外国的研究人才资源，降低研发成本，加速其技术提升。

(4) 发展中国家积极参与国际研发。一些发展中国家的跨国公司也开始在国外设立研发机构。

二、国内动因

(一) 我国企业跨国经营的重要缺陷

我国企业跨国经营的重要缺陷在于缺乏核心技术优势。我国经济发展迅速，已成为世界第四大经济体，但是大部分企业缺乏核心技术优势仍然是一个令人困扰的问题。信息产业领域的"空芯化"现象是典型的例子，我国企业缺乏像芯片、软件等关键的技术产品，关键的技术和零部件主要依赖进口。对外直接投资集聚在我国制造业，对我国技术密集型工业群的参与度已达到较高的水平，但核心技术却大部分控制在国际跨国公司手中。因此，"走出去"在国际舞台上主动地通过并购、合资、合作等方式来弥补核心技术的缺陷和不断提升技术，应成为我国企业对外直接投资中的重要战略之一。

先进的技术需要企业长期的积累和创新才能获得，而我国企业在对外直接投资中，可以通过主动在国际跨国公司本土上的"零距离"的学习、改进和创新，缩短开发先进技术和技术提升的时间。从图 7－1 可以看出我国一些领先企

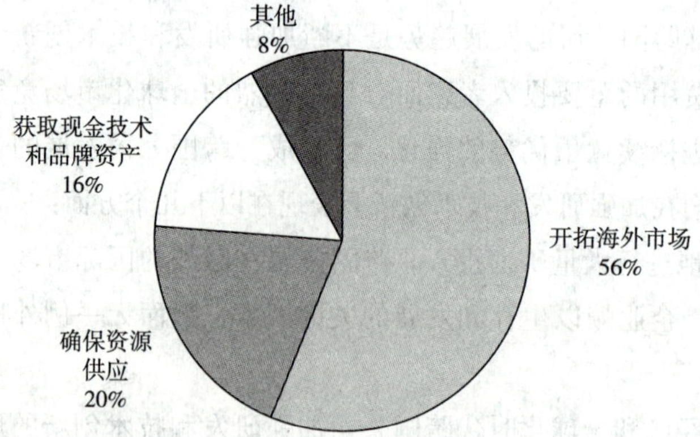

资料来源：甘子玉：《中国海外投资年度报告 2005—2006》，134 页，北京，社会科学文献出版社，2006。

图 7－1 我国领先企业实施海外经营的目的

业已经开始以获取先进技术为目的进行对外直接投资。而相对于科学技术和我国经济的迅猛发展，16%的比例还远远不够。

（二）我国国家发展战略的核心

我国国家发展战略的核心是建设创新型国家。技术正在以前所未有的速度发展。如果不能构建使自己参与到知识创造的全球网络能力，那么这样的发展中国家无论在竞争力方面还是在经济和社会发展方面，都会面临被甩得越来越远的危险。

全球化的国际环境使我国企业存在着无论身处任何地域都无法逃避国际企业竞争的压力，同时，日益增长的国家竞争力和建设创新型国家的宏观发展战略，也推动着发展中国家的企业走向国际市场，为我国企业在“走出去”过程中的技术提升和技术创新提供了动力。

第三节　技术寻求型对外直接投资对母国经济的影响

一、促进中间产品贸易和母国产业的高度化

跨国公司可以通过在技术密度高的东道国投资，还可以使人员得到培训。通过与东道国科研机构的合作和从新技术外溢中受益，可以提高跨国公司研发人员的创新能力。这些人员在跨国公司内的流动能够产生新的知识外溢，并通过培训等机制使这种外溢效应进一步扩大。首先，技术人员的流动可以大大提高母公司的技术创新能力和知识吸收能力，同时这种外溢也会随人员流动而进一步扩散到跨国公司的供应商，使之获得管理知识和经验，更多地参与，使母公司产品结构的优化与升级、母国产业的高度化成为可能。其次，人员培训可以获得具有国际市场开发与参与国际合作的专业管理人员，他们的流动同样可以使母国更多的企业获得管理知识和经验，更多地参与国际市场竞争。

二、对母国市场结构的影响

技术寻求型直接投资对母国市场结构的影响随着国家市场规模的大小和对外国直接投资政策和贸易政策的差异而变化。跨国公司通过跨国的生产和销售网络使得它能够获得规模经济的好处，从而具有较强的市场竞争力。这种竞争

力很难被其他竞争者赶超，于是在国际市场上形成垄断竞争的市场结构。这种市场结构的特征之一，就是使每个竞争者面临竞争压力和创新的动力。

对于市场规模比较大的国家，同时采取宽松的外国直接投资政策，那么本国跨国公司的技术寻求型对外直接投资将使得母国相关行业的竞争加剧，加速产品的更新换代和技术创新的竞争，从而形成垄断竞争的市场结构。如果它采取对于外国直接投资的政策比较消极，而保持自由贸易政策，那么技术寻求型对外直接投资将提高母国相关产业的集中度和该产业内的垄断程度，又由于本国公司仍然面临进口产品的竞争压力，市场结构将介于垄断竞争和寡头垄断之间；而该国在贸易和投资政策上采取“双紧”的策略，那么市场结构将趋向于寡头垄断，但是这种市场结构不容易保持，因为国内市场竞争程度的下降不利于其产品竞争优势的保持。

对于市场规模小的国家，同时采取自由贸易政策和宽松的外国直接投资政策，在没有特殊区位优势的情况下，国外跨国公司将采用自由贸易的方式占有市场，市场结构将介于垄断竞争和寡头垄断之间。如果有特殊的区位优势（如人力资本优势和特殊资源优势），外国直接投资将在该国集聚，市场结构将趋于垄断竞争，但是这种情况往往会发生本节所要着重描述的技术寻求型直接投资东道国。对于采取非自由贸易政策的，本国技术寻求型直接投资产生的进口替代效应可以提高国内的市场竞争程度。Blomstrom 和 Kokko（1998）认为，这种结构效应对于小的母国的影响特别显著，并指出对于如荷兰、瑞典、瑞士等小国而言，本国的跨国公司对本国市场影响比外国跨国公司重要。

三、打破产业高度化的路径依赖

关于市场导向型和资源禀赋导向型的直接投资的讨论已十分广泛而深入，后一类投资常与国际垂直分工体系相联系，跨国公司常常把能够利用东道国密集要素部分的生产环节设在东道国。一般认为，外商直接投资对东道国企业具有正的生产率溢出效应，这种外溢来自规模经济，因为跨国公司可以通过高度发达的国际分工体系，使每一个生产环节都能够达到最小规模经济。另一方面，国际垂直分工体系使得发达国家利用高效劳动力专业化生产中间产品，而跨国公司的国际化生产网络又会使作为发展中国家的东道国固化到国际垂直分工体系中，因为技术水平低的生产环节并不需要大量的动态的研发投入，这将在长时期内削弱本国企业的知识吸收能力和技术创新能力，同时这种投资的技术知识溢出程度也是很低的。从中长期而言，这种产业固化的过程就会转化为路径依赖现象，即发展中国家无法摆脱这种垂直的国际分工体系，无法自主生产技术含量高的新产品。因此与垂直国际分工体系相应的直接投资，从长期而言会损害作为技术劣势东道国经济动态发展的机会。

同时，许多人也对对外直接投资的正的外溢效应表示怀疑，这些外溢效应包括由跨国企业和当地企业前后向联系引起技术外溢、跨国公司对当地员工的培训、市场竞争引起的外溢。Blomstrom（1986）、Haddad 和 Harrison（1993）的研究发现，东道国某行业企业的生产率的提高与该行业外国直接投资的多寡并无显著的关系。Blomstrom 和 Kokko（1998）也认为，长期而言，对对外直接投资外溢效应和程度的考量是一个大问题，这种外溢效应随着东道国和所投资产业的不同而出现系统性的变化，对外直接投资外溢效应随东道国竞争程度和能力的增加而增加。东道国市场规模、资源禀赋、产业结构、产业的竞争力、产业的研究和开发存量等因素都会对其产生影响。如果跨国公司直接投资对东道国的外溢效应是不明显的，那么东道国与产业高度化有关的政策必须进行调整，而不是被动地等待外国直接投资带动产业的高度化。

技术寻求型对外直接投资可以使发展中国家的跨国企业通过前向联系快速地获得最新技术，打破技术产业高度化的路径依赖，快速提高产品的国际竞争力。

第四节　技术寻求型对外直接投资的前提条件

一、积极的政策环境支持

在很多发展中国家，技术的快速变化和科学技术的重要性要求以更先进的基础设施、快捷的信息与技术交流、强大的支持机构以及稳定的有效率的法律、金融和管理体系为基础，建立本国的创新系统。这些是各国间发展的差距不断扩大的作用力，都会使国家政策支持的角色日益重要。

对于我国企业跨国经营的技术提升来说，国家不断完善本国的创新系统、加大“走出去”过程中技术提升的政策支持力度、完善企业境外投资的相关法律法规、提供高质量的政府服务支持系统是必备条件和有力保障。

二、良好的生产经营能力

具备基本的标准的生产能力，这一点听起来容易，但实际上，它至少要求具备良好的运营能力，生产活动也远不是简单装配。世界银行在其1993年的一份《工业技术发展项目案例研究》的研究报告中指出，工业技术生产能力是企业建立工厂和进行有效率地运营，并不断改进和扩展技术、管理和组织等方面的能力尤其是开发新产品和新工艺的技能。

近年来，国际上纷纷出台一些国际化的生产标准。在复杂的生产活动中，生产质量达到国际化标准是比较高的要求，很多企业经过多年实践都没能达到以上要求，因而也阻碍了企业在国际市场上的竞争以及对技术的吸收、改进和创新。建立规范的生产技术流程和合理的管理结构，是具备对国际先进技术的强大吸收能力和改进能力以及自主创新能力的必备条件。

三、充足的人力资源资本

韩国、我国台湾和新加坡近年来已经融入到了全球的创新体系，它们使用了不同的方法获得技术和研发创新能力。但相同的是，这三个经济体都对教育和技能发展进行了重大投入，既注重小学、中学和大学的教育，也重视技术培训、专业人员和管理人员的培养，因为技术的持续进步需要高素质、高技能的人力资本。

缺乏高素质的跨国人力资本会使企业跨国经营的技术提升遇到障碍。例如，我国TCL集团通过收购汤姆逊进入欧洲市场，收购完成后，海外人才的困境暴露无遗；而华为全力拓展国际市场时，也遭到了来自思科的知识产权的诉讼。对于更多正在和将要“走出去”的中国跨国企业而言，跨国经营的管理和技术提升需要大批的国际化人才，这些人才应该熟练掌握当地语言，了解当地文化和法律，能够按照国际惯例处理有关的跨国经营业务和纠纷，能够进行技术的融合、改进和研发等。中国企业对外直接投资技术提升的必备条件也是企业能够拥有技术吸收、改进和创新能力的必备条件。

第五节　山东省企业对外直接投资技术提升的战略选择

对于作为发展中国家的我国而言，要想实现技术跨越式发展，我国企业在自主创新的同时，应在对外直接投资活动中，把技术获取型对外直接投资作为参与国际经济合作和竞争的重要形式，开展技术获取型对外直接投资将有助于提升我国企业在全球价值链的竞争优势。山东省政府和企业应重视采取适当的方式大力发展逆梯度型和技术获取型对外直接投资，主动获得世界最新技术，从而迅速提高对外直接投资企业的技术水平并加快促进山东省企业整体技术的提升。

一、山东跨国企业应建立规范的生产管理流程

对于研发与创新的主体企业来说，建立规范的生产技术流程和合理的管理结构十分必要。规范的生产技术流程和合理的管理结构可以使跨国企业在与产业链的核心供应商、核心零部件供应商和国外客户保持长期联系的过程中，逐步进入到跨国公司的国际生产和技术网络，并逐渐实现由模仿、改进到自主创新的转变。企业还要吸引、培养和保护企业国际化人才，积累充足的人力资本。

民营企业正逐步在山东省对外直接投资中扮演着越来越重要的角色，民营企业如何提高人员素质和管理水平，成为决定民营企业在对外直接投资中能否获得长期稳定收益的关键因素之一。为此，山东省政府和企业可以根据现代企业制度的要求，通过商会、协会等中介组织的培训和督促，健全民营企业的法人治理结构，并帮助其全面导入企业资源计划（ERP）管理系统，进一步推动民营企业管理的制度化、流程化、规范化。

二、可通过“走出去”与国际企业并购、联盟、合资等方式获得技术

从实际效果来看，“引进来”以“市场换技术”对真正提高国内企业的技术能力并不显著，而通过“走出去”并购、合资和联盟等方式获得技术，可以使技术提升由被动变主动。一些技术较为先进但计划整合业务、正寻求新的投资者的老牌国际著名企业，为我国跨国企业进行技术提升提供了并购、联盟、合资或项目合作的选择。

邓宁的折中范式扩展和重新组合的一个重要方向就是关注通过对外直接投资获取竞争优势的问题。邓宁在《区位和跨国企业：一个被忽视的因素》一文中指出，在过去的10年中，跨国公司对外直接投资动机的最显著的变化就是创造性资产寻求型对外直接投资的快速增长，较少地强调利用既有的所有权特定

优势，而更加关注通过并购新的资产，或与外国公司建立合作伙伴关系来扩展自身优势。

目前，发展中国家与发达国家之间仍然存在着一条巨大的技术鸿沟。根据熊彼特的发展理论，通过技术的加速学习与吸收可以缩小这种差距。中国企业可通过对发达国家和地区直接投资过程中的技术学习和吸收进行技术提升。以知识密集型和技术密集型企业居多的发达国家和地区往往对全球跨国企业来说具有特殊的区位吸引力。山东省一些跨国企业纷纷到欧美国家进行绿地投资或跨国并购，主要是因为它们拥有世界最先进的技术和经验，通过直接投资可以利用当地的科技资源和智力资本，学习和获取先进的技术和经验。海尔、联想、TCL 和华为四家跨国企业国际化的重要目标是获得境外资源，首先就是技术，华为和海尔在海外设立研发机构，联想和 TCL 则在并购中获取部分技术和知识产权。

三、海外设立或并购研究和开发机构并有效地利用国际研究和开发资源

在海外设立或并购研究和开发机构是跟踪世界研究开发最新成果的窗口和引进新技术、新产品的重要途径，可以获得研发人才以及最新技术和信息的动向，强化对相关产业领域的研究力度及对新技术的快速反应能力。另外，中国跨国企业还可通过与海外研发机构之间的紧密互动以及参与国际技术合作项目等方式，来提升自身研发能力和技术水平。

2008 年，山东鲁抗医药集团公司在加拿大投资 183 万美元，设立美洲鲁抗药业有限公司，开展输液产品研发，这是山东省医药企业在境外设立的第一家研发中心；潍柴控股在香港投资 970 万美元设立研发中心，主要从事发动机等汽车核心零部件及相关产品的研发与技术合作。拥有中国企业在专用打印领域最多专利技术的新北洋信息技术股份有限公司获批于 2009 年在荷兰投资设立欧洲研发中心，主要从事各类专用打印机及相关电子产品的研发、销售、服务等。

四、在发展中国家市场不断进行技术累积与改进

山东省跨国企业可以通过对发展中国家的直接投资不断进行技术累积，结合当地市场实际进行技术的改进与提高。如海尔在巴基斯坦、越南、马来西亚

等国建立工厂，根据当地市场需要不断进行技术的改进与提升。

英国学者拉奥（Lall，1983）在《新跨国公司：第三世界企业的发展》一书提到，发展中国家企业能够在较低的技术水平基础上形成企业对外直接投资的特有优势，这种优势不但可以带动它们对其他发展中国家的对外直接投资，而且发展中国家企业对成熟技术的创新还可以促进它们对发达国家的直接投资。

托兰惕诺（Tolentino，1993）提出技术创新产业升级理论，指出发展中国家技术能力的提高是一个不断积累的结果，发展中国家企业技术能力的提高是与其对外直接投资的增长直接相关的。技术创新产业升级理论对于发展中国家通过对外直接投资来加强技术积累与创新，进而提升产业结构和增强国际竞争力提供了新的理论支持。

山东省跨国企业可以将自己的适用技术和较为成熟的产业不断转移到发展中国家进行直接投资，并结合当地市场实际，不断进行技术的累积与改进，提升自身的技术能力。同时，山东省跨国企业还可以利用发展中国家的智力和技术资源进行技术提升，如在发展中国家的一些大城市科技园和知识密集地区开展研究和开发投资活动等；山东省跨国企业还可以与发展中国家的一些科技园和知识密集地区的智力和技术资源合作进行技术提升。

五、技术自主创新——在学习改进的基础上不断进行自主创新

山东省企业“走出去”面临的最严峻挑战之一是在技术创新方面，即能否很好地培育技术自主创新能力。山东省企业在对外直接投资中应以增强自主创新能力为中心，在学习、借鉴中提高技术水平和核心竞争力。

近年来一些发展中国家不断进行技术自主创新，在有关的科学技术基础上依靠自身的研发力量形成发明创新的能力，其基本的标志之一是在技术创新过程中拥有自主知识产权和核心竞争力。

技术自主创新不能“关起门来”创新，自主创新应该在充分借鉴世界先进技术的基础上进行。我国企业对外直接投资过程中的技术提升应该是学习、改进行和自主创新三种方式和能力的结合，建立多层次、多方面的技术提升体系。

第八章　对外直接投资与政府战略选择

当今世界的竞争已不单纯是企业间的竞争，也是国家间的竞争，是政府和企业联合力量的竞争。国家给予企业以政治的、外交的、商业的支持已是各国通行的行为方式。

企业对外直接投资和海外经营离不开母国政府的强有力支持和全方位服务。国资委研究中心副主任白津夫就认为："走出去"战略不单纯是企业行为，同时也体现为国家战略行为，政府应当成为企业"走出去"的重要推动力量。政府在支持企业"走出去"的工作中有一个度的把握问题，其工作的重要环节是给企业提供服务。政府的定位应该是：要有所作为，但也不能多为；该管的要管好，不该管的坚决不去多问多说。

虽然我国加入了世贸组织，但我国企业仍然受到国际旧秩序的一些不公平待遇，我国的市场经济地位还没有得到完全承认，"中国威胁论"等因素也成为我国企业对外直接投资顺利开展的"绊脚石"。政府应该充分利用外交手段，通过高层互访和双边或多边磋商，与其他国家签订双边或多边投资保护协定以及各种投资合作项目，为企业对外直接投资提供有效的支持和保护。目前，我国已经与 100 多个国家签订了双边投资保护协定。另外，还要注意把对外援助同企业对外直接投资更紧密地结合起来。政府在外交方面的这些努力将为企业海外投资的发展提供一个更为安全和便利的商业环境。

第一节　政府在企业对外直接投资中的传统职能定位及存在的问题

随着改革开放的逐步深入和市场经济的发展，政府过度干预市场的"长臂猿"角色日益淡化，但是，政府对自己的职能定位仍存在很多不合理之处。一方面，政府对经济社会的干预程度过大；另一方面，政府作用还没有得到充分发挥，服务和监管等作用尚不完善。事实上，在我国企业对外直接投资过程中，政府越位与政府缺位并存的政府职能定位日益成为阻碍企业对外直接投资的不利因素。

一、我国政府的传统职能定位缺陷

我国政府的传统职能定位缺陷主要表现在以下几个方面：

（一）政府管理的越位

政府对经济的干预不应该直接介入市场主体，更不能替代市场主体的盈利性角色。然而，我国政府对企业的对外直接投资行为在很多方面都表现出越俎代庖的不合理管制，过多地介入企业海外投资和经营的微观决策。政府管理越位表现为：首先，审批部门多、速度慢、程序复杂、审批制度僵化，这大大增加了企业在准备对外直接投资时的交易成本，费力费时，甚至贻误商机。其次，政府对海外投资的管理环节过多，管理办法偏严，限制企业发展的条条框框却很多。政府试图以外部行为取代企业的内在要求，实践证明，这种做法严重地束缚了企业的发展，使其在与充分拥有以上自主权的国外企业竞争时处于不利地位。另外，需要特别指出的是，政府对资本项目下的外汇管制过严，企业在对外直接投资过程中的用汇极为困难，无法实现资金灵活有效地运转。

（二）政府监管不到位

海外公司也理应以国有资产保值和增值为经营目标。但是，我国政府对境外投资项目“重事前审批，轻事后监管”，本末倒置，使得监管低效且不力。中国对外直接投资潜在的一个严重问题是缺少对对外直接投资的适当监管，国有资金有时被浪费到不适当的项目上。这其中，主要原因就在于政府对国有机构投资监管不到位。一些国有企业的经营者以私人名义在海外注册设立公司，导致“穷庙富方丈”的现象处处可见，也正是由于对外投资公司的财务制度不健全，以及境外投资项目进展情况或资产质量缺乏有效的政府跟踪与监督。可见我国境外企业监管制度的改革与完善势在必行。

（三）政府支持与服务职能缺位

企业对外直接投资应以市场为导向，但市场信息的不完全使企业在对外投资过程中离不开政府的宏观调控与指导。我国政府在企业对外投资中支持和服务的缺位表现在以下方面。首先，相关立法滞后。我国至今还没有出台一部比较完善的对外投资法，没有形成较为完善的对外投资法律体系，财务、税收、信贷、外汇等制度不完善，国家对外投资总体规划和各项具体政策也不明确。其次，政府外交资源没有得到充分利用。政府没有意识到外交手段对企业海外投资的协助作用，使企业承担了一些本不该由它们承担的政治环境、经济关系等方面的压力。另外，政府服务意识差，服务水平低。在实际工作中，政府部门向企业提供的境外信息经常是不完整的或者是过时的，致使企业的投资结构低下、风险大，并且收益也不高。

政府支持和促进企业的对外直接投资，这是被各国实践经验证明的企业“走出去”战略得以更好实施的关键环节。成熟市场经济国家和地区的政府在企业对外直接投资的发展过程中，其角色已经实现了巨大的转变，现代政府兼备宏观调控的引导性和细致周到的服务性，有效地推动和加快了企业对外直接投资的步伐。

二、对外直接投资中我国政府职能的现状分析

目前，在对外直接投资方面，政府职能主要包括：对企业对外直接投资项目实行核准制和备案制；建立了国别投资经营障碍报告制度，规定由驻外使（领）馆经济商务机构和境外企业通过年度报告和不定期报告的形式，集中反映中资企业在东道国遇到的各类问题、障碍和壁垒，并由商务部定期公布内容，为企业对外直接投资提供信息和服务；对于国家鼓励的境外投资给予信贷支持；明确了政府的监管责任，通过《境外投资联合年检暂行办法》、《境外投资综合绩效评价办法（试行）》等办法实现政府对企业对外直接投资的监管，等等。但现行的办法和措施跟新形势下政府的职能定位相比，还有很大的差距。

尚未建立起完善的政策法规体系。虽然政府已经把扩大企业对外直接投资放到一个很重要的战略高度，但目前，企业对外直接投资的管理依据仍然只是有关部门的文件和规章，企业对外直接投资的国别导向、产业定位、可享受的优惠政策仍然不成体系，并且缺乏协调和连贯等。

未能实现宏观管理上的统一性。目前与企业对外直接投资有关的管理机构仍然比较多，各项职能分散在不同机构之中，且各机构之间缺乏专门的协调机制。

缺乏对企业必要的风险保障。对于外汇风险、剥夺性风险及政治性风险这些跨国经营所特有的风险，政府还未能提供切实有效的保障方式。而且政府在

如何开发自身有利资源、利用外交手段为企业提供保障方面仍存在很大欠缺。以双边投资保护协定为例，截至2007年底，我国的1万多家对外直接投资企业共分布在全球173个国家和地区，但却只与日本、韩国、澳大利亚等123个国家签署了双边投资保护协定。

金融、税收等优惠措施不够到位。目前，政府只对国家鼓励的境外投资重点项目给予信贷支持。现行的政策性金融机构不仅网点少，业务品种与保险力度也远不能满足企业的需要。在对外直接投资的税负公平及更多的税收优惠方面，现有政策也不够明确。

信息、技术等服务水平还有待于提高。企业对外直接投资需要大量的信息，比如国际上有哪些行业可供选择、哪些产品或技术最能充分利用自身的比较优势、新产品的市场潜力有多大等。显然，目前政府在这些方面提供的服务远不能满足企业的需求。

三、政策建议

为正确定位政府在企业对外直接投资过程中的角色和职能，现提出以下建议：

（一）简化审批程序，放松各项管制

鉴于国内资金匮乏的现实，一直以来，大多数发展中国家为了控制资本输出，都从审批管理体制上严格限制对外直接投资。但国际经验表明：在市场相对开放的环境下，政府用加强管制的办法防止资本外逃，不仅效果不明显，而且还可能使企业行为发生扭曲。日本、韩国、马来西亚、新加坡以及我国台湾等国家和地区的政府对企业对外直接投资管理都经过了一个由松到紧，由以直接管理为主到以间接管理为主的过程。

我国必须按照简化、合理、有效和责任的原则，改革现行的海外直接投资审批制度。政府逐步放弃投资审批制度而代之以投资登记制度，把对企业海外投资的管理从以行政控制为主转变为以经济和法律手段的调控为主，使海外投资企业拥有充分的自主权，从而建立新型的政企关系。政府应结合《中华人民共和国行政许可法》的实施，简化审批程序，提高审批效率，并逐步将审批制改为审批和备案相结合，对以自由资金或商业银行贷款进行境外投资的企业，原则上实行备案制。

在自主经营、自负盈亏的前提下，政府应减少对企业商务活动的干预和限制。政府应在财政税收、金融信贷、投资体制、经营管理、人员交流和外交关系方面为企业海外投资创造宽松的政策环境，将政策的重点由在审批环节上管制企业转移到通过产业和地区促进政策引导企业的经营行为。

政府还应逐步放松外汇管制，放宽投资购汇管理政策。一国货币能成为可自由兑换的外汇货币，这对促进该国企业跨国经营是很重要的有利条件，我国应该积极创造条件，逐步放宽外汇管制和银行贷款制度，促进金融资本的合理流动，支持企业跨国经营。

（二）针对不同投资主体，采取不同的监督措施

仅仅靠审批制来实施的监管是低效的，而且很容易过度，造成负面影响。政府加强对企业对外直接投资的监督，更为重要的是，应着力于完善对“走出去”企业的事后监管体系，以引导投资主体的健全经营，防止国有资产以及包括外汇在内的民间资产的流失。

建立商务部、财政部、中国进出口银行和驻外经商参处（室）的联网检查制。这既有助于监督对外投资企业是否有非法转移国内资产和从事未经许可的投资项目或向第三国投资的行为，又可以监督投资企业的会计账簿情况和对外投资项目结束后的财产处理情况等。对于经营不良的投资企业有权不准其再经营，对违反对外直接投资有关规定的企业进行不同程度的处罚。

政府的监督办法也应因投资主体的类型而有所差异。对于国有海外投资企业，可以通过有效监管国内投资主体来实现对其境外投资企业的监管，改善投资企业的内部控制机制，按照现代企业制度建立健全法人治理结构，明确经营者对企业资产的保值增值责任，实行重大财务事项和资金调度的报批和备案制度，努力提高境外投资企业的经济效益。对于自筹资金或从商业银行贷款进行对外投资的企业，政府应该不仅从宏观角度上进行适当的监管，而且要通过银行和保险公司等市场主体来对企业使用的国内借贷资金实施风险控制。

（三）完善对企业对外直接投资的支持和服务体系

企业对外直接投资过程中，必须有相应的法律作保障。应尽快建立和完善我国海外投资的法律体系，改变我国企业国际化过程中无法可依的局面。我国对外投资法律体系应包含三个层次。第一个层次是研究制定《中国对外投资法》并使其作为规范我国境外投资的基本法规。第二个层次是制定针对企业不同类

型海外投资的单项法规，例如《中国企业海外合资经营法》、《中国企业海外合作经营法》、《中国企业海外独资经营法》及对其进行服务和监管等的配套法规。第三个层次是各部门和各省市依据国家相关基础法律，制定各自关于企业对外直接投资的具体行业法规和地方性法规。

第二节　发达和新兴发达国家的经验借鉴

我国作为发展中国家，对外直接投资起步较晚，政府在引导和支持企业对外直接投资方面要经历一个向对外投资体系比较成熟的国家学习的过程。

一、美国政府的支持政策体系健全、完善

美国政府海外直接投资的政策扶持体系包括：法律体系、税收保护、海外投资、保险制度、资金资助、提供信息和咨询五个方面。

健全的法律体系。美国早在 1948 年就开始制定保障私人海外直接投资的法律，先后制定了《对外援助法》、《经济合作法》等有关法律，并在实施过程中根据条件变化不断做大的修改，使之完善。

税收保护政策。美国政府根据有关法律，对海外直接投资的私人企业实行税收优惠与鼓励。其措施有税收减免、税收延付、赋税亏损退算等。

海外投资保证制度。美国政府对海外投资企业的服务部门是美国海外私人投资公司。它是一个双重机构，具有政府和私人的两种身份：作为政府机构，按照政府政策来制订方针、计划，运作财政的保险储备金；作为法人，它可以用自己的名义起诉和控诉，出面解决纠纷，既可以不和东道国的国家主权发生冲突，规避了东道国的司法管辖，又回避了政府间的争议，便于向东道国提出索赔。美国海外私人投资公司主要为海外企业提供风险保证。被保人所出保险金很低，各项保险内容平均为被保险金额的 1.5%。除海外投资保险制度外，政府还采取了外交支持与保护等措施来保护私人的海外投资：先后与 100 多个国家和地区签订了双边或多边保护协议；利用世界银行、国际货币基金组织等机构来为本国私人海外投资提供支持与保护。

资金援助。美国对私人海外投资提供资金扶持与援助，提供援助的部门有两个：一是美国进出口银行，设立了海外开发资源软项目，按企业成交额的

45%提供贷款；二是海外私人投资公司，为海外投资企业提供贷款担保，最高担保额为5 000万美元。

提供信息与咨询。美国有五个部门为海外投资企业提供投资决策和经营所需的各种信息和决策需要参考的各种咨询服务：（1）国家情报机构；（2）国际情报机构；（3）驻外使馆所设立的经济与商业情报中心；（4）联合国开发计划署；（5）海外私人投资公司。这五个部门形成了健全的信息网络体系，为企业提供从项目考察、设计、论证到组织实施全过程的信息咨询和操作服务。

二、日本政府的鼓励支持政策力度大

日本政府自20世纪60年代根据国内经济发展的需要，鼓励企业对外投资，随后的支持、援助力度不断加大。与美国政府相比，除了有健全的法律体系和税收保护政策外，在对外直接投资保险制度和资金、技术援助、信息提供等方面均有不同。

日本的对外直接投资保险由通商产业省管理，保险范围、期限与赔偿比例与美国差别不大，担保费用收取很低，仅为0.55%，美国为1.5%。在保险制度方面，除有双边、多边投资保险制度外，还有单边投资保险制度。

在资金支持方面，由日本输出入银行、海外经济协力事业团、金融矿产事业团等向海外投资企业提供投资所需要的贷款及认购的股份。

日本为海外投资企业提供情报和促进投资活动的信息机构是根据特别法所设立的，主要有通商产业省所属的亚洲经济研究所经济调查部，日本输出入银行的海外投资研究所，以及作为贸易实体的综合商社。它们为海外生产企业提供最新、最可靠的市场信息和产品销售网络渠道等。此外，政府还设立了世界经营协议会为海外投资企业和东道国培训经营技术人员。

三、新加坡政府积极推动对外直接投资快速增长

新加坡的对外直接投资起步较晚，20世纪80年代后期的对外投资额只相当于我国香港的1/5，1986年对外直接投资的总额近29.6亿美元。1988年，新加坡经济增长趋缓，国内有大量资金储备，为了促进经济扩张发展，政府积极推动企业的海外投资活动。

20世纪80年代末，由经济发展部负责鼓励对外投资活动，建立海外投资机

会数据库。1992年制定了鼓励对外投资的“2000年地区化”经济政策，1993年成立了海外企业促进委员会，发展外向经济，公布了对海外企业提供三项服务：一是财政援助，为投资海外的企业提供低息贷款，投资补贴和免缴10年所得税的税收优惠；二是经济发展局、贸易发展局和外交部，主动向企业提供对象国咨询；三是向企业提供科技和人才，主动进行人员培训。1997年，新加坡政府又制定了经济区域化发展新策略，在资金、人力方面为那些准备在海外拓展业务的本国企业提供帮助。

在这一系列政府鼓励性政策和行为的推动下，新加坡的海外直接投资迅速发展，对外直接投资总额由1986年的29.6亿美元发展到1993年的212.4亿美元，年均增长34.3%；到1997年底，对外直接投资累计已突破400亿美元。

四、印度政府对企业对外直接投资进行政策上的重点扶持

长期以来，印度政府对企业“走出去”实行支持政策，同时也注意加强对海外投资的控制与管理。20世纪90年代以前，印度政府对企业对外直接投资的限制较多，但90年代初期开展经济改革以来，随着外汇储备的不断增加，印度政府也对海外投资政策进行必要的改革，鼓励印度企业到海外投资。印度逐步放宽企业海外投资的限制以及制定相关的支持与鼓励等政策，大大促进了印度企业海外投资的发展。这些政策扶持主要体现在以下几个方面：

首先，为海外企业提供金融和财政支持。印度政府通过进出口银行、国有商业银行和出口信贷保险公司等金融机构，向海外合资企业提供贷款支持，同时也允许印度金融机构在海外的分支机构向印度企业在海外创办的合资企业提供信贷支持，并对这种贷款给予一定程度的优惠。

对海外企业提供财政支持，主要是：印度政府对海外合资企业的所得税实行减免；海外合资企业出口的机器设备也可以享受现金补贴。

此外，印度政府还与有关国家达成避免双重征税的协议，防止加重海外企业的纳税负担。

其次，加强向海外企业给予经济、法律、信息等方面的服务。政府支持国内有关单位向企业提供海外有关国家的经济、法律等方面的服务；印度驻外使馆的商务处也积极向印度企业提供所在国家的市场行情、政府政策法规及风俗习惯等方面的信息服务，并对印度企业到所在国家投资提供必要的帮助；印度

工商界在全国设立一个专门机构为海外企业提供世界各国行情。

最后，放宽对海外投资的限制。长期以来，印度对某些领域的企业到海外投资有所限制，现在印度政府允许工业、农业、金融、软件等诸多经济领域有能力的公私营企业到海外投资，放宽到海外投资的资金限制。实行经济改革后，印度将企业海外投资的资金上限大大放宽到5 000 万美元，后又提高到1亿美元。允许印度上市公司在国外承认的证券交易所上市，允许在一家印度承认的证券交易所上市公司中至少占有10%股份的外国公司中投资，但印度公司的这种投资不得超过该公司上年末资产净值的25%。允许印度的互助基金在海外承认的证券交易所上市，允许在一家印度承认的证券交易所上市公司中至少占有10%股份的外国公司中投资，同时还将其在海外投资的总额提高到10 亿美元。允许海外投资企业在海外购买不动产，以用于生产经营或工作人员居住；同时允许个人汇出不超过100 万美元在国外购买房地产等。

五、总结：外国政府对外直接投资促进措施

（一）政府的鼓励和保护

立法的支持与外交保护。自第二次世界大战以来，美国政府在对外投资方面专门制定了《经济合作法》、《对外援助法》、《共同安全法》等法律，不断扩大本国对外投资的安全和利益。美国政府一方面通过与其他国家签订双边或多边条约保护美国投资者的利益；另一方面通过外交途径向投资东道国有关机构及企业施压，帮助美国投资者解决在海外投资过程中遇到的难题。英国政府也善于运用政治、外交等手段为企业“走出去”服务。

对税收的优惠政策。一些国家针对发展中国家的投资给予税收优惠。新加坡从1988 年开始提供对海外投资亏损注销的税收优惠以及免除某些海外投资收入、红利和管理金收益的税收。自1993 年起对海外企业在海外发展业务提供10年的免所得税待遇，如果是在发展中国家的投资开发则还可以享受到双重减税优惠。韩国对外直接投资的税收优惠政策包括对发展中国家资源开发投资的股息收益免征收入所得税、在两年内按对外投资项目总投资额20%的比例进行损失返还，以减少企业对外投资的收入所得税支出。

对海外投资的保护政策。投资国海外投资保护的主要措施是建立政府资助的海外投资保险机构，如美国海外私人投资公司，英国的出口信贷担保局，日

本通商产业省的“海外投资保险部”、“海外投资损失准备金制度”和“资源开发投资损失准备金制度”等。海外投资保险的基本内容是政治风险，即国有化风险、战争风险和转移风险。一般做法是，保险机构接受投资者的保险申请，经调查认可后与之签约（保险单）。投资者有义务不断报告其投资的变更状况、损失发生状况，每年支付一次或若干次费用。当风险发生并给投资者造成经济损失后，保险机构按合同支付保险赔偿金。

（二）政府的促进和引导

提供资金支持。大多数发达国家设立特别金融机构，对本国投资者在海外的投资活动，用贷款或出资的方式加以支持。如美国进出口银行、荷兰发展中国家金融公司、日本海外经济合作基金组织等。美国海外私人投资公司通过提供一般商业上所得不到的金融服务来帮助美国私人企业扩大在发展中国家和新兴市场国家的投资。有的国家设立了特别制度或特别基金，如澳大利亚对特别投资项目的资助、新加坡的“创业资本基金”，则主要是为境外投资企业提供税收和资金供给方面的优惠。在设备输出时，有的国家还通过政府批准的定期支付信用制度予以资金支持。

提供技术援助。发达国家采用各种方法对本国在海外投资的企业给予技术援助。例如，为海外投资企业培训技术人员，接受发展中国家派来的政府后备练习生，承担培训人员居留期间的费用和旅费，并对本国培训机构给予政府津贴。日本早在20世纪50年代就通过“贸易振兴会”为企业发展海外投资提供信息和技术服务。日本通商产业省和财界组织的“经团联”共同建立了“发展中国家经济活性化机构”，专门从资金、技术、经营三方面促进向发展中国家投资。

（三）政府的服务功能

提供投资情报。为了鼓励对外投资，充分利用外国的投资机会，发达国家政府积极地对潜在投资者提供可靠而有益的投资情报服务。政府对投资者提供的情报服务，是通过国家行政机关或国内特别机关及驻外使领馆所设的经济、商业情报中心、联合国开发计划署以及海外私人投资公司等机构进行的。新加坡从20世纪80年代中后期开始，建立了海外投资机会库，为企业提供投资情报，还通过经济发展局、贸易发展局及外交部为企业的海外投资提供咨询。

投资机会分析。发达国家不仅继续为投资者提供发展中国家的投资机会情报，而且为与投资计划有关的，针对技术或资金资料所进行的可行性研究或投资前调查提供资金支持。英国的“英格兰国际贸易集团”主要职责是通过对商业竞争力的预测来帮助英国企业提高海外投资的成功几率，“全英贸易伙伴服务局”则采取“三级调研法”帮助企业搞好投资前的调研。

第三节 政府在企业对外直接投资中的作用

一、制定总体战略规划

对外直接投资发展的新趋势已显现出，21 世纪将是全球跨国公司发展和经济全球化的繁荣时代，大规模、高层次、高技术的全球投资活动将获得空前的发展。面对新的发展趋势和竞争格局，各国政府都在制定跨世纪的发展战略，我国政府也必须及早对我国企业对外直接投资作出跨世纪发展的整体战略规划，并将其纳入国民经济中长期发展规划，在我国制订的“九五”计划和 2010 年中期发展规划中对此重视不够，应强化到位。如对外直接投资总体规模、产业定位、区域选择、投资主体、投资结构、融资战略、可享受的优惠政策等都要有明确具体的规划。

二、建立国家海外投资委员会

为了落实宏观规划，协调和管理我国企业的对外直接投资，应借鉴美国、日本等国的做法，建立一个有权威性、独立的半官方机构——国家海外投资委员会，负责制定海外投资发展战略，宏观上统一领导、管理、协调全国各部门、各行业和各企业的对外投资活动，研究制定有关海外投资的法律规范和政策，总结我国海外投资和跨国经营的经验和问题。

三、完善对外直接投资的法律法规体系

目前，我国虽然已同 100 多个国家政府签订了双边贸易协定或条约，同 70 多个国家和地区的政府当局签订了避免双重税负协定和中外投资保护协定。但是至今还没有一个完整的立法是针对我国对外直接投资和对外贸易，处于空白状况，严重地妨碍了我国对外投资的监控和长远发展。从我国已出台的有关对外投资法规看，多是针对企业出国前的审批管理等，而没有完整地对出国后行

为管理的对外投资法规。为此，希望政府尽快制定《对外投资法》、《中国跨国公司法》和其他对外投资法规，形成完整的对外投资法规体系，使我国的对外投资有法可依、规范健康地发展。

四、加强海外企业国有资产的管理和监督

国家制定法律，规定海外企业有义务定期向国有资产管理部门申报财务报表，详细到每月海外企业资产变化情况；国家审计部门有监督国有资产的责任；政府税务部门也可以对涉外企业税收问题进行调查；对不负责任、盲目投资造成重大损失的要追究责任。

第四节　政府在企业对外直接投资中职能的实现途径

为充分发挥政府的各项职能作用，政府可通过下述途径来实现对企业对外直接投资活动的支持和鼓励。

一、制定相关的经济扶持政策

提供优惠贷款。借鉴发达国家和新兴工业化国家的经验，为投资不同产业的国内企业提供80%～100%的优惠贷款，由国家涉外基金和银行提供贷款。

建立对外投资基金。由基金成员单位注入一笔原始资金，并由基金成员单位委派专业人员组成跨国投资发展基金运作机构，进行具体的投资操作。既可以分散投资者的风险，又可以做到小额资金的集中使用。

应赋予我国跨国公司对外金融权。跨国公司可以直接在国外金融、证券市场自主决定融资方式，并实行短期外债余额管理；允许我国跨国公司超前进行基金、项目融资、BOT、可转换债券等的试点，开发新的金融工具。

放宽跨国投资项目的外汇管制。放宽跨国公司海外子公司外汇使用、利润汇回、资金调度等方面的限制，允许跨国公司海外公司利用境外盈利进行境外再投资。

二、提供信息服务，建立起有效运转的信息网络系统

准确、有效的信息情报是企业开展对外直接投资的前提。目前，国别投资

障碍报告制度已在商务部和驻外使（领）馆的经济商业部门、企业之间形成了一个初步的信息网络体系，但是该信息系统侧重于提供对外投资企业在东道国经营中遇到的问题、障碍及壁垒。对企业来说，跨国经营还需要包括东道国基本投资法律、投资程序、市场容量、当地民俗文化等一系列完整的投资情报，因此，建议政府可以设立专门的海外投资促进机构（类似于日本贸易振兴会、韩国银行的投资信息中心等模式的境外投资促进和信息咨询专门机构）负责投资信息的搜集，并以该机构为中心，建立起与中国国际贸易促进委员会、国际商会等各种民间组织和企业之间的长效协作机制，及时实现数据交换和信息共享，共同构建起全面、有效的信息网络体系，努力为企业对外直接投资提供最新、最全的信息服务。使企业获得及时、准确、全面的资料，防止盲目境外投资和自相竞争，减少投资风险。

三、减免税收

对投资海外企业实行一定年限的税收减免是国际上通行的做法，发达国家和新兴工业化国家（地区）税收减免年度一般为5~10年。我国是发展中国家，税收鼓励应更大些。对投资海外的本国企业至少应免征企业所得税10年。对返销产品特别是运回的资源免征进口税，对作为投资带动出口的设备产品免征出口关税。同时，完善国际税收制度，政府应与东道国政府签订避免双重征税的投资协议，以维护对外投资者的利益。总之，采用多种税收优惠政策，鼓励跨国企业依据国家产品政策和对外投资规划开展对外投资活动。

四、建立海外投资保证制度

由于中国企业规模较小，对外投资又多集中在投资环境方面风险较大的发展中国家，因此我国企业在对外直接投资过程中除了要承担经营风险外，还会遇到政治风险等非商业性风险，需要设立各种专门的投资保险予以保护，可由政府机构、专业国有保险公司或二者的联合体来提供。建议我国有关部门建立海外投资保证制度，其基本内容包括：（1）保险人，即承担保险责任者，应为隶属于中国人民保险公司的海外投资保险公司，主要业务是为我国企业的对外直接投资活动提供保险业务，特别是鼓励我国中小企业向发展中国家进行直接投资；（2）被保险人，即合格投资者，是指依法有资格申请投资保险的海外投资者；（3）保险范围，海外投资保险的范围包括外汇风险、征用风险、战乱险等。此外，我国海外投资保证制度还应就保险期限、保险费、保险金额、投资保险等争议的解决作出明确的规定。

五、培养复合型的跨国经营人才

企业竞争的实质是人才的竞争，高素质人才群体是我国跨国公司取得成功的关键。跨国经营企业更需要大量优秀的复合型人才，要求他们在外语、管理以及公共关系等各方面都具有相当强的能力，因此，除了不拘一格地发现和选用跨国经营人才之外，还要组建为我国对外直接投资企业培训管理人员的专门机构，通过多种方式培养一支适应国际化经营需要的人才队伍，突出跨国经营企业的人才优势。目前，我国应当着重培养和储备下列急需的人才：熟悉国际经营、国际贸易、生产管理和工程技术基础知识的经营指挥人才；在国际竞争中精明干练的经济财会人才；通晓国际经济法规和国际惯例的谈判人才；精通国际招投标业务的投标报价人才；熟悉索赔业务的项目管理、索赔人才；为公司决策提供服务并大力宣传公司扩大影响的信息公关人才；研究战略理论和公司经营与发展战略的高级研究人才。因此，要大力发展我国跨国公司，政府的有关职能部门就要根据我国跨国公司对人才的需求状况，对现行的人才教育结构和布局进行调整，为我国经济的发展担负起自己的责任。

总之，政府的支持、指导、保护和监督是企业走出国门、更好地参与国际竞争与合作的坚强后盾，但这只“看得见的手”伸得长短也有个度的问题。只有恰当定位政府在企业对外直接投资中的职能取向和范围，正确处理好政府与海外投资的关系，才能切实发挥政府在企业对外直接投资过程中的积极作用，从而大大提高我国企业跨国经营的效率和水平，将我国对外直接投资引向健康发展的新阶段。

第五节　山东省对外直接投资的政府策略选择

一、国家近年来采取的对外直接投资的政府政策

2009 年以来，商务部为扩内需、稳外需，有效应对金融危机，采取了六个

方面的措施鼓励和促进企业对外投资。（1）完善管理办法。发布实施了新的《境外投资管理办法》，在大幅减少审批事项、下放审批权限的同时，加强管理和服务，同时研究推动《对外投资管理条例》的出台。（2）制定支持政策。为鼓励我国企业顺利“走出去”、减少风险，商务部会同有关部门制定了多项支持政策，涉及财税、金融、保险、外汇和出入境等诸多方面。同时鼓励各类金融机构积极为企业“走出去”提供信贷支持和金融服务。（3）健全服务体系。发布162个国家和地区的《对外投资合作国别（地区）指南》，印发《国别投资经营障碍报告汇编（2008）》，建成“对外投资合作信息服务系统”，为企业提供海外经营环境信息。（4）加强人才培训。继续委托科研机构和大专院校组织对跨国经营人才进行培训，编写出版了《跨国经营管理人才培训系列教材》，为规范培训打下基础。（5）构筑安全保障体系。充分发挥双边经贸混委会机制和双边投资保护协定的作用，为企业的海外合法权益提供保障，为企业“走出去”保驾护航。（6）加大投资促进力度。组织企业参加贸易投资促进团赴欧洲、美洲开展研讨、洽谈和项目对接活动，为企业开展对外投资搭建平台。

二、山东省采取的积极措施

具体到山东省政策层面，在国家宏观总体政策的支持下，山东省政府采取积极有效的措施来服务于山东省对外直接投资的健康发展。

（一）政府的资金支持

境外资源合作开发由于投资大、风险高、周期长，加剧了企业资金短缺和融资困难。为此，山东省政府采取完善机制、推动银企合作等措施，帮助企业解决融资问题，大力推动境外资源开发。

山东省商务厅与国家开发银行山东省分行等政策性银行和中国出口信用保险公司建立了境外资源开发项目联络和协调推进机制，及时沟通境外资源开发工作进展情况，协调解决企业的困难与问题，特别是融资方面的问题。不定期举办银企座谈会。对重大资源开发项目，邀请金融部门提前介入，并通过参股、银团贷款等方式为企业提供融资支持。在这方面，山东省已经取得了一些成果：通过积极工作，先后帮助烟台西北林业俄罗斯托木斯克州木材采伐与加工、欧亚集团俄罗斯伊尔库茨克州木材采伐与加工、烟台祥隆蒙古铅锌矿等项目获得政策性贷款3.4亿元；淄博南金兆集团秘鲁铁矿、太阳纸业老挝林纸一体化、冠丰种业巴西油棕种植、临沂隆盛加蓬木材采伐与加工、临沂天喜蒙古铅锑矿等项目的贷款也在积极运筹中。

同时，为使企业更好地了解国家和省里对外经济技术合作专项资金用途、申请条件、程序等，及时召开政策宣讲会；指导企业通过与知名会计师事务所合作，切实做好国家和省里专项资金申报工作，争取对企业从事境外资源合作开发前期费用、贷款利息和资源回运费用等给予补贴，减轻企业资金压力，确保资源开发顺利进行。

（二）强化指导，推动企业开展多种方式的对外合作

境外上市、与大企业合资合作或引进战略投资等是解决境外资源开发企业资金瓶颈的有效途径。山东省商务厅不断强化工作指导，推动企业通过以上方式扩大融资规模。近期帮助潍坊锦华引进山东智翔有限公司合作开发蒙古铁矿项目，投入资金1 000多万元购置急需的机械设备等，预计全年可回运铁矿石30万吨；帮助济宁正亚集团引进战略投资者，加快蒙古铁矿的勘探与建设。

（三）改善强化信息服务

为进一步加强与美国、欧盟、日本等国家和地区境外投资促进机构、外国驻华使领馆的联系，及时搜集有关信息，并通过多种渠道提供给相关企业。省商务厅举办境外投资有关政策培训班，举办跨国并购和离岸金融宣讲会、国外投资环境说明会、对外经济技术合作专项资金政策宣讲会，邀请外汇管理、金融等部门和有关律师事务所、会计师事务所专家就跨国并购等作专题报告。

（四）加强与相关部门的配合

加强与金融、外事、海关等部门的配合，切实帮助企业解决跨国并购中的实际困难，用足、用好国家对外经济技术合作专项资金，重点向跨国并购项目倾斜。简化境外投资项目核准程序，推行投资便利化；推广电子政务，对境外企业核准实行网上申报，对境外企业再投资实行备案制。为促进全省对外经贸又好又快发展，国家外汇管理局山东省分局印发《关于进一步改进外汇管理支持涉外经济又好又快发展的指导意见》（鲁汇发［2008］1号）。加快贸易外汇管理改革，围绕山东省“一体两翼”的发展战略，推进区域外向型经济一体化。加强区域融合，逐步取消企业进口异地付汇的备案限制。拓宽外汇使用渠道，积极扶持中小民营企业加快进口贸易发展，推动企业技术进步和全省产业升级。

积极支持发展服务外包，培育服务贸易新的增长点。取消境外直接投资外汇资金来源审查，放宽外汇资金集合管理准入限制，鼓励重点企业全方位参与国际竞争与合作。创新科技服务手段，便利外商直接投资，拓宽利用外资渠道。加快保税监管区域外汇管理改革，发挥产业集聚和龙头带动作用，扶持优势企业做大做强。还要求政策性金融机构要加大对境外资源开发、市场开拓、边际产业转移的支持力度，各商业银行要通过设立境外分支机构或并购、参股境外金融机构等形式，帮助"走出去"企业解决后续融资和结算难题。

（五）充实、完善对外投资配套法律法规和政策体系

首先，要适应我国创新对外投资发展形势的需要，面向企业境外合作区建设，面向新兴服务业的对外投资，面向品牌、技术作价对外投资等领域，不断出台新的投资促进政策，并制定相应的法律法规。其次，要对我国国际证券投资的管理的相关法规进行全面清理，并按照有利于促进企业对外投资的要求，重新修订形成新的国际证券投资法律法规体系。再次，面向所有经贸合作伙伴，继续加强投资保护协定和避免双重征税协定合作。最后，还要着眼于为我国企业开展跨国并购提供宽松的市场准入机会，着眼于为我国境外经贸合作园区企业争取优惠政策，努力提升与相关经贸伙伴的合作层次，并积极签署相应合作协议。

（六）政府参与、引导、支持

一是抓住当前政治经济全面发展的有利时机。比如，我国已与智利签署了被称为"南南合作典范"的自贸协定，与墨西哥签署了《中墨促进与相互保护投资协定》，与秘鲁签署的自由贸易协定也已于2010年3月1日起正式实施，与阿根廷等拉美国家的自由贸易谈判进展顺利。目前，双方高层互访不断，经贸合作由浅入深。山东省应抓住当前有利时机，选择有实力的大企业，加快重点推进。二是加强与我国驻外使领馆和当地行业协会沟通联系。拉美国家各行业有较健全的行业协会，协会内设有进出口部、投资部，负责提供政策、信息咨询服务等。在充分发挥我国驻外机构作用的同时，主动加强与拉美国家各行业协会的联系，必将有利于促进双方企业交流，有利于加快开拓拉美市场。三是充分利用友好省州关系。目前，山东省与古巴哈瓦那省等拉美地区的5个省州建立了友好关系，青岛、日照市分别与墨西哥的阿卡尔普尔科市和夸察夸尔科斯市，淄博、泰安、聊城、菏泽等市分别与巴西、乌拉圭等拉美国家的7个市

建立了友好城市关系。这些友好省州（市）关系的建立为山东省开拓拉美市场奠定了基础。可通过双方高层互访，建立政府层面工作机制，组织贸易投资推介，开展项目对接及政策信息交流等，推动双方经贸合作向深层次发展。四是加大政策扶持力度。与拉美国家开展经贸合作具有一定的风险性和不稳定性，主要表现在拉美部分国家货币汇率波动较大，外汇管制较为严格。对此，政府应充分利用中小企业国际市场开拓资金和出口信用保险等各类金融性政策工具，加大对企业的扶持服务力度，帮助企业有效规避“走出去”中的各类风险。

第九章　对外直接投资与风险管理战略选择

我国对外直接投资发展迅猛，一批名牌企业率先“走了出去”。但由于我国行业对外投资起步晚，我国企业对外投资中存在的问题和风险是比较多的。对外投资项目风险较国内投资项目风险复杂，除了涉及大规模基础设施的建设和大量的资金投入外，还要面临不同国家、不同文化、不同经济政策、不同法律环境等诸多国际因素。因此，必须采用科学的方法对各风险因素进行系统的分析和评价，分析各种风险的来源和大小程度，得出对外投资项目的整体风险程度，为对外投资项目提供重要的决策参考。

第一节　对外直接投资风险

一、直接投资风险的类型

根据不同的标准，国际投资风险可划分为不同的类型。加拿大银行家纳吉根据六类标准将对外投资风险划分为不同的类型。

国际投资风险首先作为一个地理概念而存在，按地理位置和国别划分，以特定典型国家给国际投资风险命名，如美国投资风险、英国投资风险、泰国投资风险、印度投资风险等。按筹资主体的性质来划分国际投资风险为主权风险政府或国家风险、私营部门风险、企业风险、个人风险等。按风险的触发因素将国际投资风险划分为政治风险、社会风险和经济风险等。按资金用途将国际投资风险划分为贷款风险、出口融资风险、项目风险、国际收支风险和开发投资风险等。按风险严重程度划分国际投资风险有高风险、低风险、一般风险等。按风险发生的原因分类，国际投资风险包括拒付风险、否认债务风险、债务重议风险等。

二、对外直接投资风险分类的细化

对外直接投资风险分类的细化和完善过程是随着人们对国际投资风险的认

识而逐步加深的。目前通常根据风险的重要性将对外直接投资风险划分为以下几类：

（一）国家风险

国家风险也叫政治风险，是指在对外直接投资中，由于东道国政府在政权、政策法律等政治环境方面的异常变化，导致投资环境的恶化，进而给外国投资者的投资活动造成经济损失的可能性。国家风险是国际投资者面临的最具威胁性的风险，因其发生一般都比较突然，难以识别和预测，单个投资者更难以控制其发展，往往给投资者造成巨大的损失。导致政治风险的因素主要有：（1）东道国政局的变动。如政府主要领导层的变动，主要党派之间的争斗引起的政局动荡，社会各民族之间、各种族之间的矛盾和摩擦引起的社会动乱，以及东道国出现的军人统治或工会势力的过分强大等，都可能会使投资者的利益受损；（2）东道国意识形态领域中的宣传，如东道国政府鼓动或民间自发出现的“抵制外国货”意识和运动，以及认为外来资本是一种“经济侵略”的意识，都会在一定程度上对外国投资者的利益造成冲击；（3）东道国的国有化风险；（4）战争风险。

一般地，国际评估机构对政治风险的测算主要有三种方式：一是欧洲货币法，它征求政治风险分析员、保险商、银行信贷官员等专家对风险测定指标体系的各项指标的意见并计算得分；二是丹·亨德尔设计的“政治制度稳定指数”（political system stability index），它使用上述指标并将其量化，依据政治稳定程度将各国排序；三是哈拉尔德·克努森的方法，他认为，一旦外国资本相当程度地控制了东道国利益，就可能引发东道国对外国资本的征用、没收甚至破坏，这时的政治风险最大。政治风险在20世纪80年代以前曾是决定直接投资流向的一个重要因素，随着冷战的结束和世界政治局势的缓和，经济因素成为影响直接投资的最重要的因素。

从理论上讲，国家风险对外国投资者的影响是双重的，既可能产生有利影响，也可能产生不利影响，现实中以不利影响居多。一般来讲，发展中国家的政治风险较大，发达国家的政治风险较小。

（二）金融风险

金融风险是指在国际投资中，各种不确定因素的变化导致国际金融市场上各国汇率、利率的变动，或国际信用的变动而引起国际投资者资产价值变化的可能性。金融风险主要包括汇率风险和利率风险两类。

汇率风险又称外汇风险，是指在国际投资活动中，因汇率的波动而导致跨国企业在东道国投资的资产或负债价值发生变化的可能性。这种可能性既可能给投资者造成损失，也可能带来收益。企业在跨国经营中遇到的汇率风险主要有交易汇率风险、折算汇率风险和经济汇率风险三种。

利率风险是指国际投资所涉及的国家由于各种不确定性因素的变化导致利率变化，直接或间接引起外国投资者资产发生变化的可能性。

（三）经营风险

经营风险是指企业在进行对外直接投资的整个过程中，由于市场条件的变化或生产、管理、决策的原因导致企业经济损失的可能性。经营风险的类型较多，主要包括价格风险、营销风险、信用风险、财务风险、组织风险和技术风险。

以上这些风险始终贯穿于跨国投资的整个过程，而且彼此之间相互作用和相互影响。20 世纪 80 年代，一些跨国公司在墨西哥、阿根廷等国的经历证明了这一点。当时这些国家相继经历了金融危机，国内市场经历了长达数年的萧条，使跨国公司遭受了金融风险、经营风险和财务风险等一系列冲击。

在跨国投资的各种风险中，政治风险和金融风险是由外部不确定因素导致的，可控性差。经营风险是由于内部不确定因素导致的，其管理融入对外投资者日常经营活动的各个环节之中，可控性较好一些。

第二节　提升风险管理水平

风险是在未来可能发生的一些不确定性事件对资产及其收益造成损失或增进额外收益的可能性。风险实际上具有获益与损失的双重可能性。在任何投资活动中，风险都是客观存在的，不以人的意志为转移，但风险又是可以控制的，人们可以通过正确地认识风险并采取相应防范和管理措施，使风险降到较小的程度。在对外直接投资活动中，所面临的不确定性事件会更多。这些不确定性事件的发生将对对外直接投资的预期收益产生影响。一般将对外直接投资中由于不确定性事件的发生引致资本或收益损失的可能性叫做对外直接投资风险。与国内投资相比，进行跨国直接投资活动由于受到各国经济制度、政治制度的不同，各国经济政策的不同，各国货币在投资和经营过程中出现的利率和汇率波动、投资项目的选择偏误，投资管理的复杂性等因素的影响，国际直接投资风险远远大于国内投资。与间接投资相比，直接投资所形成的资产成为土地、房屋、机器、设备等有形资产和技术、商标等无形资产，其中大部分资产流动性较差。根据不可逆性投资理论，由于直接投资含有沉淀性成本，而不像金融投资等间接投资那样容易进行资产转移，直接投资者日后改变计划或决定，这部分成本将无法挽回，因此，对外直接投资比间接投资风险更大。然而，尽管风险是绝对的、不可避免的，但我们仍能采取一系列措施对之加以控制和防范。

我们可以从微观层次和宏观层次这两个方面来分析，尽可能使对外直接投资风险降到最低程度。

一、微观层面，即企业自身的风险控制和防范

微观层面可再细化为风险的事前预防和经营过程中的风险规避两个方面。

（一）事前预防

关于事前预防，我们可以从两个方面来着手：第一个是内部条件，即企业自身所应该具备的素质条件；第二个是外部条件，即创造一个良好的投资环境，选取可行的投资项目。

1. 完善对外投资企业自身的治理结构，加强投资风险管理的组织体系

规范的公司治理结构是现代企业高效运行的基本前提，也是跨国企业有效抵御对外投资风险的重要保证。目前，一些对外投资企业由于种种原因，尚未建立起产权结构明晰、责权统一、运转协调、有效制衡的管理模式，这一方面导致对外投资企业经营管理效率低下，缺乏国际竞争力；另一方面造成企业被个别“内部人控制”的格局，很难应对跨国投资过程中的高风险。针对这种情况，我们必须借鉴国际大型跨国公司的先进管理经验，建立健全海外企业的法人治理机制，形成以董事会为主的所有权决策体系、以监事会为主的监督协调体系、以总经理为首的经营权执行体系，三者之间应该有明确的、科学的分工。在完善企业内部约束机制的同时，还要正确处理国内母公司与海外子公司的关系。依据国际经验和我国海外企业发展现状，国内母公司应把事关全局的重大决策权和管理权集中于公司总部，在一些战略性问题上加强控制、监督与协调，并随时掌握海外企业的运行状况，把海外企业的发展纳入母公司国际化战略范

畴。与此同时，把需要灵活作出反应的职能和经营业务的权限分散在各分支机构，适当扩大海外企业的经营自主权，使其能够按照东道国的惯例和投资环境的变化，及时地、灵活地调整其生产经营策略，以便有效应对海外投资风险，获得最佳经济效益。

为了有效提升中国企业对外投资风险控制的水平，应该着重强化投资风险管理的组织体系。目前，我国大部分海外企业没有建立完善的投资风险管理组织体系，企业各部门、各员工之间的风险管理的责、权、利不明确，对跨国经营风险的评估与控制的能力严重不足，一旦风险发生，就互相推诿，逃避责任。在新的国际经济和金融环境下，各种复杂的风险因素经常密切地交织在一起，相互作用和影响，这就要求海外企业必须统筹兼顾各种风险的综合效应，从企业整体角度综合管理所面临的全部风险。过去那种对各类风险从各个职能部门进行孤立度量、控制和管理的分离式传统风险管理模式不再适应时代发展的要求。根据当代跨国企业经营的特殊性及其海外投资风险的复杂性，聂名华（2008）设想构建了一个集成式风险的组织管理体系，该体系主要由三个层级构成：第一层级是母公司集成风险管理委员会，它直接隶属于母公司董事会，对整个总公司的风险管理活动进行统筹与协调；第二层级是海外子公司风险管理部，它独立于子公司的各业务部门，负责组织和协调海外企业各部门的风险管理活动；第三层级是海外子公司业务部门的风险经理，其接受风险管理部门的指导，对本部门负责人和风险管理部双重负责。构建这种扁平化、规范化的管理体系，既可以保证风险管理覆盖跨国企业所有的风险领域，又可以综合协调各部门的风险管理活动，实现风险管理的横向与纵向协同，从而更好地满足对外投资企业集成风险管理的要求。

2. 重视对外投资的可行性研究，通过科学决策规避投资风险

可行性研究是在投资项目决策前进行技术经济论证的一门科学，它对于减少或避免对外投资风险具有举足轻重的作用。目前，我国有些海外企业经济效益不高，并不是企业生产经营本身的问题，关键在于其投资决策失误。有些企业缺乏对海外投资环境的深入考察，没有弄清东道国的相关情况就盲目投资。例如，三九集团曾在马来西亚投资设立药品生产加工企业，由于不了解该国药品生产和销售须经过当地伊斯兰宗教组织认可，最终导致投资失败。为了避免这种情况，在对外直接投资决策阶段，我们必须对投资区位、东道国投资环境

和投资项目进行充分的调查和分析，并选取适当灵活的投资方式。

为了减少或规避对外投资风险，中国企业要在投资区位上实现多元化。目前，中国对外直接投资企业虽然涉及170多个国家或地区，但重点是在亚洲和拉美地区。由于投资区位过分集中，不利于分散投资和经营风险。随着中国对外直接投资规模的迅速扩大，多种行业、多种经济主体不断加入从而扩大了投资者队伍，应该突破目前投资过分集中的格局，逐步实现更为多元化和全方位的流向分布。当然，这并不意味着在世界各地均衡投资，到处设点，分撒“胡椒面”，而应突出重点，兼顾一般。根据国际市场的发展变化和中国企业的实际情况，我们认为现阶段应将发展中国家作为投资重点，因为这些国家与中国有许多共同的经历，在政治上、经济上有传统的良好关系，中国企业在这些国家投资不仅能较快地适应当地环境，而且有利于充分发挥现有企业在生产技术和经营管理等方面的比较优势。与此同时，应有针对性地开展对发达国家的直接投资，这些国家一般拥有良好的投资环境，主要表现在经济和科技发达、市场容量较大、产业门类齐全、基础设施完善、投资法规健全，而且对外资的限制相对较少，政局变动对投资环境的影响较小，这些都是我们进入发达国家投资市场的有利因素。此外，为了缓解国内资源不足的矛盾，应该注重对石油、矿产、有色金属等资源丰富的国家投资。海外资源开发项目投资大、周期长、投资灵活性较差，必须高度重视投资风险的防范与控制。

对东道国的投资环境的考察应重点考虑以下因素：一是当地政府愿意同中国进行经济技术合作，要尽可能选择与中国政府签有双边投资保护协定的国家开办企业；二是当地政治形势比较稳定，不会因政局不稳或政权更迭造成对中资企业财产和人身安全的威胁；三是当地涉外投资法规健全，对中方投资确有法律保障；四是当地经济发展稳定，市场容量可观，且税负较轻；五是当地外汇管制比较宽松，中方所得利润及其他合法收益可以自由汇出等。要根据上述各种因素和投资项目的具体特点，选用一种或几种较为典型的评估方法，对当地投资环境进行综合评估，并得出科学的结论。

对投资项目自身的可行性研究。在掌握东道国各种资料的基础上，认真分析投资项目的可行性。主要是分析该项目在特定的外部条件（东道国的硬环境和软环境，如原材料的供应、销售的前景和渠道、同类产品的价格和质量等）和内部条件（投资企业在资金、技术、管理、工艺流程等要素方面）下可能出现的各种风险进行综合评价，分析它们对投资项目的影响程度，并对多种投资方案进行“敏感性试验”，以便为对外投资项目决策提供准确和可靠的依据。

跨国并购投资项目的可行性研究。随着中国企业对外直接投资的发展，投资方式呈现多元化趋势，越来越多的企业采用并购方式进行海外投资。与绿地投资方式相比，跨国并购投资项目的可行性研究有许多特点，最为重要的是选择合适的并购对象即目标企业。根据国内外成功经验，在选择目标企业时必须注重三个问题。一是目标企业有无发展前途。每种产品都有一定的生命周期，如果目标企业的产品已经达到饱和的极限或属于淘汰产品，并购后就很难有发展余地。如果被迫将目标企业的生产设备和技术转向其他的生产领域就可能违背企业并购的初衷。二是目标企业现有技术装备情况。一般来说不要收购那些设备陈旧、技术落后的企业，因为这类企业缺乏竞争力；同时也尽量不要收购那些生产工艺复杂、生产连续性很强的企业，这类企业如果某一关键环节或零部件出现问题，则有可能导致企业停产的危险。三是目标企业的负债情况。应仔细分析目标企业原有债务的偿还期限和利率，弄清债权人对债务人是否有限制性规定、借债行为是否合法、是否存在隐蔽的坏债，防止陷入债务纠纷或使企业遭遇债务风险。在此基础上，选择切实可行的并购模式和交易方案，使企业有效规避并购风险，实现预期投资目标。

（二）经营过程中的避险措施

1. 积极实施本土化的经营战略

在中国企业对外直接投资过程中，积极实施本土化的经营战略，不仅有利于尽快熟悉和适应当地投资环境，充分利用和享受东道国推行的外资优惠政策，而且有利于获得当地政府和民众的广泛认同与支持，减少或避免来自企业外部的投资与经营风险。国际上许多著名的跨国公司，如可口可乐、摩托罗拉、IBM等公司在跨国投资与经营中获得巨大成功，在很大程度上得益于其本土化战略的成功实施。中国企业在海外频频遭遇抵制、罢工或其他形式的抗议活动，与企业海外经营本土化相对滞后不无关系。

在实践中，本土化战略的内涵是多层次、多方位的，包括人才本土化、营销本土化、研发本土化、原料和生产本土化等。中国对外投资企业应该根据当地生产经营环境，制定适合企业具体情况的本土化经营战略，并根据市场变化的要求及时加以调整。要注意遵循东道国的法律规范和风俗习惯，尽可能地雇用当地专业人才参与企业管理；要在当地搭建企业原料供应链条和营销网络，开发适应当地需求的特色产品；要主动与当地政府、行业协会和民间工会组织进行沟通，构建和完善本土化的公共关系；要树立良好的企业形象，努力将本土企业的发展融入东道国经济和社会文化发展中去；通过与国外相关机构进行谈判和交流，及时排解风险隐患，防止因矛盾积累而爆发摩擦事件，力争形成和谐共处、互利双赢的局面。

2. 构建对外投资风险预警系统，及时发现和消除风险隐患

当今国际市场风云变幻莫测，传统风险和非传统风险相互交织，为了有效防范企业对外投资风险，必须建立健全科学的风险预警系统。该系统是对企业对外投资活动中可能遭遇的风险采取提前预测和事先防范的机制，一旦发现风险征兆，就及时发出预警信号，提醒投资者采取矫正措施，从而最大限度地控制不利后果的发生。对外投资风险预警系统主要由五个子系统构成，分别是风险信息系统、风险测度系统、风险报警系统、风险矫正系统和自动更新系统。这五个子系统既按照顺序逐层推进，又通过自动更新系统形成一个闭环结构，共同为企业对外投资提供可靠保障。

分析对外投资风险的第一个环节是分析风险信息系统，包括收集东道国的投资环境、经济参数、涉外法规、市场竞争状况、社会文化习俗等信息，分析这些信息的变化方向和趋势，分析其是否会构成企业对外投资的风险因素，是否会给企业带来现实和潜在的风险，通过对风险因素进行连续监测和动态追踪，确定是否出现风险征兆。第二个环节是分析风险测度系统，该系统应对收集的风险因素和基础数据进行鉴别及检查过滤，剔除其中的误导性信息，在此基础上将风险因素归类，并根据相关风险预警评价指标体系衡量各类风险的级别，判断各种风险因素相互作用对企业的综合影响程度。第三个环节是分析风险报警系统，该系统应根据警兆的变动情况，及时将风险类型、影响程度和可能发生的时间等信息向投资决策者或经营管理者报告，并切实保证风险信息传递的真实性、准确性、超前性和高效性。第四个环节是分析风险矫正系统，该系统应针对风险的性质和影响程度，提出风险控制预案，尽可能地将风险消除在潜伏期或萌芽状态。第五个环节是分析自动更新系统，该系统根据风险矫正情况，观察其带来的后果，作出相应的调整，并反馈更新后的风险信息，保证对外投资风险预警系统持续有效地运行。

二、在宏观层面上，政府需要为企业对外直接投资提供相应的法律政策支持、信息服务，并制定完善对外直接投资的保险担保制度

（一）完善对外投资的法律监管，加强政策扶持和信息服务

与西方实力雄厚的跨国公司相比，中国企业对外直接投资目前还处于初级阶段，众多企业不熟悉国际市场的游戏规则，国际竞争力相对薄弱，抵御跨国投资风险的能力也不强。在这种情况下，应该充分发挥政府及有关部门的作用，加强对外投资的法律监管和政策扶持，为企业规避对外投资风险提供必要的信息服务，力图构建一个“法制健全、监管高效、服务到位、促进和保障有力、投资便利的新型对外投资体制”。

首先，健全对外直接投资的法律体系。目前，我国对外投资在总体上还没有一个规范化的约束，还没有一部系统化的《对外直接投资法》。现行的某些法规不仅颁布时间较早，而且门类残缺不全，难以适应对外投资发展的需要。因此，应尽快制定一部既有中国特色又与国际投资法及国际惯例接轨的《对外直接投资法》，作为调整我国对外直接投资关系的基本法，该法律应对本国对外投资主体、投资形式、审批程序、资金融通、技术转让、收益分配、企业管理、争议解决等问题作出原则性规定。根据我国对外投资发展情况，要适时制定对外投资基本法的实施细则及其他有关的单行法规，如《对外投资企业法》、《对外投资审查法》、《对外投资所得税法》、《境外国有资产管理法》等，逐步形成一个以对外直接投资基本法为主、各种单行法规和相关配套法规为辅的法律体系，确保我国对外投资有法可依。

其次，健全对外直接投资的监管体系。目前，我国对外投资往往“重审批、轻监管”，使某些境外企业处于放任自流的状态，防范风险的能力明显不足。针对这种情况，我们一方面要改革现行的投资审批制度，适当简化审批手续；另一方面要完善对外投资的监管机制，加强政府有关部门对境外国有资产的监督。应在国有大中型企业所有者与经营者之间建立必要的约束机制和激励机制，明确国内投资主体与其境外子公司经营管理者的责任、权利和义务。要重点强化对外投资企业风险的监管，明确各层次负责人及员工在风险管理中的职能和作用，使其增强风险管理的意识，努力实现境外国有资产的保值和增值。

再次，加强对外直接投资的政策扶持。近年来，国家在财税、信贷、外汇

等方面出台了一系列政策措施，使对外投资的政策环境有了较大改善。为了进一步增强对外投资企业的国际竞争力，国家应尽快设立对外投资发展基金、中小企业对外投资扶持基金、重点产业对外投资基金等，构建和完善我国的基金支持体系。这些基金可以由财政部、地方政府、商业银行以及非银行金融机构共同出资组成，根据企业的申请，按照一定的审核标准，向对外投资企业提供风险贷款。与此同时，应加大政策性金融机构的资本金，使其能适当扩大优惠贷款和贷款贴息的规模与范围。要进一步拓宽对外投资企业的融资渠道，放宽贷款担保限制和外汇额度限制，对国家重点鼓励的行业和项目在税收上给予优惠政策倾斜等。

最后，做好对外直接投资的信息服务。为了使对外投资企业对东道国投资环境有比较全面的了解，更好地防范可能遭遇的投资风险，政府有关部门应采取有效措施，为企业提供对外投资信息和投资机会等情报。在国外，这项工作大多是通过国家行政机关、国内特别机构或驻外使领馆所设的经济情报中心进行的，有的国家是由专门的海外投资公司、海外投资研究所、海外经济调查部进行的。根据我国的现实情况，可以设立对外投资委员会，联合驻外使领馆和国际商会等机构，形成庞大的信息收集、处理和传递网络，定期发布国别投资环境报告和投资风险评价报告，为对外投资企业提供有关国家的政治、经济、技术、法规和社会文化等信息，使企业有效规避对外投资风险，大幅度提高投资经济效益。

（二）完善对外投资保险制度，发挥双边和多边投资保护机制的功能

为了规避对外直接投资风险，目前，许多发达国家都制定和实施了对外投资保险法。但是，我国至今尚未制定保护对外投资的专门法规，因而难以消除企业对外投资的后顾之忧。2001 年，我国设立了独立的政策性保险公司——中国出口信用保险公司，负责承办政策性出口信用保险和对外投资保险业务，后者包括征收、汇兑限制、战争及政府违约四类政治性风险。但其保险品种主要是根据 20 世纪中后期对外投资政治风险的特点设计的，很难适应当今国际投资政治风险客观变化的趋势。由于适合投保条件的企业覆盖面偏窄，保险产品种类设计落后，加上保险费率偏高，目前该公司承保的对外投资风险业务相当有限，主要还是侧重于与出口有关的保险业务。为了增强对外投资企业规避风险的能力，我们有必要借鉴发达国家的经验，尽快制定适合本国特点的《对外投

资保险法》，明确规定对外投资的保险机构、投保资格、承保范围、保险金额、代位求偿权等，使这项工作有法可依。在健全法制的同时，还要适时建立专门的对外投资保险机构。从国际上看，对外投资保险机构的设置主要有两种模式：一种是以法国和德国为代表的分离制，即分别设立审批机构和经营机构；另一种是以美国为代表的统一制，即统一由单一的对外投资保险机构行使审批和经营职能。根据我国现阶段国情，可以采用分离制模式，由对外投资委员会负责审批事务，保险业务则由中国出口信用保险公司具体承办。待条件成熟时，逐步过渡到统一制，并成立隶属于对外投资委员会直接领导的中国对外投资保险公司，该公司不以盈利为目的，专门开展对外投资风险的保险业务。在保险范围上，应根据近年对外投资风险的变动特点及发展趋势，将蚕食式的征用风险、政治暴力风险、恐怖主义等风险纳入保险的范畴，为对外投资企业设计出更加适宜的保险品种。国家应该设立对外投资保险基金，基金来源主要是国家财政投入，也可加强与商业性保险机构合作，还可吸引民间资本参股，以便增强保险机构的实力，扩大保险覆盖范围，适当降低保险费率，更好地帮助企业规避对外投资风险。

在完善本国对外投资保险制度的同时，还要充分发挥双边投资保护机制的功能。迄今为止，中国对外直接投资已遍布 170 多个国家和地区，但与外国政府签订的双边投资保护协定却只有 110 多个，覆盖率约为 67% ，也就是说还有 1/ 3 的国家尚未与中国签署投资保护协定，从而使在这些国家投资的中国企业面临更大的风险。多年来，由于我国重视引进外资，忽视对外投资，以往签署的大多数协定内容主要是保护外商在华投资的权益，而没有将保护中国企业对外投资列为重点，即中国是以东道国身份、外国则以投资母国身份签署的协定，使双边投资协定在事实上演变为中国政府的单方面承诺。鉴于这种情况，我们一方面要利用外交途径，积极推进同更多国家商谈并签署双边投资保护协定；另一方面对已签署的有关协定进行清理，对其中不合时宜、不够协调、不符合对等原则的内容进行调整和修改，将当代跨国投资中可能出现的非传统风险纳入双边投资保护的范畴，使协定内容更好地反映时代的要求，更有效地保护双方投资者的合法权益。

此外，我们还应积极利用多边投资担保机构（MIGA）的功能。该机构是根据《多边投资担保机构公约》成立的一个国际投资保险组织，主要向跨国直接投资者承保四种政治风险，即外汇冻结险、资产征用险、合同终止险、武装冲突和市民暴动险。一旦东道国发生这些政治风险，跨国投资者即可依据约定程序，迅速获得损害赔偿。中国虽然是《多边投资担保机构公约》的缔约国和主要出资国之一，但是，已经和试图开展对外投资的中国企业缺乏利用该公约及其担保机构保护自身权益的意识。为了改变这种状况，当务之急是加强对该公约的宣传力度，使中国对外投资企业加深对多边投资保护机制的认识，熟悉整个保险程序、投保要求和保险措施，善于利用该公约的有关条款及承保机制减少和规避投资风险，以便进一步提升企业对外投资活动的安全系数。

第三节 新形势下对外直接投资风险分析与控制

一、新形势下面临的风险

在剧烈动荡的全球经济时局中，跨国公司实施对外直接投资绝不会是一帆风顺的，面临着诸多挑战和艰险。从实践来看，中国企业在对外直接投资中都会频繁遇到投资东道国政治风险、激烈的市场竞争、人员跨国流动限制、投资壁垒等国际障碍。中国企业以及山东省的企业对外直接投资主要集中在亚洲、拉丁美洲地区，对非洲地区的投资近年来增长较快。目前，包括国际金融市场动荡、国际资源价格大幅上涨、东道国对外国投资限制等不确定因素增加都加大了中国的对外直接投资风险。

目前，国际不确定因素加大了中国对外直接投资的难度。首先，由次贷危机引发的全球金融危机已经导致全球经济受到极大的冲击，以及汇率市场的不稳定，都加剧了国际金融市场动荡。其次，国际资源价格大幅上涨，加大了中国企业投资成本，不利于中国对外直接投资。最后，东道国对外国投资限制增加，投资自由化受到抑制。如近年来，美国的投资限制在增加，而不是减少。据了解，美国有 32 个州不允许外国银行和保险业进入。

此外，对于企业本身来说，开展对外直接投资也面临一些挑战。首先，融资条件比较差。目前中国对外投资企业不能完全从国内贷款，而在国外融资受到较大程度限制，融资渠道也较为狭窄。其次，人才属地化也存在难度。国外市场较好，但从东道国雇用所需人才却存在一定困难。最后，由于东道国与投资国的政治、经济背景不同，文化差异会造成一些文化冲突。

（一）海外金融资产面临巨大风险

虽然低估值带来了并购良机，但全球金融市场的缩水同样给中国已有的海外资产特别是金融资产带来了巨大损失。已走出国门的金融企业参股境外金融机构或者购买的境外金融资产面临大幅度的化为乌有的风险。这类金融资产一旦出现风险，必然波及所有的投资者。

如中投公司对黑石集团和摩根士丹利的两笔投资，截至2009年2月，分别发生浮亏25亿美元和30亿美元；2007年11月中国平安投资富通238.74亿元人民币，截至2008年第三季度末，浮亏188亿元，相当于平安2007年全年的利润总额。海外金融资产面临的风险由此可见一斑。

（二）汇率风险有加大的趋势

金融危机的爆发使美元币值动荡不安，一些东欧国家货币严重贬值给全球外汇市场增加了不确定性。货币的贬值可能给这些国家带来债务危机，进而导致其对资本流动的严格管制，进而对海外投资带来毁灭性打击。所以，在国际汇率市场波动不安之时，投资海外的中国企业还需对这些国家的金融稳定性进行考量。

（三）政治风险日益凸显

我国对外直接投资面临的政治风险，在发达国家与发展中国家的表现有所不同。在发达国家主要表现为，随着近年来全球进入资源高价周期，主要资源国的合作开发门槛已明显提高，各国越来越关注资源国的资源保护主义。针对中国经济崛起和综合国力增强而出现的“中国威胁论”抬头，引起许多国家对近年来中国大型国有或国有控股的能源及其他矿产资源企业，大规模对外投资对其本国未来资源安全可能造成威胁的担忧。因此，东道国政府在审批投资项目时，政治方面的考虑往往就居于主导地位。尤其是当投资者认为某项投资是市场力量自然形成的，而东道国方把它看成是国家控制的增长方式支配的一项政策选择的时候。2005年中国海洋石油公司竞购美国石油公司优尼科被美国国会否决。2008年2月中铝收购力拓9%的股份不久，澳大利亚联邦政府发布了一份有关外资必须符合澳大利亚国家利益的“原则”声明，并称“原则”是为了确保投资透明、无政治背景，并最终导致中国铝业并购力拓失败。此外，2008年4月首钢收购吉布森矿山被澳大利亚收购委员会以违反公司法为由叫停，这是中国企业在澳大利亚并购第一次遭到政策障碍，中钢集团强行收购澳大利亚中西部矿业的收购要约也从开始就遭到拒绝。

在发展中国家，我国对外直接投资的政治风险突出表现为安全风险。经济全球化非均衡发展所造成的国家、地区以及行业、阶层之间的收入分配及利益差距不断扩大，导致一些国家内部的利益受损阶层或集团，以不同形式的民族主义、恐怖主义和极端主义方式，组织实施越来越多地针对外国企业或其雇员的罢工、绑架勒索、抢劫或者强行查封等安全事件或社会群体事件，对部分境外投资企业的生产经营以及人员的正常生活和生命安全造成重大的威胁或伤害。上汽集团2004 年并购控股的韩国双龙汽车，因劳资纠纷陷入经营困境；首钢1992 年高价收购的秘鲁铁矿公司，2005 年6 月至2006 年8 月，因劳资纠纷连续遭遇5 次罢工，公司多次被迫停产；近年来，中国在非洲投资项目的中方雇员多次被绑架勒索；中国在西班牙投资的温州鞋城被烧；中国在俄罗斯投资建设的商城内的商品被多次查封、没收。

（四）经营风险不容忽视

过去 20 年的全球大型企业国际并购案中真正取得预期效果的不到50%，以及中国对外直接投资项目中仅有 1/3 的项目盈利的现实也在很大程度上说明了对外直接投资的高风险性。

在当前的经济形势下，全球消费者都收紧腰包，减少消费。在海外经营的中国企业，主要面临两方面的经营风险：

第一，疲软的市场造成销售下降、盈利减少造成的经营风险。此次范围波及全球、深度仍不见底的国际金融危机，通过国际股票、期货、商品和资本市场的传递和放大作用对国际能源、原材料市场价格变化带来的严重不确定性，已经导致各国企业的大范围的利润下降、亏损、裁员或破产重组。在可预见的未来，这一趋势还会持续下去。这不仅会对中国既有的境外投资项目带来风险，而且会对正在或未来将要进行的对外投资项目带来风险。中国企业在产品、技术、品牌、销售渠道和国际化经营等方面的劣势，会进一步加大投资风险。

第二，在经济下滑时增加的跨文化风险。在经济下滑的时候，当地国家的民族主义思潮涌现将给跨国公司带来巨大的跨文化冲击风险。关于文化的差异美国学者把它分为四个层次。第一个层次是两个国家语言相通，几乎没有文化上的差异，如美国和加拿大，这样的企业国际化与国内经营几乎没有什么区别。

第二个层次是很小的文化差距，即具有相同的语言，如美国与英国、澳大利亚等，国际化经营需要考虑一些国际间的文化差异，但差异不大，比较容易沟通，跨国经营成功的可能性大。第三个层次是中等程度的文化距离，即具有相同的文化渊源，但不同的语言。如美国与欧洲大陆国家，共享西方文明，但是语言不同，差距较大；又如中国与日本、越南、韩国享有共同的儒家式文化，但是语言不同，文化差异还是比较大的。第四个层次是大的文化差距，是指不同的文化渊源、不同的语言，如中国与美国、美国与阿拉伯国家等。从文化角度看，中国企业国际化最易成功的应该是讲中文、有相同或相似文化的国家或地区，如中国台湾、中国香港、中国澳门、新加坡，其次是越南、韩国、日本等。但是随着中国对外直接投资地域分布的多元化，欧美国家将日益成为我国企业海外投资的主要东道国，这就必然使中国企业国际化面临着最大的文化风险，我们不仅要克服语言上的差异，还要克服文化渊源和文化背景上的差异。

美国科尔尼咨询公司的一项研究表明，在并购失败的决定因素中，文化差异居于首位。美国经济咨商会对财富500强企业中的147位CEO和负责并购的副总的调查显示：90%的被调查者认为，文化因素对实现企业并购后的成功至关重要。我国企业海外并购遭遇困境，其中一个重要因素也是文化冲击所致。如2004年，TCL收购阿尔卡特手机业务后成立了新的合资公司，原阿尔卡特的员工习惯在一种宽松而备受尊敬的环境中工作，而TCL的管理方式则近乎军事化，相对而言有点简单粗糙，让原阿尔卡特员工无法适应。企业管理文化的冲突，最终导致大批阿尔卡特员工对并购选择了“用脚投票”。我国台湾明基收购西门子手机业务后，很快败下阵来。原因在于明基很难融合西门子强势的德国企业文化。据明基员工后来的回忆，西门子手机工程师非常高傲，台湾明基管理层很难指挥这些工程师工作。

2004年，联想成功收购IBM电脑业务。IBM个人电脑业务部门有近万名员工，分别来自160个国家和地区，如何管理这些海外员工，对联想来说是一个巨大的挑战。并购之后，联想把总部搬到全球IT业最发达的美国，总部工作语言用英语而非汉语。董事会成员及公司高级管理人员大量引入非中国人，使联想的商业运营基本上摆脱了在中国市场形成的惯性方式，融入到了全球的管理实践当中。并购之后的3年时间里，联想的销售额持续增加，除2003—2004财年销售利润由5.2%降至4.4%，其余各年份的销售利润都在迅速增长。2007—

2008 财年，联想的利润甚至大幅上升了237%。但是并购之后的文化整合还没有完成，2009 年年初，联想进行人事调整，用纯中国团队经营海外市场，联想前期聘用的很多洋面孔纷纷离职。这体现了联想跨国并购之后的文化冲突及内部的派系斗争。

此外，我国企业的工会文化和国外企业的工会制度文化差异明显。在我国，工会作为企业员工的集体性组织，附属于企业整体管理之下。在国外，不仅有企业内部工会，还有产业工会，工会组织是具有很大话语权的强势团体。不少跨国并购的失利，往往同我国企业对并购企业工会组织的沟通缺失有关。海尔并购美泰克受挫和上汽整合韩国双龙失利，都是对并购企业工会文化理解深度不够的典型案例。

由此看来，跨国并购活动并非阳光大道，而是潜藏着各种规则与风险。在跨国并购热潮中，我国企业必须清楚地估计到东道国可能给交易设置的政治性障碍，并清醒地意识到现实的双重文化差异可能引致的冲突。解决以上政治风险和文化冲突的有效手段就是战略沟通。

二、风险规避与控制

（一）寻找和建立与资源国利益共赢的长效机制

人们对海外投资资源经营风险的担心相对有限，更多的是关注资源国的资源保护主义。由于目前全球已进入资源高价时期，主要资源如铁矿石资源国的合作开发门槛已明显提高。所以，“算多本账”最好的办法就是寻找和建立与资源国利益共赢的长效机制，确立利益风险平衡的商业心态，与资源国实现利益共赢。

国际项目本身不能吃独食，与国际国内企业合作去开发和并购，既回避了单独开发的风险，也寻求到了共同开发的资金和力量。人们对宝钢集团联手巴西矿业巨头在当地投资建立大型钢厂的做法表示认可。这一合资钢厂项目充分利用巴西的铁矿石资源，在当地投产可以创造大量就业岗位，出产的钢坯正好填补南美当地市场的缺口，可谓“一举多得，多笔账共赢”。

（二）具备处理各种商业风险的经验、人才和能力

中国企业开拓国际市场，不仅需要金融、法律、财务、技术、营销等方面的专业人才，更需要具有战略思维和现代管理经验的中高级管理人才。因此，

企业应重视人才的培养工作，尽快造就一批既精通业务、熟悉国际规则和东道国法律，又熟练掌握外语、熟悉外国文化、涉外工作能力强的复合型跨国经营管理人才，为企业跨国经营提供人力支持。加快培养跨国经营管理人才，是新时期我国实施“走出去”战略的一项重要工作内容。

（三）解决文化冲突是成功收购的关键

这种文化冲突主要体现在制度文化、管理文化和价值观念文化三大方面。要解决这些冲突，可以从宏观和微观两个层面进行沟通。

1. 宏观层面的战略沟通

到2007年，中国对世界经济增长的贡献率已位居世界第一。为此，政府更应善于运用公共外交手段，向世界说明我国企业“走出去”的真正意图，传播我国和谐发展的理念。

从战略沟通的视野来看，破解跨国并购中的中国式难题，有赖于政府宏观层面和企业微观主体两大层面的共同努力。众所周知，政府并不直接创造财富，却创造环境。在跨国并购中，政府可以通过有效的战略沟通，为我国企业的跨国并购创造良好的国际环境。具体来讲，主要包括以下两大方面。

第一，政府可在推出和平发展的国家形象方面有所建树。国家形象是国家软实力中不可或缺的重要组成部分，直接关系到国家在国际社会中的声誉资本，而声誉资本的缺乏则会增加改革的成本和企业“走出去”的成本，影响到我国企业融入国际市场的广度和深度。例如，我国企业在欧美发达国家的并购往往受到较多政治因素的影响。但相比之下，我国企业在苏丹、尼日利亚等非洲地区的并购就开展得较为顺利。这多少与我国在该地区业已建立起来的良好形象和相对竞争优势有关。

因此，我国政府应当从全局高度实施战略沟通，进行具有一定深度和广度的文化传播、公共外交和国际公关。打造更多具有国际声誉的媒体，传播我国的声音，传播我国和平发展的形象，从而提升国家的软实力和声誉资本，为企业跨国并购跨越政治障碍创造更好的国际环境。

第二，政府要为企业跨国并购提供服务。这里所说的“服务”至少应涵盖以下三大方面：为企业提供国外政策信息服务；在政府部门之间要进行正式与非正式沟通，澄清不必要的误解；运用公共外交增进国际公众对企业跨国并购的理解。

为企业提供国外政策信息服务，是指政府应该发挥自身优势，为企业提供行业信息、人事信息以及东道国政策环境、文化环境和政治环境信息。当年，TCL 并购法国汤姆逊不甚成功，很重要的一个原因是 TCL 没有仔细研究法国的《劳工法》。于是，在其重组新公司所需的 4 500 万欧元现金费用中，占绝大部分的是对原汤姆逊员工的安置费用。可见，企业跨国经营最大的挑战不在于资金，而在于信息不对称情境下对并购目标企业所处环境的不了解。一时冲动之下盲目出海，往往导致并购之路磕磕绊绊。

政府部门间正式与非正式沟通。美国凯雷投资集团并购我国徐州工程机械集团有限公司（以下简称徐工）案，虽历经 3 年仍未能获得商务部的批准而以失败告终，但在整个并购过程中，我们得以见识到国际顶级风投凯雷在政府沟通方面的技巧。在竞购徐工的过程中，凯雷聘请了政府人士和企业高层来华公关，包括时任美国商务部副部长的雷文凯、前国务卿科林·鲍威尔、凯雷集团总裁大卫·鲁宾斯坦都先后对中方政府进行过游说，并向公众宣传凯雷的正面形象。美方官商两界的联合出击让中国政府加快了审批的脚步，商务部和国家发展改革委积极举行会议商讨，北京市领导亲切会见，这些都使凯雷竞购徐工在政治上的阻力大为减轻。

公共外交的运用。公共外交是一种一国政府面对国外民众，以文化传播为主要方式、说明本国国情和本国政策为主要内容的外交形式。公共外交的目的是在世界范围内增进对某一国家价值观、政策及举措的理解。

当前，我国企业为保证持续发展能力，本着对海外能源、矿产等自然资源和优秀品牌、先进技术渴求的目的，走出国门，开展跨国并购，这种行为被不少国外公众误读为社会主义“雄狮”的“攻城略地”。事实上，中国经济的快速和持续增长对世界是机遇而不是威胁。国家统计局发布的《国际地位明显提高，国际影响力显著增强》的报告显示，2007 年，中国对世界经济增长的贡献率已位居世界第一。为此，政府更应善于运用公共外交手段，向世界表明我国企业“走出去”的真正意图，传播我国和谐发展的理念。

2. 企业层面的战略沟通

企业形象是企业进入世界市场的通行证。作为微观主体层面的并购企业，需要做好对社会公众、媒体、被并购企业等战略公众的沟通工作，教育相关公众，力求传达一种善意的并购形象，为并购营造良好的舆论环境。

首先，在社会公众沟通方面，企业应保持与目标社会公众的适度沟通，让社会公众了解我国企业以及并购目的，改变以往固有的偏见或刻板印象。从而达到以下三个目的：宣传企业品牌，确立企业国际化形象；告知当地社会公众并购交易之后将会给当地的就业、税收以及经济发展带来哪些积极影响；树立企业积极参与当地社会服务、热心于当地社会发展的形象。其中，企业形象是企业进入世界市场的通行证，良好的企业形象可以降低跨国并购中摩擦产生的成本。并购后成立的新企业若能整合各方资源并入乡随俗，做一个优秀的企业公民，那么当我国企业在海外经营遇到问题或挫折时，也就更容易得到当地的理解和支持。

其次，在媒体沟通方面，国际主流媒体既是战略沟通的传播媒介，又是跨国并购企业战略沟通的“关键公众”。对塑造跨国并购企业形象、营造良好的舆论环境而言，媒体拥有比社会其他团体更大的力量，是最能影响企业对外形象的力量。近年来，随着我国企业海外并购的快速增长，国际舆论上时有“中国经济威胁论”、“资源掠夺论”等议题炒作。在此环境下，我国企业更应主动与当地新闻媒体建立良好的互动关系，并通过媒体，进一步与社会其他公众进行有效的沟通。

媒体沟通缺失曾是当年海尔收购美泰克公司失利的重要因素。在竞购美国第三大家电巨头美泰克公司时，海尔对媒体口风非常紧。无论中外媒体如何轰炸，海尔始终以沉默示人。对当地主要媒体——《得梅因纪事报》采访意向的拒绝，更是向当地民众传递了一个负面的信号，并最终导致海尔放弃此次收购活动。然而，视线转向与海尔同台竞购的烈普尔伍德控股公司。其创始人兼CEO弗莫西·科林表现得平易近人，答应了《得梅因纪事报》记者的电话访谈和个人专访，回答了关于此次收购事件的诸多问题，从而形成了有利于自己的舆论环境。

再次，在与目标企业沟通方面，处理好与被并购方的关系是跨国并购决策的关键。包括与目标企业股东、管理层之间，以及与目标企业工会之间都要做好沟通。尤其，在与并购目标企业管理层、股东的沟通过程中，不仅要深入说明并购行为的意图和价值，还要说明并购绝非短期投资行为，而是一个长期工程。争取与被并购方站在同一战线上，充分向目标企业股东和管理层表明自己的诚意。面对在跨国并购中具备相当话语权的工会组织，中方企业一定要重视同并购目标企业工会的沟通工作，妥善处理目标企业员工并购后的工作问题、福利制度等，向他们充分展示并购企业的实力与善意。

最后，志在开展跨国并购的中国企业，其并购团队中应当包括并购危机管理专家，其并购策略中则应当包括并购危机管理策略。特别是当前我国跨国并购的企业主体中有相当一部分是具有国资背景的大型中央企业，且其所在行业大多为能源、矿产等自然资源领域，这些战略性资源的收购行为更容易遭遇东道国公众的抵触情绪和舆论压力，东道国政府和政治团体也更容易出于战略安全或政治方面的考量出面阻止并购案的进行。一旦并购危机发生，中国企业应遵循“三说”原则（“说什么”、“什么时候说”和“通过什么途径说”），对相应公众开展战略沟通。其中，“说什么”是指并购企业要用事实说话，并进行有的放矢的沟通；“什么时候说”要求并购企业在处理危机时要体现“三个第一”，即第一时间反应，第一个发布权威、透明信息以及公众利益第一，从而掌握危机处理的主动；“通过什么途径说”是指要根据危机的态势选择具体媒体，比如政治类并购危机需要企业建立有效的游说团体，对关键公众采取有效的危机沟通。

第十章 政策性建议

这次国际金融危机的爆发及其对世界经济的冲击进一步表明，经济全球化给我国发展既带来了难得机遇，也带来了许多不稳定、不确定因素。在这种国际环境下继续坚持扩大对外开放，应着力开拓能够对冲开放风险的发展新路子。其中很重要的是，通过实施“走出去”战略，扩大对外直接投资，从而建立国内资产与国外资产、实体资产与虚拟资产、上游资产与下游资产等资产组合多样化的新结构，真正从战略上统筹协调扩大内需与稳定外需、多元化发展与对冲风险、“引进来”与“走出去”的平衡发展。这是一个长期的过程，也是我国经济国际化和市场化的必经之路。

然而，当前美国金融和地产泡沫破灭，不仅标志着美国“虚拟经济繁荣”的终结，严重打击了全球性商业银行和实体经济，也造成受冲击深重的美国、日本、欧洲资本的全球性撤资，致使不少国家经济陷入困境。此次危机不是通常的商业周期现象，而有着更深层的原因，它暴露了世界金融监管体系的根本缺陷。同时危机也凸显了发达经济体与新兴和发展中国家经济实力的对比发生变化。影响全球投资发展趋势因素增多，但最终取决于全球经济衰退的持续时间和恶化程度。

金融危机导致发达国家跨国公司融资困难和盈利下降，纷纷收缩甚至撤回对外投资，客观上为我国企业“走出去”扩大对外投资腾出了空间。一方面，我国位居劣势的研发、资源、能源、零部件等上游生产活动，终极产品的物流、批发、零售等下游市场活动，往往发生在境外，而为了保证供应链和市场的稳定，避免外部要素发生意外给整个生产经营活动带来的不确定性，中国企业便产生了向境外上游生产活动和下游市场活动领域进行投资的战略需求。另一方面，许多国家当前严重缺乏资金，形成对外来资本的深度需求，众多企业纷纷到我国寻找买家，而且出价均处于历史较低水平。这样就给中国企业的对外投资收购带来机会——有可能以较低的成本购买到外国的优质资产。数据显示，2008 年我国的对外投资增长了 111%，达到 559 亿美元，在全世界排名第 12 位，在所有发展中和转型经济体中排名第 2 位。报告指出，国际金融危机导致的汇率波动和国外资产价格下跌等为中国公司创造了并购机会。

山东省企业在当前国际经济形势下“走出去”，应重点集中在以下领域：

一是投资开发能够弥补国内省内资源不足的资源类项目。近年来，我国企业在互利共赢基础上利用国际国内两种资源的步伐正在加快。不仅一些大型国有企业、股份制企业开始在非洲投资资源开发项目，而且一些民营中小企业也开始在东南亚、非洲、拉丁美洲等地从事矿产前期勘探等高风险投资项目。这种包括基础设施、社会事业、矿产资源综合开发在内的南南合作投资模式，有利于促进当地经济发展，也有利于我国企业“走出去”的主体和途径的多样化发展。

二是在对外建立研发或设计中心，以利用国际先进技术、管理经验和专业人才，加快提升企业自主创新能力。其特点之一是研发活动的国际化程度越高，其科学技术含量越低。这说明美国、日本、欧洲等的核心技术优势主要是本土化而不是国际化。在这种情况下，我国企业开始在欧洲、美国、日本投资设立研发或设计中心。

三是发展以开拓国际市场为目标的境外投资，带动国内省内技术、产品、设备等出口和劳务输出，确保出口收益和市场多元化。国际金融危机下，贸易保护主义开始重新抬头，山东省已饱受这股风潮的影响。2010 年前两个月，山东省遇到各类贸易摩擦案件数量已超过 2009 年的 1/4，涉案企业数量相当于 2009 年的 60%。为此，在有效控制风险的前提下，应鼓励山东省企业并购拥有知名品牌和营销网络的境外企业，支持有条件、有实力、有比较优势的企业到境外投资办厂，从而形成自己的生产基地、营销网络、国际品牌和跨国公司，加快促进产业结构的调整与升级，降低和分散经营风险。目前，我国企业在这方面的“走出去”步伐明显加快。一方面，日本、韩国、欧洲等在我国开展的招商引资活动越来越多，这为我国企业对外直接投资创造了良好环境；另一方面，我国在境外建立以大企业为龙头、带动中小企业对外直接投资的经贸合作区越来越多。

从某种意义上而言，对外投资活动是一个预测、识别、规避和控制风险的过程。对外直接投资面临着经营风险、汇率风险、利率风险和通货膨胀风险等不确定因素。只有在投资决策前搜集真实可靠的历史资料和市场信息，进行认真而全面的风险分析，对未来可能发生的事项进行预测，才能提高可行性评价的可靠性，避免盲目投资或决策失误的风险。山东省对外直接投资应重视对各种风险的管理。

附录一　海尔对外直接投资案例分析

在加入世贸组织后，中国家电企业越来越强烈地感受到国际化的压力和诱惑，统计表明，世界跨国公司 100 强 50% 以上的利润都来自海外市场，中国家电市场已经成为国际市场的一部分，关起门在国内市场称王越来越不可能，只有敢于在国际市场搏击风雨的企业才能成为本土市场的强豪。近几年，在拥挤的中国市场拼杀出来的中国家电巨头已经开始把眼光投向海外。

中国加入世贸组织以后，大批的跨国集团到中国办厂，而中国的企业家们也在积极思考一个同样的问题：如何“走出去”。事实上，随着中国改革开放步伐的加快，中国企业再固守本国的市场不再现实，只有将市场定位在全球范围，“走出去”才会海阔天空。海尔集团首席执行官张瑞敏曾经说过这样一句话：要应对跨国公司的挑战，最好的办法是你自己也成为跨国公司。这句话的另一个版本是，要想不被狼吃掉，自己就要变成狼。张瑞敏和他领导的海尔制定相应的国际化战略，从 1998 年开始，海尔将目光投向国际市场，实施国际化战略。

与中国其他企业的全球化战略路径不一样，海尔海外战略更看重发达国家市场。东南亚各个发展中国家是海尔迈出国门建设制造基地的第一步，但从其整个战略布局来看，其海外投资的重心却是后来居上的欧洲和美国。公开资料显示，2007 年，海尔海外营业额实现超过 33 亿美元，其中规模最大的海外机构当属美国海尔。海尔冰箱在美国的市场占有率只排在第四位。银河证券分析师朱力军介绍，海尔海外战略注重本土化运作，做自主品牌，在当地建工厂招工人。

1999 年，海尔在美国南卡罗来纳州建立了美国海尔工业园，美国海尔设计中心在洛杉矶、营销中心在纽约、生产中心在南卡罗来纳州。

第一节　海尔对外直接投资战略

在张瑞敏眼中，海尔国际化就像是一盘棋，而要提高棋艺，最好的办法就是下棋找高手，张瑞敏选择的高手是欧洲和美国。海尔在进入欧洲和美国之前，产品主要出口中东和东南亚地区，张瑞敏发现，海尔能够在这些地区赚取一些外汇，但无法在这里创造世界性的品牌，要想达到市场竞争的最高境界——经营品牌，海尔就必须进入到名牌林立的欧美地区。“我们说的下棋找高手，就是指不论我们怎么发展，我们永远不是世界第一，我们一定要找最好的做我们的学习榜样。”

美国沃顿大学商学院教授马歇尔这样说：中国只有很少的几家公司是全球性公司，判断它是不是全球性公司，要看在国外的投资有多少？市场有多大？国外雇员有多少？我认为海尔是中国制造业企业中国际化做得最好的一个。

1996 年 12 月，海尔印尼有限公司成立，海尔首次实现跨国经营。

2000 年 3 月，美国海尔工业园竣工投产，第一台美国造冰箱下线。

2001 年 6 月，海尔收购一家意大利电冰箱厂，首次实现白色家电跨国并购。

2002 年 1 月，海尔与日本三洋结成竞争与合作关系。

2002 年 5 月，海尔巴基斯坦工业园第一台洗衣机下线。

一、欧美市场

海尔在进入欧洲和美国之前，产品主要出口中东和东南亚地区。欧美市场是世界上门槛最高的市场，欧洲人非常挑剔，中国产品要进入欧洲市场非常难。中国台湾的宏基集团公司（ACER）花费 10 多亿美元，历时 10 多年想打入美国市场，但最终因亏损严重而被迫退出；目前我国国内的公司进入欧美市场多数是通过 OEM，也就是为别的品牌生产产品，赚取利润微薄的加工费。

海尔决定用自己的品牌进军欧美市场，它们的榜样是日本的索尼。20 世纪 60 年代，索尼在国际市场上还默默无闻，它们每一个新产品上市时，都首先投放到欧美地区，打出影响后再到日本和其他国家销售。索尼由此成为一个世界性名牌。

张瑞敏说，它们最早“走出去”是在 1990 年，一开始是到德国。德国人一开始并不接受它们的产品，它们就把商标揭掉，让德国人来挑，德国人没有分出来，这是第一次用事实说话。它们先易后难，付出的代价就是咬住牙，不退出市场，不能因为是中国货就低价，这也保证了它们不亏本，它们的原则是先找市场后建工厂，在美国南卡罗来纳州，盈亏平衡点在 29 万台，它们是先达到盈亏平衡点再建厂。为了在缝隙中求生存，海尔采取了下面的具体策略来实现对欧美市场的进入。

（一）寻找市场

美国的沃尔玛超市是美国家电的重要销售渠道，海尔的产品已经非常成功地进入到沃尔玛超市。这对于海尔而言，可以看做是海尔产品进入美国市场的关键一步。那么，海尔是如何挤进名牌云集的沃尔玛超市的呢？

1999 年，海尔用年薪 25 万美元聘请了美国人迈克作为海尔美国贸易部总裁。迈克认为，要让美国人知道海尔，事半功倍的做法是让海尔产品进入美国最大的连锁超市——沃尔玛。沃尔玛在全美国有 2 700 多家连锁店，每一家店内都摆满了来自世界各地的名牌产品，要让它接受一个陌生的品牌十分困难。整整两年的时间，迈克甚至没有机会让沃尔玛看一眼海尔的产品。直到有一天，他想出了一个好办法，在沃尔玛总部的对面竖起一块海尔的广告牌，盼望着沃尔玛高层在工作间隙，眺望窗外的时候能发现海尔，功夫不负有心人，沃尔玛终于对这个整天等候在窗口的海尔有了兴趣。美国海尔贸易公司总裁迈克说："广告张贴出去之后，我们赚了不少眼球，但广告并不是我们赢得沃尔玛这样的客户的唯一原因，我们有很好的质量、很好的服务和很好的技术支持。我认为，至少，我们拥有客户所欣赏的三个基本要素。"

目前，海尔在美国已进入沃尔玛等超市，产品品种也从最初的一两种发展到现在的近十种。迈克说："沃尔玛选择海尔是因为海尔能够提供需要的产品，海尔在沃尔玛的销售情况很好。相对于日本和韩国产品，我们还要提高设计，我相信我们公司的实力和能力。"

（二）产品定位

海尔在打入欧美市场之际，在美国 200 升以上的大型冰柜被 GE、惠尔浦等企业所垄断；160 升以下的冰柜销量较少。GE 等厂商认为这是一个需求量不大的产品，没有投入多少精力去开发市场。然而海尔发现，美国的家庭人口正在变少，小型冰柜将会越来越受欢迎，独身者和留学生就很喜欢小型冰柜。海尔在美国市场开发出了从 60 升到 160 升的各种类型的小型冰柜。在美国人的家庭中，最常见到的海尔产品就是这款设计新颖的酒柜。在连锁超市中，见到最多的海尔产品是这种小冰箱。

迈克说："我们产品的定位是以新取胜，比如我们的酒柜，我们为用户提供的是他们想都没有想过每天的日常生活中会享受到的产品，这就是我们的商机。”

美国营销专家科特勒指出，海尔战略——对消费群体的定位——很正确，它针对的是年轻人。老一代习惯于像GE这样的老品牌，年轻人对家电还没有形成任何习惯性的购买行为，因为他们刚有自己的第一个公寓或者正在建立自己的第一个家，买自己的第一个电冰箱。所以，我认为定位于年轻人是明智的决策。

为特定人群创造的产品被称为定制产品，海尔开拓欧美市场的另一个先锋就是定制产品。美国《商业周刊》上刊登了一篇题为《海尔能将惠尔浦和通用公司挤出去吗?》的文章，提醒美国公司关注海尔的发展。文章认为，有着上百年历史的名牌产品应该小心中国海尔产品的发展战略，因为老牌子已经不再是美国年轻人的首选，他们很愿意尝试一些新品牌，海尔正在通过这一手段占领美国市场。

海尔并不满足于在缝隙中求生存，在美国家电巨头占主导地位的大冰箱等产品上，海尔也在与GE等品牌一试高低。美国坎顿市市长玛丽·克拉克说："据我所知，海尔正在生产大冰箱，生产160升到210升的大冰箱。"在美国南卡罗来纳州的海尔美国工业园，大冰箱年生产能力已经达到20万台，今后还要扩大到年产40万~50万台。

（三）产品质量

欧洲人对中国的陌生和对中国产品质量的偏见，是海尔在欧美市场遇到的最大难题。同时，海尔也发现，欧洲人的消费习惯和欧洲产品的准入机制也是海尔所陌生的。为了消除障碍，海尔决定聘请当地人。2001年，海尔在欧洲完成了上百万件的订单。

1998年，海尔遇到了意大利人亚默瑞，亚默瑞曾经在飞利浦公司干了16年的营销工作。亚默瑞知道一个中国产品要叩开欧洲市场的大门，困难在于产品的性能和质量要让挑剔的欧洲人信服。海尔欧洲贸易公司总裁亚默瑞1998年来到中国，他考察了许多中国企业，海尔是其中的一家。他说："海尔给我留下了很好的印象。"

海尔并不缺少制造高质量产品的能力，海尔产品先后获得过美国UL、德国VDE、加拿大CSA等几十项国际权威性质量认证。海尔缺少的是符合欧洲人消费需求的产品。

（四）本土化设计及加快产品更新周期

在欧洲，一个新产品从设计到制造一般需要一年的时间，但海尔仅用一个月的时间就可以推出一个新产品。海尔在欧洲市场显示了其他大公司无法做到的快速反应，亚默瑞说，他仿佛又看到了20年前的飞利浦。亚默瑞说："我们见面是每两个月一次，我把我认为重要的应该知道的东西展示给了他们，一个月后我再次去中国时，发现他们已开发了欧洲所需要的所有门类的产品并拿出了样品。我们逐一检查每个产品，真的都很完美。即便是缺某一两个型号的产品，他们连夜赶制，次日就能拿出。"

海尔在海外的成功得益于它的本土化设计，它在欧洲市场上投放的一款冰箱门把手是可以上下移动的，符合欧洲人身材高大的特点。它的设计还获得A+称号，为此一台冰箱可以获得100欧元的津贴。

在意大利足球甲级联赛上看到海尔的广告，每一个海尔人都很兴奋，短短几年的时间，海尔在欧美市场上从名不见经传到广为人知。张瑞敏认为，海尔的成功不只是因为会做广告。他说："我们列成纵队的战术而不是一列横队，比如，到欧洲这个地方去，这列纵队的排头兵是冰箱，通过冰箱在欧洲市场打开销路，然后对我的冰箱认同了，再进洗衣机、彩电、空调都可以。在美国我们一开始也是通过冰箱，那么总的就是找出来这个地区哪个产品最容易进，或者消费者最热销最感兴趣的是哪个产品，让那个产品冲进去，它们进去以后受到的阻力比较小，而且一旦遇到问题失败的话，不会造成很大的波动。"

经过3年的努力，海尔终于打开了欧美市场。2001年，海尔在美国的销量达到2亿美元，欧洲达到1.1亿欧元，海尔欧美市场的销量已经占到海尔海外总销售量的60%以上。由于在欧美市场上的成功，已经有越来越多国家的经销商找上门要求销售海尔产品。

二、日本市场

在国内家电企业中，海尔是向海外扩张的领头羊，它率先在欧美市场中闯出了一片新天地，然而，在一衣带水的家电王国日本，海尔却是一片空白。海尔集团首席执行官张瑞敏表示，日本是很难啃的一个"骨头"，第一，日本消费者非常挑剔；第二，日本市场上都是一些强手。在这场竞争当中，不管最后的结果怎么样，都会非常快地提高我们自身的素质。2001年2月1日，海尔集团和日本三洋电机株式会社联手，在日本成立了三洋海尔株式会社。三洋海尔的合资公司，将利用三洋的销售网络，负责海尔冰箱、洗衣机等家电产品在日本的销售。三洋也将利用海尔在我国的销售渠道，销售三洋产品。双方将通过这种互换市场资源的做法，为彼此创造出更大的市场空间。这也是首家日本著名电器厂家与我国电器厂家进行此类合作。《朝日新闻》在头版头条的位置发表评论说，这种在广泛领域的密切合作不仅仅是两国家电业的首次合作，它意味着日本企业和中国企业的关系已经进入了对等的伙伴关系阶段。

在我国，家电业是竞争最充分也是我国最具国际竞争力的行业之一，在产量和销量上已经占据了世界第一的位置。面对着我国家电企业的飞速发展，有人惊呼：中国在21世纪将成为世界的工厂。对海尔而言，踏上日本市场只是成功的第一步，如何站稳脚跟将是它面临的最严峻的考验。

第二节　海尔集团对外直接投资的特征

自1996年海尔在印度尼西亚雅加达建立海外第一家以生产电冰箱为主的合资生产企业开始，已经先后在东南亚、南亚、北美、中欧和西欧建起了13个海外制造基地、8个海外设计中心、6万余个营业网点。其中，1999年在美国南卡罗来纳州建设的海尔冰箱制造中心是海尔目前在国外最大的生产基地，也是我国在美国投资最大的一家企业。本节拟就海尔海外投资的特征进行简单分析。

一、海外投资的品牌战略

海尔国际化战略首先是从产品出口做起的。其出口海外的产品有90%使用的是海尔自己的品牌，而且这些品牌产品无论是在美国还是在欧洲都已成功打入了海外家电产品销售的主流渠道。面对海外品牌战略的种种艰难险阻，企业内外都曾提出过诸多的异议，对此，海尔作出了两点解释。一是创立品牌要有战略性亏损的思想准备。为了实现海外品牌建设的目标，海尔必须要有10年、20年长期攻坚的思想准备。对品牌战略的损益不能只从一个点来看，海尔能够在美国和欧洲建厂，并且能够生存和盈利，这本身就是一种品牌效应。二是海尔正在逐步实施从国际化战略阶段向全球化品牌战略阶段的过渡。这一新战略的一个重要标志是在国外制造和销售自己的品牌产品，离开品牌创建这个中心，海尔未来的发展就会失去发展方向和立足之本。

海尔在美国、欧洲实施设计、生产、销售“三位一体”的本土化战略，正是为了在欧美国家树立起本土化的名牌形象，进而让海尔成为世界名牌。随着一个个本土化的名牌崛起于世界各地，海尔实施的创世界名牌的目标正在成为现实。2004 年 1 月 31 日，世界五大品牌价值评估机构之一的世界品牌实验室编制的《世界最具影响力的 100 个品牌》报告揭晓，中国只有海尔集团一家入选，排在第 95 位。

二、海外投资的路径

东南亚各个发展中国家是海尔迈出国门建设制造基地的第一步，但从其整个战略布局来看，其海外投资的重心却是后来居上的欧洲和美国。海尔的这一做法与国内外诸多成功实施跨国经营的企业先向发展中国家进行出口或投资，然后将目标逐步转向发达国家的路径明显不同。

海尔对此的解释是：先在发达国家站稳脚跟，有利于跟踪最先进的技术，抓住最新的市场需求动向，形成技术和市场的高位优势，减少全球化战略投资的成本。海尔认为，将海外投资放在发展难度最大的美国和欧洲，是因为这里成功的机遇也是最大的。为了实现自己的目标，海尔在美国和欧洲不仅投入了最大的精力，而且倾注了自己最好的技术、最好的产品和最优秀的管理人员。此举，仅从孤立的市场效应来看，似乎不太合算，但联系海尔进军欧美市场所带来的全球品牌影响力和回头在发展中国家投资所获得的便捷效应，却充分体现出了其“先难后易”的精明之处。

三、海外投资的本土化经营

海尔在海外投资建设的各类项目多采取雇用当地员工、聘用当地管理人员、按照当地薪酬标准支付员工工资的方式进行。在欧洲和美国的企业还突出了当地设计、当地生产和当地销售的特色。如果将海尔的本土化战略与日本松下电器等亚洲强势企业的本土化战略相比，可看到三点不同：一是海尔从 CEO 开始全员本地化，而松下电器等企业仅限于员工聘用当地化，CEO 始终由本企业派员担任；二是海尔在美国和欧洲的制造中心依托的是本地设计和研发力量，而松下电器等企业是依靠本土研发中心输出设计概念；三是海尔建厂初期派驻人员和当地员工均按当地薪酬水平支付报酬，这一标准要高于我国境内同类员工薪酬的几倍，乃至几十倍，而松下电器等企业对当地员工支付的薪酬与国内同类员工的薪酬相比，即使在发达国家也没有如此悬殊的差异。实践也证明，海尔这种更具开放性的本土化战略，对完成海尔成功开辟国际家电产品高端市场，回避当地人士对外来产品的排斥心态起到了积极的作用。

四、海外建厂的收益平衡点标准

海尔认为，当产品在国外尚无市场时贸然进行投资是危险的。为规避投资风险应首先通过产品出口、售后服务，树立自己的市场品牌，使品牌出口达到在当地设厂的盈亏平衡点之后再建工厂。根据“先有市场，后建工厂”的原则，海尔在展开全球化的“绿地投资”战略之前，用了4～5年的时间在海外建立了几十家贸易公司和数万个销售网点，累计投资超过1亿美元。此举不仅对海尔的“绿地投资”起到了促进作用，而且大大减少了海外建厂的市场风险。

但海尔耗费巨资开辟国外市场，承受的财务压力也相当大。为缓解这一压力，海尔采取了三个举措：一是充分发挥其“三个三分之一”优势，采用ICM（国际合作之道）策略，将国内生产的散件出口，在海外组装，达到降低出口关税，增加产品收益，缓解财务压力的目的；二是在其海外投资规划中突出了区域共同体的中心地位，既照顾了各个区域性经济共同体市场需求的特点，又充分利用了各共同体内部提供的税收和标准等方面的优惠；三是运用现代信息技术，将海尔全球呈点状布局的各类贸易公司和销售网点，连接成一个完整网络，实现订单互兑、市场信息共享，利用网络优势，将国外制造基地生产的产品在全球进行调度。

五、海外并购“为我所用”的原则

依据“为我所用”的原则，海尔在海外并购业务中表现出三个与众不同的特征。一是重点关注的是那些资产优质、拥有良好销售团队和销售渠道的企业，至于被并购企业的牌子响不响并不重要。海尔对此的解释是，目前它还没有能力同时运营多个品牌，即使买了别人的牌子也只会搁置起来。二是在海外并购业务中对不同企业文化整合的风险颇有顾忌。面对像美泰克这样的大牌企业，应该按照什么样的模式来完成整个企业从单一文化向多元文化的转变，海尔没有进行过成功的尝试，自己的信心也还是不足。三是对世界范围内不同地理和经济区域的环境论证十分考究。例如，海尔看中了印度未来的市场空间，宁愿付出巨额开发成本，将之纳入海外投资的重点区域。但对拉丁美洲一些国家，尽管进入成本不高，但因其充满政治和经济环境风险，海尔却始终不肯轻易涉足。再如，海尔已经成功地将其白色家电产品打入了日本和韩国主流市场，但却始终没有到日本、韩国建立制造中心的计划，即使面对收购韩国大宇电子、三宝电脑的诱惑，也始终保持了一种缄默姿态。

第三节　海尔在母子公司管控方面面临的挑战和应对思路

尽管海尔在国际化进程中成绩斐然，集团快速成长，但是现在海尔旗下拥有240多家法人单位，在全球30多个国家建立本土化的设计中心、制造基地和贸易公司，海尔在母子公司管控方面将会面临更大的挑战，如果不能很好地解决母子公司管控问题，海尔的国际化战略可能会遭到毁灭性打击。

海尔要更好地应对母子公司管控方面的挑战，需做好如下几个方面的工作：

首先，建立明确的权责关系。母公司的责任是维护出资者参与管理、选择经营者，以及对子公司行使股权控制、契约支配的权力，同样也要维护子公司独立的经营自主权，在发挥母公司主导作用的同时，充分调动子公司的主动性和创造性。子公司则既要行使经营自主权，更要服从母公司的整体规划，自觉接受母公司的监管，为实现集团的整体目标服务。

其次，建立完善的公司治理体系。公司治理体系包括公司治理结构，内部监控机制，外部治理机制。

母公司对于海外子公司的管控包括战略管控、财务管控和人力资源管控。以战略管控为例，母公司层面应建立业务计划体系、预算与控制体系、绩效管理体系，来向子公司传达和统摄集团战略的实施；子公司则通过向母公司递交经营报告、预算执行报告、个人述职报告以及审计报告，其中审计报告是在母公司的组织下进行的内部或外部审计。通过“三个体系四个报告”，母公司得以有效实现对子公司的战略管控。在人力资源管控方面，一般来说，母公司委派子公司人员包括：董监事、经营班子、财务人员、核心岗位。比如，母公司派出财务人员在子公司担任财务总监、财务经理和主管会计等，希望他们代表集团利益加强对子公司的监管，强化资金管理、规范财务核算、细化成本管理从而降低财务风险。为避免派出人员与子公司经营层串通，向集团隐藏真实的经营情况和财务数据，从而损害集团利益，可以从任免调配、权责划分、沟通渠道、正向激励几方面加强管控。

最后，母公司还应结合企业实际情况，有选择地将海外子公司的研发、供应链、营销、品牌等纳入管控范畴，以实现资源的高度整合。

附录二　相关法规

一、境内机构境外直接投资外汇管理规定

第一章　总　　则

第一条　为促进和便利境内机构境外直接投资活动，规范境外直接投资外汇管理，促进我国国际收支基本平衡，根据《中华人民共和国外汇管理条例》等相关法规，制定本规定。

第二条　本规定所称境外直接投资是指境内机构经境外直接投资主管部门核准，通过设立（独资、合资、合作）、并购、参股等方式在境外设立或取得既有企业或项目所有权、控制权或经营管理权等权益的行为。

第三条　国家外汇管理局及其分支机构（以下简称外汇局）对境内机构境外直接投资的外汇收支、外汇登记实施监督管理。

第四条　境内机构可以使用自有外汇资金、符合规定的国内外汇贷款、人民币购汇或实物、无形资产及经外汇局核准的其他外汇资产来源等进行境外直接投资。境内机构境外直接投资所得利润也可留存境外用于其境外直接投资。

上款所称自有外汇资金包括：经常项目外汇账户、外商投资企业资本金账户等账户内的外汇资金。

第五条　国家外汇管理局可以根据我国国际收支形势和境外直接投资情况，对境内机构境外直接投资外汇资金来源范围、管理方式及其境外直接投资所得利润留存境外的相关政策进行调整。

第二章　境外直接投资外汇登记和资金汇出

第六条　外汇局对境内机构境外直接投资及其形成的资产、相关权益实行外汇登记及备案制度。

境内机构在向所在地外汇局办理境外直接投资外汇登记时，应说明其境外

投资外汇资金来源情况。

第七条 境内机构境外直接投资获得境外直接投资主管部门核准后，持下列材料到所在地外汇局办理境外直接投资外汇登记：

（一）书面申请并填写《境外直接投资外汇登记申请表》（格式见附件1）；

（二）外汇资金来源情况的说明材料；

（三）境内机构有效的营业执照或注册登记证明及组织机构代码证；

（四）境外直接投资主管部门对该项投资的核准文件或证书；

（五）如果发生前期费用汇出的，提供相关说明文件及汇出凭证；

（六）外汇局要求的其他材料。

外汇局审核上述材料无误后，在相关业务系统中登记有关情况，并向境内机构颁发境外直接投资外汇登记证。境内机构应凭其办理境外直接投资项下的外汇收支业务。

多个境内机构共同实施一项境外直接投资的，由境内机构所在地外汇局分别向相关境内机构颁发境外直接投资外汇登记证，并在相关业务系统中登记有关情况。

第八条 境内机构应凭境外直接投资主管部门的核准文件和境外直接投资外汇登记证，在外汇指定银行办理境外直接投资资金汇出手续。外汇指定银行进行真实性审核后为其办理。

外汇指定银行为境内机构办理境外直接投资资金汇出的累计金额，不得超过该境内机构事先已经外汇局在相关业务系统中登记的境外直接投资外汇资金总额。

第九条 境内机构应在如下情况发生之日起60天内，持境外直接投资外汇登记证、境外直接投资主管部门的核准或者备案文件及相关真实性证明材料到所在地外汇局办理境外直接投资外汇登记、变更或备案手续：

（一）境内机构将其境外直接投资所得利润以及其所投资境外企业减资、转股、清算等所得资本项下外汇收入留存境外，用于设立、并购或参股未登记的境外企业的，应就上述直接投资活动办理境外直接投资外汇登记手续；

（二）已登记境外企业发生名称、经营期限、合资合作伙伴及合资合作方式等基本信息变更，或发生增资、减资、股权转让或置换、合并或分立等情况，境内机构应就上述变更情况办理境外直接投资外汇登记变更手续；

（三）已登记境外企业发生长期股权或债权投资、对外担保等不涉及资本变动的重大事项的，境内机构应就上述重大事项办理境外直接投资外汇备案手续。

第十条 境内机构持有的境外企业股权因转股、破产、解散、清算、经营期满等原因注销的，境内机构应在取得境外直接投资主管部门相关证明材料之日起60天内，凭相关材料到所在地外汇局办理注销境外直接投资外汇登记手续。

第十一条 境内机构可以按照《中华人民共和国外汇管理条例》和其他相关规定，向境外直接投资企业提供商业贷款或融资性对外担保。

第十二条 境内机构在外汇管制国家或地区投资的，可按规定在其他非外汇管制国家或地区开立专用外汇账户，用于与该项投资相关外汇资金的收付。

第三章 境外直接投资前期费用汇出

第十三条 境外直接投资前期费用是指境内机构在境外投资设立项目或企业前，需要向境外支付的与境外直接投资有关的费用，包括但不限于：

（一）收购境外企业股权或境外资产权益，按项目所在地法律规定或出让方要求需缴纳的保证金；

（二）在境外项目招投标过程中，需支付的投标保证金；

（三）进行境外直接投资前，进行市场调查、租用办公场地和设备、聘用人员，以及聘请境外中介机构提供服务所需的费用。

第十四条 境内机构向境外汇出的前期费用，一般不得超过境内机构已向境外直接投资主管部门申请的境外直接投资总额（以下简称境外直接投资总额）的15%（含），并持下列材料向所在地外汇局申请：

（一）书面申请（包括境外直接投资总额、各方出资额、出资方式，以及所需前期费用金额、用途和资金来源说明等）；

（二）境内机构有效的营业执照或注册登记证明及组织机构代码证；

（三）境内机构参与投标、并购或合资合作项目的相关文件（包括中外方签署的意向书、备忘录或框架协议等）；

（四）境内机构已向境外直接投资主管部门报送的书面申请；

（五）境内机构出具的前期费用使用书面承诺函；

（六）外汇局要求的其他相关材料。

对于汇出的境外直接投资前期费用确需超过境外直接投资总额15%的，境内机构应当持上述材料向所在地国家外汇管理局分局（含外汇管理部）提出申请。

外汇指定银行凭外汇局出具的核准件为境内机构办理购付汇手续，并及时向外汇局反馈有关信息。

第十五条 境内机构已汇出境外的前期费用，应列入境内机构境外直接投资总额。外汇指定银行在办理境内机构境外直接投资资金汇出时，应扣减已汇出的前期费用金额。

第十六条 境内机构自汇出前期费用之日起6个月内仍未完成境外直接投资项目核准程序的，应将境外账户剩余资金调回原汇出资金的境内外汇账户。所汇回的外汇资金如属人民币购汇的，可持原购汇凭证，到外汇指定银行办理结汇。

所在地外汇局负责监督境内机构调回剩余的前期费用。如确因前期工作需要，经原作出核准的外汇局核准，上述6个月的期限可适当延长，但最长不超过12个月。

第四章 境外直接投资项下资金汇入及结汇

第十七条 境内机构将其所得的境外直接投资利润汇回境内的，可以保存在其经常项目外汇账户或办理结汇。

外汇指定银行在审核境内机构的境外直接投资外汇登记证、境外企业的相关财务报表及其利润处置决定、上年度年检报告书等相关材料无误后，为境内机构办理境外直接投资利润入账或结汇手续。

第十八条 境内机构因所设境外企业减资、转股、清算等所得资本项下外汇收入，通过资产变现专用外汇账户办理入账，或经外汇局批准留存境外。资产变现专用外汇账户的开立及入账经所在地外汇局按照相关规定核准，账户内资金的结汇，按照有关规定直接向外汇指定银行申请办理。

第十九条 境内机构将其境外直接投资的企业股权全部或者部分转让给其他境内机构的，相关资金应在境内以人民币支付。股权出让方应到所在地外汇局办理境外直接投资外汇登记的变更或注销手续，股权受让方应到所在地外汇局办理受让股权的境外直接投资外汇登记手续。

第五章 附 则

第二十条 境内机构（金融机构除外）应按照境外投资联合年检的相关规定参加年检。多个境内机构共同实施一项境外直接投资的，应分别到所在地外汇局参加外汇年检。

第二十一条 境内机构在香港特别行政区、澳门特别行政区和台湾地区进行直接投资的，参照本规定进行管理。

第二十二条 境内金融机构境外直接投资外汇管理，参照本规定执行。相关监管部门对境内金融机构境外直接投资的资金运用另有规定的，从其规定。

第二十三条 境内机构办理境外直接投资项下外汇收支及外汇登记等业务，应按相关规定通过相关业务系统办理。

外汇指定银行应将境外直接投资项下外汇收支信息通过相关业务系统向外汇局反馈。

第二十四条 境内机构违反本规定的，外汇局根据《中华人民共和国外汇管理条例》及其他相关规定进行处罚；构成犯罪的，依法追究刑事责任。

第二十五条 本规定由国家外汇管理局负责解释。

第二十六条 本规定自二〇〇九年八月一日起施行。附件 2 所列其他规范性文件同时废止。以前规定与本规定不一致的，按本规定执行。

附件一：境外直接投资外汇登记申请表（略）

附件二：废止文件目录（略）

二、山东省境外投资财务管理办法

第一章 总 则

第一条 为加强境外投资的财务管理，维护国家利益和投资单位的合法权益，提高境外投资的经济效益，进一步增强参与国际市场竞争能力，根据国家有关规定，结合本省实际，制定本办法。

第二条 本办法所称境外投资，是指投资单位在中华人民共和国境外投资设立独资、合资、合作企业（以下简称境外企业）以及从事其他生产、经营活动的行为。

第三条 本办法适用于从事境外投资的国有企业、事业单位，国家控股的有限责任公司、股份有限公司，利用国有资产从事境外投资的其他单位（以下简称投资单位）。

第四条 境外投资的财务管理，应当遵循“统一政策，分级管理”的原则。

第五条 省财政部门统一负责全省境外投资的财务管理工作，并履行以下职责：

（一）执行国家、省有关境外投资财务管理的法律、法规和规章；

（二）依法制定全省境外投资财务管理的制度或办法；

（三）审批投资单位境外投资经营情况的年度财务报告，监督检查投资单位境外投资的财务活动；

（四）制定境外投资收益的分配办法，收缴应上缴财政的境外投资收益；

（五）配合国有资产管理部门管理境外企业的国有资产；

（六）省人民政府授予的其他职责。市地财政部门负责本行政区域内境外投资的财务管理工作。

第六条 投资单位在境外投资的财务管理工作中，应当严格遵守国家、省有关境外投资财务管理的法律、法规和规章，建立健全境外投资的财务管理制度。

第二章 境外投资

第七条 投资单位可用现金、实物和无形资产向境外投资，经国家批准，也可用购买股票的形式向境外投资。用实物向境外投资的，必须进行资产评估，并以国有资产管理部门确认的评估价值作为实物投资的价值依据。

第八条 除国家另有规定外，下列项目不得用于境外投资：

（一）国家指令经营的进出口商品；

（二）应收回的外汇账款和国外资产；

（三）国家专项储备物资；

（四）法律、法规规定的不得用于境外投资的其他项目。

第九条 投资单位设立境外企业必须采取有限责任形式。

第十条　从事境外投资，必须以投资单位或其授权的投资单位的名义在境外注册登记。

境外国有资产产权确需以个人名义注册登记的，注册登记人必须是两个人以上，并报经省国有资产管理部门批准，由投资单位与注册人签订《境外国有资产以个人名义持股委托协议书》或《境外国有资产以个人名义拥有物业产权委托协议书》，经投资单位所在地公证机关公证。公证文件副本必须报同级财政部门和国有资产管理部门备案。

第十一条　同级财政部门应当参与投资单位从事境外投资的可行性研究。

第十二条　投资单位境外投资的资金来源，必须报同级财政部门审批。

第三章　境外资产

第十三条　投资单位新批准设立的境外企业在境外正式注册登记后 60 日内，应当到同级财政部门办理财政登记手续，并报送《境外国有资产产权登记表》。

第十四条　投资单位应当加强境外国有资产的管理，并确定专人负责，明确其对国有资产安全、完整、保值、增值所应承担的责任。投资单位对所属境外企业国有资产的出售、转让等重要财务事项，应当及时报告同级财政部门和国有资产管理部门。

第十五条　境外企业应当妥善保管代投资单位储存的资产。境外企业使用该项资产前，应当与投资单位授权的人员在授权范围内签订有偿使用协议。

第十六条　境外企业的国有资产损失超过 10% 或 10 万美元的，投资单位必须及时报经同级财政部门和国有资产管理部门审查处理。

第十七条　未经投资单位批准，境外企业不得实施下列行为：

（一）迁移、合并、分立、终止；

（二）撤资、撤股、变更资本；

（三）购建固定资产，出售长期资产；

（四）以不动产作抵押申请贷款或擅自对国外企业提供担保；

（五）经营外汇、期货、有价证券和房地产业务；

（六）对外长期投资；

（七）对国有资产和投资单位利益有重大影响的其他行为。

第十八条 境外企业终止清算完毕后，投资单位应及时将境外资产调回；对遗留的债权债务应责成专人处理；对无法收回、偿付的坏账，应持有效证明报同级财政部门审批。

第十九条 财政部门应当配合国有资产管理部门制定境外企业国有资产保值增值指标考核制度，定期对境外企业国有资产管理状况进行考核监督。

第四章 境外投资收益

第二十条 下列项目属于境外投资收益：

（一）境外独资企业的税后利润；

（二）境外合资、合作企业中方分得的利润、股息、红利等；

（三）收回投资或转让资本所得款项超出原投资额的部分；

（四）境外股票投资获得的股息、红利；

（五）其他境外投资收益。

第二十一条 境外投资收益按照以下原则进行分配和上缴：

（一）境外投资收益属于实行独立核算的国有经济组织的，由税务部门按企业所得税征收规定进行纳税调整后，由投资单位将纳税后净投资收益的10%汇总上缴同级财政部门；

（二）境外投资收益属于国家控股的有限责任公司和股份有限公司的，由投资单位将收益并入本单位的利润总额，并按照国家有关规定进行分配；

（三）政府授权的单位以及按规定无缴纳企业所得税义务的单位从事境外投资的，由境外企业将收益的20%直接汇缴同级财政部门。应缴财政的境外投资收益，必须在同级财政部门批复境外投资年度财务报告后的3个月内上缴。

第二十二条 在2000年以前，财政部门可将上缴财政的境外投资收益通过年度支出预算，专项用于支持境外企业的发展。

第二十三条 境外企业缴回的境外投资收益，必须是可自由兑换的外币。

第五章 境外投资核算

第二十四条 投资单位对拥有控股权的投资，应当按权益法进行核算；不拥有控股权的境外投资，应当按成本法进行核算。

第二十五条 投资单位申请抵免缴纳境外投资收益所得税的，应向当地税务部门提交书面申请、境外企业的财务报告及完税证明。

第二十六条 境外企业要遵守当地财务法规规定，建立和完善账户管理制度。

当地已设立中资银行的，应当在中资银行开设账户；当地未设立中资银行的，应当在投资单位同意的其他银行开设账户，并征求中国银行的意见。境外企业应当将开设、取消或变更账户的情况报投资单位备案。

未经投资单位批准和未在国内办理委托公证手续的，境外企业不得以个人名义开设账户。境外企业及其以个人名义开设的账户不得转借。

第二十七条 境外企业必须及时向投资单位报送经境外企业所在地法定机构审计的年度财务报告。

投资单位必须按照同级财政部门的要求及时编报境外投资年度财务报告。国有企事业单位、国家控股的有限责任公司和股份有限公司从事境外投资的，投资单位应将汇总或合并后的年度财务报告及境外企业年度财务报告报送同级财政部门；政府授权的单位直接进行境外投资的，其年度财务报告应由境外企业直接报送同级财政部门。

第二十八条 投资单位必须实行境外独资或控股企业的负责人离任审计制度。

第二十九条 投资单位所属境外独资和控股企业，必须实行财务收支联签制度。会计凭证必须由经办人、财务负责人和境外企业负责人或其授权人员共同签字。经办人、财务负责人和境外企业负责人之间有直系亲属关系的，不得参与会计凭证的联签。

第六章 境外企业财会人员

第三十条 投资单位应当加强境外企业的财务会计管理工作，并保持境外企业财会人员的相对稳定。投资单位负责人和境外企业负责人的亲属，不得担任境外企业的财会人员。

第三十一条 派驻境外企业的财会人员，必须取得财政部门颁发的资格证书，并经投资单位考核合格；聘用当地的财会人员，必须征得投资单位及其上级主管部门的同意。

第三十二条 投资单位控股的境外企业财务负责人，必须由投资单位派出人员担任。境外企业财务负责人变更时，应在规定时间内办理交接手续，交接清单应当由交接双方和境外企业负责人签字。

第七章　行政处罚

第三十三条　投资单位及境外企业违反本办法，有下列情形之一的，财政部门可视其情节轻重予以警告，并处以3万元以下罚款；

（一）不按规定办理境外投资财政登记的；

（二）不向财政部门报送《境外国有资产产权登记表》的；

（三）不按规定报送财务报告的；

（四）境外企业发生重大财务事项以及资产损失超出处理权限，不向财政部门报告的；

（五）不按规定上缴投资收益的；

（六）其他违反本办法的行为。法律、行政法规对前款行为的行政处罚另有规定的，从其规定。

第三十四条　投资单位有关人员、境外企业中方法定代表人及其他外派人员，因渎职或其他违法行为造成国有资产损失的，应当依法追究其行政责任和经济责任；构成犯罪的，由司法机关追究其刑事责任。财政部门和有关主管部门在境外投资财务管理工作中，要依法履行职责，提高服务质量和办事效率。玩忽职守、徇私舞弊、收受贿赂的，由有关部门追究其行政责任；构成犯罪的，由司法机关追究其刑事责任。

第三十五条　当事人对财政部门的行政处罚决定不服的，可以依法申请行政复议，或直接向人民法院起诉。逾期不申请复议也不起诉又不履行行政处罚决定的，作出处罚决定的机关可申请人民法院强制执行。

第八章　附　　则

第三十六条　本办法公布以前从事境外投资的，投资单位应在本办法公布后3个月内，向同级财政部门补办财政登记手续。

第三十七条　利用国有资产在香港特别行政区投资的，适用本办法。除国家另有规定外，乡镇以上集体所有制单位从事境外投资的，原则上适用本办法。

第三十八条　本办法自1997年7月1日起施行。

附录三　中国宏观经济政策对企业“走出去”的影响调查问卷

一、企业基本情况

1. 企业名称为__________，注册地为__________。

2. 企业所属行业为__________，成立时间为__________。

3. 企业“走出去”的起始年份为__________，主要业务是对外投资（　　）、工程承包（　　）或劳务合作（　　），项目东道国有__________、__________、__________、__________和__________。

4. 截至2009年末，企业对外投资额为__________万美元，累计对外工程承包完成营业额__________万美元，累计外派人员__________。

二、宏观经济政策对企业“走出去”的影响

（一）财税政策部分（主要包括税收、补贴等政策）

1. 国家现行财政政策对企业“走出去”的影响程度（　　）

A. 很大　　B. 比较大　　C. 一般　　D. 比较小　　E. 几乎无影响

2. 请对以下财政政策对企业“走出去”的主要影响排序（　　）

A. 与“走出去”东道国相比，国内公司税负成本更高（　　）或更低（　　）

B. 与“走出去”东道国相比，国内员工税负成本更高（　　）或更低（　　）

C. 政府对企业“走出去”提供充分（　　）或不充分（　　）财政补贴扶持

D. 与“走出去”东道国相比，国内纳税手续更烦琐（　　）或简单（　　）

E. 与“走出去”东道国相比，国内税收监管更严格（　　）或宽松（　　）

F. 与“走出去”东道国相比，国内税收制度更稳定（　　）或更不稳定(　　)

3. 各税种对企业“走出去”影响的重要性打分（5分最重要，1分最不重要）

A. 增值税（　　）　　B. 营业税（　　）　　C. 企业所得税（　　）

D. 个人所得税（　　）E. 关税（　　）　　F. 出口退税（　　）

4. 各项税率变化对企业“走出去”业务的影响（计算各税种每提高1个百分点的影响，计算结果为百分比）

业务额变化影响	增值税	营业税	企业所得税	个人所得税	进口关税	出口退税
对外投资						
工程承包						
劳务合作						
业务成本变化影响	增值税	营业税	企业所得税	个人所得税	进口关税	出口退税
对外投资						
工程承包						
劳务合作						

（二）货币政策部分（主要包括货币供给政策及利率等政策）

5. 国家现行货币政策对企业“走出去”的影响程度（　　）

A. 很大　B. 比较大　C. 一般　D. 比较小　E. 几乎无影响

6. 请对以下货币政策对企业“走出去”的主要影响排序（　　）

A. 与“走出去”东道国相比，国内融资成本更高（　　）或更低（　　）

B. 与“走出去”东道国相比，国内贷款期限更长（　　）或更短（　　）

C. 与“走出去”东道国相比，国内融资渠道更多（　　）或更少（　　）

D. 与国外相比，国内支持“走出去”的信贷产品种类更少（　　）或更多（　　）

E. 与“走出去”东道国相比，企业从国内获得金融机构专项信贷支持更容易（　　）或困难（　　）

F. 与“走出去”东道国相比，企业从国内获得金融机构专项担保支持更容易（　　）或困难（　　）

7. 国内融资占“走出去”业务所需资金的______%，国外融资占______%；国内融资的贷款利率每上升1%，将使对外投资业务额增加______%、降低______%，将使对外承包工程业务额增加______%或降低______%，将使对外劳务合作业务额增加______%或降低______%；贷款利率每提高1%，将使对外投资业务成本提高______%，对外承包工程业务成本提高______%，对外劳务合作业务成本提高______%。

（三）外汇政策部分（主要包括汇率确定制度和外汇管理制度等政策）

8. 国家现行外汇政策对企业“走出去”的影响程度（　　）

A. 很大　B. 比较大　C. 一般　D. 比较小　E. 几乎无影响

9. 汇率在企业“走出去”决策中的重要性（　）

A. 很重要　B. 比较重要　C. 一般　D. 不大重要　E. 几乎不考虑

10. 企业“走出去”业务用汇审批便利程度是（　）

A. 很方便　B. 比较方便　C. 一般　D. 不大方便　E. 相当烦琐

11. 企业“走出去”业务用汇审批平均需要时间（　）

A. 1 周以内　B. 1～2 周　C. 2～3 周　D. 3～4 周　E. 1 个月以上

12. 人民币对美元汇率每升值 1%，企业对外投资业务额将增加（　%）或减少（　%）；对外承包工程业务额将增加（　%）或减少（　%）；对外劳务合作业务额将增加（　%）或减少（　%）。汇率每升值 1%，将使对外投资业务综合成本提高（　%），对外承包工程业务综合成本提高（　%），对外劳务合作业务综合成本提高（　%）。

（四）其他宏观经济政策（主要包括产业政策和区域合作机制等政策）

13. 产业调整和振兴规划对企业“走出去”业务的影响（　）

A. 很大　B. 比较大　C. 一般　D. 不大　E. 几乎没有影响

14. 区域合作机制对企业“走出去”的重要程度

[1] 中国—东盟自贸区协议（　）

[2] 内地与港澳更紧密经贸关系安排（CEPA）（　）

[3] 中国—巴基斯坦自贸区协议（　）

[4] 中国—智利自贸区协议（　）

[5] 中国—新西兰自贸区协议（　）

[6] 中国—新加坡自贸区协议（　）

[7] 中国—秘鲁自贸区协议（　）

[8] 中国—哥斯达黎加自贸区协议（　）

A. 很重要　B. 比较重要　C. 一般　D. 不大重要　E. 几乎不考虑

15. 双边投资保护协定对企业“走出去”业务的影响（　），避免双重征税协定对企业“走出去”业务的影响（　）

A. 很大　B. 比较大　C. 一般　D. 不大　E. 几乎没有影响

16. 请按照重要性由大到小的顺序列出对企业国际化发展最重要的 5 个东道国或地区：

1. ＿＿＿＿；2. ＿＿＿＿；3. ＿＿＿＿；4. ＿＿＿＿；
5. ＿＿＿＿。

17. 企业对《对外投资国别产业导向目录》的评价是（　　）

A. 很重要　　B. 有较大参考　　C. 一般
D. 参考意义不大　　E. 无参考意义

18. 企业对《对外投资合作国别（地区）指南》的评价是（　　）

A. 很重要　　B. 有较大参考　　C. 一般
D. 参考意义不大　　E. 无参考意义

三、请简述企业在“走出去”过程中遇到的最大障碍，以及最希望获得的政策支持。

附录四　关于对山东省拟申请中非发展基金项目情况进行调查摸底的通知

各有关单位：

为切实帮助省内企业拓展融资渠道，充分利用中非发展基金股权投资政策，扩大对非投资合作，省商务厅、中非基金、国家开发银行山东省分行拟于4月29日联合举办“山东省企业投资非洲研讨会暨中非基金宣介会”。

为提前做好准备，省商务厅拟对省内拟申请中非发展基金的项目情况进行调查摸底。请各市商务局对当地重点对非投资项目（包括省属企业）进行调度，认真填写拟申请中非发展基金项目情况调查表，并于4月27日前反馈至省商务厅（境外处）。调查表电子版可在山东省国际商务网境外处子站下载。

联系人：范遵智　王月晨

电话：0531-89013387/89013512

传真：0531-89013627

邮　件：zunzhifan@sina.com

附件：拟申请中非发展基金项目情况调查表

二〇一〇年四月二十日

附件：

拟申请中非发展基金项目情况调查表

境外企业名称			
境内投资主体		省属企业或所属市地	
投资国家/地区		投资领域	
境外企业类别（资源开发、加工贸易或其他）			
境外企业注册资本		境外企业投资总额	
中方所占股份		境外企业核准时间	
境外项目进展程度			
联系人及联络方式			
企业资金需求额度、融资过程中遇到的问题及对中非基金的建议：			

参 考 文 献

［1］陈石清．对外直接投资与出口贸易：实证比较研究［J］．财经理论与实践，2006（4）．

［2］王喜平．对外直接投资与出口贸易的实证分析［J］．商业研究，2007（4）．

［3］项本武．中国对外直接投资的贸易效应［J］．统计与决策，2005（12）．

［4］项本武．中国对外直接投资的贸易效应研究［J］．财贸经济，2009（4）．

［5］李建萍．中国与日本对外直接投资的出口效应比较［J］．经济导刊，2005（10）．

［6］刘柳．试论中国对外贸易与对外直接投资的关系［J］．商业经济，2005（8）．

［7］张如庆．中国对外直接投资与对外贸易的关系分析［J］．世界经济研究，2005（3）．

［8］赵春明．任重道远：中国对外直接投资的现状与发展前景［J］．世界经济，2004（3）．

［9］刘红忠．中国对外直接投资的实证研究及国际比较［M］．上海：复旦大学出版社，2001．

［10］郭素贞．中国对外直接投资与出口贸易关系的实证分析［J］．经济师，2007（6）．

［11］程新章，胡峰．跨国并购还是新设投资？——跨国公司角度的博弈分析［J］．南京经济学院学报，2003（2）．

［12］李桂芳．中国企业对外直接投资分析报告［M］．北京：中国经济出版社，2009．

［13］李东阳．对外直接投资的实现途径及其选择［J］．东北财经大学学

报，2002 (6).

[14] 姚枝仲. 如何看待当前的中国对外直接投资 [J]. 国际经济评论，2009 (5-6).

[15] 卡尔·索旺. 新兴市场国家的对外直接投资：一些政策问题 [J]. 国际经贸探索，2009 (2).

[16] 盛斌，温小杰：中国机床制造业跨境并购动因——从边际产出的角度分析 [J]. 国际贸易问题，2009 (3).

[17] 聂明华. 论中国企业对外直接投资的风险防范 [J]. 国际贸易，2008 (10).

[18] 离岸商业运作：中国企业"走出去"的新思维. 中国经济周刊，http：//www. sina. com. cn.

[19] 陈漓高，邹玉娟. 中国企业对外直接投资的技术提升战略 [J]. 经济问题探索，2008 (4).

[20] 茹玉骢. 技术寻求型对外直接投资及其对母国经济的影响 [J]. 经济评论，2004 (2).

[21] 温小杰. 技术缺口引致技术寻求型对外直接投资——以机床制造业为例 [J]. 国际经济合作，2009 (7).

[22] 黄锦明. 美国政府在对外直接投资中的作用及启示 [J]. 国际经贸探索，2003 (10).

[23] 凌丹，赵春丽. 政府在企业对外直接投资中的职能作用及实现途径 [J]. 经济纵横，2002 (6).

[24] 张琴. 对外直接投资中的政府职能及其实现途径 [J]. 特区经济，2008 (8).

[25] 王凤丽. 中国企业海外直接投资风险的成因及对策 [J]. 中国流通经济，2009 (3).

[26] 陈立泰. 我国企业海外直接投资的风险管理策略研究 [J]. 中国流通经济，2008 (7).

[27] 余国杰，刘伟. 我国企业对外直接投资的风险与防范 [J]. 江汉论坛，2000 (5).

[28] 陈蔚，万文涛. 跨国企业对外直接投资的风险与防范 [J]. 当代经

济，2005（1）.

［29］赵晓笛．发展中国家国际直接投资发展之路［J］．中国流通经济，2007（8）.

［30］胡勇，李占卫，李淼．浙江对外直接投资发展阶段的实证分析——兼对邓宁投资发展阶段理论的检验［J］．当代财经，2009（1）.

［31］康乐，郭有钦，黄伟伟．关于中国企业对外直接投资方式选择的思考［J］．商场现代化，2007（2）.

［32］陈浪南．中国企业跨国市场进入方式的选择战略［J］．国际贸易问题，2005（7）.

［33］穆瑞杰．我国对外直接投资的方式及政策探讨．集团经济研究，http://www.cmo.com.cn.

［34］海尔全球行——海尔如何实施国际化战略．人民网，http://www.jiaodong.net.

［35］李立，李冬冬，刘晓威．海尔海外投资的战略成本与收益［J］．青岛科技大学学报，2007（1）.

［36］张汉华．海尔的国际化战略［J］．企业改革与管理，2003（7）.

［37］刘阳春．中国企业对外直接投资动因与策略分析［M］．广州：中山大学出版社，2009.

［38］安同信．山东省对外直接投资的现状与问题研究［J］．济南大学学报，2009（3）.

［39］中华人民共和国商务部网站，http://www.mofcom.gov.cn/.

［40］山东省商务厅网站，http://www.shandongbusiness.gov.cn/.

［41］聂名华．我国境外投资行业战略的现实选择［J］．当代财经，2002（5）.

［42］卢进勇，闫实强．中国企业海外投资模式比较分析［J］．国际经济合作，2005（3）.

［43］周颖，陈林莉，潘松挺．我国境外经济贸易合作区发展研究［J］．西安电子科技大学学报，2008（3）.

［44］Anderson，T.，Svensson，R.．Entry Modes for Direct Investment Determined by the Composition of Firm - specific Skills［J］．Scandinavian Journal of Economics, 1996, (4), 551 - 560.

[45] Buckley, P. J., Casson, M.. Models of the Multinational Enterprise [J]. Journal of International Business Studies, 1998a, 2 (1), 21 - 44.

[46] Buckley, P. J., Casson, M.. Analyzing Foreign Market Entry Strategies: Extending the International Approach [J]. Journal of International Business Studies, 1998b, 29 (3), 539 - 562.

[47] Caves, R., Mehra, S. K.. Entry of Foreign Multinationals into U. S. Manufacturing Industries [M]. Competition in Global Industries, 1998, 449 - 481, Boston, MA: Harvard Business School Press.

[48] Dubin, M.. Foreign Acquisitions and the Spread of the Multinational Firm [M]. Graduate School of Business Administration, Harvard University, Cambridge, MA, 1976.

[49] Gorg, H.. Analysing Foreign Market Entry: The Choice between Greenfield Investment and Acquisition [J]. Journal of Economic Studies, 2000, 27 (3), 165 - 181.

[50] Hennart, J. F, Park, Y. R.. Greenfield vs. Acquisition: The Strategy of Japanese Investors in the United States [J]. Management Science, 1993, 9 (9), 1054 - 1070.

[51] Horst Raff, Michael Ryan, Frank Staehler. The Choice of Market Entry mode: Greenfield Investment, M&A and Joint Venture [J]. International Review of Economics and Finance, 2009.

[52] Kogut, B., Chang, S. J.. Platform Investments and Volatile Exchange rates: Direct Investment in the U. S. by Japanese Electronic Companies [J]. The Review of Economics and Statistics, 1996, 78 (2), 221 - 231.

[53] Kogut, B.. Foreign Direct Investment as a Sequential Process [M]. In C. Kindleberger, & D. Audretsch (Eds.), Multinational Corporations in the 1980s (pp. 35 - 56). Boston, MA: MIT Press, 1983.

[54] Nocke, V., Yeaple, S.. Cross - border mergers and acquisitions vs. greenfield foreign direct investment: The role of firm heterogeneity [J]. Journal of International Economics, 2007.

[55] Bernard Michael Gilroy, Elmar Lukas. The Choice Between Greenfield Investment and Cross – border Acquisition: A Real Option Approach [J]. The Quarterly Review of Economics and Finance, 2006.

[56] O'hUallacha'in, B., Reid, N.. Acquisition Versus Greenfield Investment: The Location and Growth of Japanese Manufacturers in the United States [J]. Regional Studies, 403 – 416, 1997.

[57] Zejan, M. C.. New Ventures or Acquisition: The Choice of Swedish Multinational Enterprises [J]. Journal of Industrial Economics, 38, 349 – 355, 1990.

[58] Bajo – Rubio O.. Foreign Directement and Trade : A Causality Analysis [J]. Open Economics Review, 1999, 12 (3): 305 – 324.

[59] Carr, D., Markusen, J. and Maskus, K.. Estimating the Knowledge – capital Model of the Multinational Enterprise [J]. The American Economic Review, 2001, 9 (1), 693 – 708.

[60] Eaton, J. and Tamura, A.. Bilateralism and Regionalism in Japanese and U. S. Trade and Direct Foreign Investment Patterns [J]. Journal of the Japanese and International Economics, Vol. 8, No. 4, 1996.

[61] Fontagne, L. and Pajot, M.. How Foreign Direct Investment Affect International Trade and Competitiveness : An Empirical Assessment [J]. CEPII, Document de Travail, 97 – 167, 1997.

[62] Pain, N. and Wakelin, K.. Export Perfomance and the Role of Foreign Direct Investment [J]. NIESR Discussion Paper, No. 131, 1998.

[63] Wissem, A.. A Granger – causality Analysis Between FDI and Trade : An Empirical Comparative Study [J]. Phd. Paper, 2002.

[64] Chang Sea – Jin. International Expansion Strategy of Japanese Firms: Capability Building through Sequential Entry [J]. Academy of Management Journal, 1995 (38): 383 – 407.

[65] Deng, P.. Investing for Strategic Resources and Its Rationale: The Case of Outward FDI from Chinese Companies [J]. Business Horizons, 2007, 50 (1): 71 – 81.

[66] Falzoni, A. M. et al.. Home Country Effects of Investing Abroad: Evi-

dence from Quantity Regressions [R] . CESPRI Working Papers, 2005.

[67] Kogut, B., S. J. Chang. Technological Capabilities and Japanese Foreign Direct Investment in the United States [J] . Review of Economic and Statistics, 1991, 73 (3): 401 -413.

[68] Kogut, B. and U. Zander. Knowledge of the Firm and the Evolutionary Theory of the Multinational Corporation [J] . Journal of International Business Studies, 1993, 24 (4): 625 - 645.

[69] Lecraw, D. J.. Outward Direct Investment by Indonesian Firms: Motivation and Effects [J] . Journal of International Business, 1993, 24 (3): 589 - 600.

[70] Liu, H., Kequan, Li.. Strategic Implications of Emerging Chinese Multinationals: The Haier Case Study [J] . European Management Journal, 2002, 20 (6): 699 - 706.

[71] Moon, H. C., et al.. Unconventional Foreign Direct Investment and the Imbalance Theory [J] . International Bussiness Review, 2001 (10): 197 -215.

[72] Penrose, E. T.. Foreign Investment and the Growth of the Firm [J] . Economic Journal, 1956 (66): 220 - 235.

[73] Dunning, H.. International Production and the Multinational Enterprise [M] . London: George Allen & Unwin, 1981.

[74] Dunning, J. H., Narula, R.. The Investment Development Path Revisited: Some Emerging Issues [C] . In Dunning, J. H. and Narula, R. (eds.), Foreign Direct Investment and Government : Catalysts for Economic Restructuring. London: Routledge, 1996: 2 - 45.

[75] Dunning, J. H., Kim, C. S. and Lin, J. D.. Incorporating Trade into the Industrial Development Path [J] . Oxford Development Studies, 2002, 29 (2): 145 -154.

[76] Buckley, P. J., Castro, F. B.. The Investment Development Path: The Case of Portugal [J] . Transnational Corporations, 1998, 7 (1): 1 - 15.

后　记

本书系山东省社会科学规划基金资助项目《山东省对外直接投资战略研究》（08CJGJ40）的最终成果。本书的出版得到山东省政府金融学“泰山学者”专项基金、山东省金融学重点学科建设基金、山东财政学院学位点建设专项基金、山财金融学院学术著作出版基金的资助，在此深表谢意！

山东省的对外直接投资，无论是从存量还是流量增速上看，都体现出山东省在国内对外直接投资中所占据的重要地位。显然，以山东省对外直接投资为研究对象具有重要的现实意义。特别是在国际金融危机的背景下，研究山东省对外直接投资问题已成为一项迫切的任务。国际金融危机一方面给山东经济和企业带来了冲击和负面影响，同时也创造了难得的发展机遇。山东企业如何在控制风险的条件下抓住对外直接投资的机遇，一时间成了全省上下普遍关注的热点之一。正是在这样的背景下，我们设计的研究项目获得了山东省社会科学规划办立项，并开始了长达两年的艰苦研究工作，最终完成了本部著作的撰写。

感谢在本书撰写过程中，山东大学经济学院常务副院长胡金焱教授、山东省委宣传部研究室主任魏长民研究员、济南大学经济学院院长葛金田教授、山东财政学院金融学院院长黄磊教授、山东财政学院国际经贸学院院长王培志教授、山东财政学院经济学院院长闫庆悦教授、山东财政学院金融学院宋琳教授给予的热情鼓励和提出的中肯修改意见！

在本书的撰写和研究过程中，山东省统计局周尊考处长、山东财政学院财税与公共管理学院汪崇金博士在数据整理方面做了大量工作，我们的同事崔晓燕博士、骆莹老师以及研究生商飞同学和刘姗姗同学给予了诸多帮助，在此表示感谢！

此外，感谢在本书出版过程中山东财政学院金融学院领导给予的大力支持！感谢家人对我们从事科学研究的大力支持和无私奉献！

我们期待着本书能为有志于该项研究的人士提供一些有益的启示，也希望今后有更多的人参与到这一领域的研究中来。

宿玉海　聂左玲
二〇一〇年夏季